지극한 도道는 어렵지 않다

1. **Faith in Mind** : A Commentary on Seng Ts'an's Classic
2. **The Infinite Mirror** : Commentaries on Two Chan Classics

By Chan Master Sheng Yen

Published by Shambhala Publications, Inc.
Boston, Massachusetts, USA.

1. Copyright ⓒ 1987 by Dharma Drum Publications
2. Copyright ⓒ 1990 by Dharma Drum Publications
Korean translation rights ⓒ 2009 by Tamgusa Publishing

Printed in Seoul, Korea

This Korean edition is published by arrangement with Shambhala Publications, Inc.
through Sybille Books Literary Agency, Seoul.

이 책의 한국어판 저작권은 시빌 에이전시를 통해
Shambhala Publications, Inc와의 계약에 의해 도서출판 탐구사에 있습니다.
저작권법에 의해 보호되는 저작물이므로, 책 내용의 전부나 일부를 무단 전재하거나
복사하는 것은 허용되지 않습니다.

성엄선서
2

지극한 도道는 어렵지 않다

「신심명」,「참동계」,「보경삼매가」 강해

성엄선사(聖嚴禪師) 말씀
대성(大晟) 옮김

탐구사

옮긴이 • 대성大晟

선불교와 비이원적 베단타의 내적 동질성에 관심을 가지고 라마나 마하르쉬의 '아루나찰라 총서'와 니사르가닷따 마하라지의 '마하라지 전서'를 번역했다. 그 밖에도 중국 허운 선사의 『참선요지』와 『방편개시』, 그리고 감산 대사의 『감산자전』을 우리말로 옮겼고, 근년에는 성엄 선사의 '성엄선서' 시리즈와 『눈 속의 발자국』 등을 번역하고 있다.

성엄선서 2

지극한 도는 어렵지 않다

신심명, 참동계, 보경삼매가 강해

초판 1쇄 발행　2009년 3월 24일
개정판 발행　　2015년 5월　1일

지은이　|　성엄선사(聖嚴禪師)
옮긴이　|　대성(大晟)
펴낸이　|　이효정
펴낸곳　|　도서출판 탐구사

등록　|　2007년 5월 25일 제208-90-12722호
주소　|　04094 서울 마포구 신수로 9길, 11(신수동), 4층
전화　|　02-702-3557　FAX　|　02-702-3558
e-mail : tamgusa@korea.com

※ 잘못된 책은 바꾸어 드립니다.

ISBN 978-89-89942-38-2 04220
　　　978-89-89942-13-9(세트)

차 례

제1권 지극한 도는 어렵지 않다 - 「신심명」 강해

머리말 • 11
● 신심명(信心銘) • 15

제1차 선칠
1. 지극한 도는 어렵지 않다 • 29
2. 따르지도 거스르지도 말라 • 35
3. 하나인 평등함 • 41
4. '유'도 아니고 '공'도 아니다 • 46
5. 말이 끊어지고 생각이 끊어지다 • 55

제2차 선칠
6. 두 가지 견해에 머무르지 말라 • 61
7. 한 마음이 나지 않다 • 67
8. 경계는 주관을 좇아 가라앉는다 • 73
9. 원래 하나의 공空이다 • 78
10. 큰 도는 본체가 넓다 • 85

제3차 선칠
11. 집착하면 바른 길을 잃는다 • 95
12. 성품에 맡기고 도에 합일하다 • 98
13. 육진六塵을 싫어하지 말라 • 105

14. 지혜로운 이는 함이 없다 • 109
15. 한 법이 다른 법과 다르지 않다 • 114

제4차 선칠
16. 꿈, 환상, 허공의 꽃 • 120
17. 만법이 일여하다 • 126
18. 바른 믿음이 반듯하게 서다 • 133
19. 텅 비어 밝고 자연스럽다 • 140
20. 믿음과 마음은 둘이 아니다 • 145

제2권 **무한한 거울** – 「참동계 · 보경삼매가」 강해

머리말 • 157
감사의 말 • 160

제1부 참동계 강해

● 참동계(參同契) • 163
● 「참동계」 소개 • 169

1. 부처 마음 깨닫는 길로 매진하라 • 173
2. 사람마다 신령스런 근원을 가지고 있다 • 182

3. 만법은 하나에 포함된다 • 185
4. 제법諸法은 인연에서 생긴다 • 191
5. 마음이 고요하면 지혜가 생긴다 • 196
6. 움직이는 가운데서 움직이지 않음을 보라 • 202
7. 번뇌는 지혜를 떠나지 않는다 • 210
8. 수행에는 끝이 없다 • 214
9. 부단히, 열심히 수행하라 • 217

제2부 보경삼매가 강해

- 보경삼매가(寶鏡三昧歌) • 223
- 「보경삼매가」 소개 • 232

1. 처처에서 마음을 단련하라 • 237
2. 증상에 따라 약을 베풀고, 인연에 수순隨順하라 • 244
3. 자성이 드러나고 번뇌가 제거되다 • 250
4. 보배 거울을 놓아 버리고 수행에만 전념하라 • 256
5. 해탈지견, 중생제도 • 261
6. 구경의 완전한 깨달음을 위해서 매진하라 • 270
7. 실상의 진여본성을 체험하라 • 275
8. 불도를 따르고 마도魔道를 멀리하라 • 278

옮긴이의 말 • 285

제1권
지극한 도는 어렵지 않다

「신심명」 강해

머리말

선사들에 대한 기록에서 3조 승찬僧璨(?~606)의 생애에 대한 서술은 자세하지 않다. 당나라(618~907) 때의 『당고승전唐高僧傳』에서는 "혜가 선사 다음은 승찬 선사였다(可禪師之後璨禪師)"라고만 했다. 『능가사자기楞伽師資記』는 선종 초기의 사료史料들을 수록하고 있는데, 승찬은 "사공산에 은거하여 고요히 정좌했으며, 글을 쓰거나 법을 전하지 않았다(不出文記 秘不傳法)"고만 했다. 그러나 이 서술은 의문의 여지가 있다. 왜냐하면 『25사二五史』의 '수사隨史' 기록에서는, 승찬은 수문제隋文帝 개황開皇 12년(592)에 4조 도신道信(580~651)에게 법을 전했다고 했지 결코 '법을 전하지 않았다'고는 하지 않았기 때문이다. 또한 이 「신심명」이라는 시詩는 역사적으로 승찬의 작품으로 간주되어 왔으므로 "글을 쓰지 않았다"는 말도 성립되기 어렵다. 그러나 현대의 어떤 학자들은 「신심명」이 정말 승찬의 작품인지를 의심하는데 그 이유는 이러하다. 도신의 제자인 우두 법융이 「심명」이라는 시 한 편을 지었는데, 어떤 학자들은 이 두 시에 비슷한 곳들이 있다는 데 주목하여 「신심명」은 6조 혜능 이후에 「심명」을 수정하고 응축한 것이라고 주장한다. 확실히 「신심명」에서 표현되는 사상은 우두 법융의 「심명」보다 더 조리 있고 깔끔하며 완벽하다.

그러나 작자가 누구냐는 내가 여기서 「신심명」을 강해講解하는 것과는 무관하다. 이 시가 우리에게 중요한 것은 그것이 선 수행을 위한 지침일뿐더러 중국과 일본의 선종사에서 의의가 있기 때문이다. 깨달음을 논하는 많은 시가詩歌들 중에서 사람들이 가장 중요시하는 것은 영가永嘉 스님(665~713)의 「증도가證道歌」와 이 「신심명」이다. 왜냐하면 이 시들이 선법禪法에 대해 명료한 지침을 제공해 주기 때문이다. 그래서 나는 선칠을 주재하는 기회를 이용하여 특별히 이 「신심명」을 강해한 것이다.

이 책은 모두 20강講으로, 네 번에 걸친 선칠 법문을 토대로 출판을 위해 정리와 편집 과정을 거친 것이다. 이것은 집중적인 선 수행의 상황에서 한 강해이므로, 결코 학술적인 관점이나 분석적인 접근 방법을 취한 것이 아니다. 본문에 대해 자구를 따라가며 강해하되, 시문의 취지에 의지하여 수행자들을 격려하고 아울러 수행 과정에서 발생하는 몇 가지 문제들에 대처하려고 하였다.

「신심명」은 현재 최소한 5종의 영역본이 있는데 각기 나름의 장점이 있다고 말할 수 있다. 나의 영역英譯은 그것들과 대체로 비슷하지만 다른 부분들도 많은데, 그것은 이 시에 대한 나 자신의 이해를 반영한다.

「신심명」을 강술할 때 나는 늘 선중禪衆을 향해 이렇게 말했다. "이왕 여러분이 수행하고 있으니 제가 「신심명」을 설하든 않든 그것은 사실 중요하지 않습니다. 제가 주안을 두는 것은 이 시를 가지고 여러분의 수행 방법을 지도하는 것입니다." 수행자들의 마음 경계[心境]와 상황은 하루하루 다르고, 선칠도 매번 할 때마다 다르다. 그래서 나는 이 시에 대한 나 자신의 논의를 가지고 당면한 상황에 대처하되, 그러면서도 전문全文의 범주를 벗어나지 않았다. 나는 이 법문이 초학자든 구참자든 관계없이 모두에게 유익하리라고 믿는다. 나에게도 개인적으로 유익했다. 왜냐하면 여러 가지 상황에 따라 이 시에 대한 새로운 이해를 얻을 수 있었기 때문이다.

'신심信心'이라는 말에는 두 가지 뜻이 있는데, '마음을 믿음'과 '마음을 실현함'이 그것이다. 선종禪宗은 특히 '마음'을 강조한다. 신심이란 바로 우리가 가지고 있는 근본적인 부동불변의 마음을 믿는 것이다. 이 마음이 곧 부처요, 또한 일체중생의 여래장如來藏(Tathagatagarbha)이다. 그러나 범부가 번뇌 속에서 경험하는 마음은 허망한 마음[妄心]이지 참마음[眞心]이 아니다. 번뇌에서 벗어나기를 구하는 사람은 참마음을 얻을 수 있으리라고 생각한다. 그러나 부처님의 관점에서 말하자면 오직 한 마음[一心]이 있을 뿐이며, 이는 참되지도 허망하지도 않고 분별할 필요도 없다. 따라서 그것은 모든 일, 모든 곳에서 영원불변하다. 우리가 참으로 부처 마음[佛心]을 보게 되면 믿는 마음과 믿어지는 마음이 하나가 되고, 이미 그 둘이 같으므로 마음을 믿을 필요도 없게 된다.

모순적이기는 하지만, 깨달아야만 비로소 이 마음을 참으로 믿게 될 것이다. 3조 승찬 선사는 철저한 깨달음의 관점에서 참마음을 구하는 수행자들에게 설법한다. 어떻게 하면 범부의 분별심을 부처의 무분별심으로 변화시킬 수 있는지, 어떻게 하면 유에서 공으로 들어가고 더러움을 깨끗함으로 바꾸어 놓을 수 있는지를 지도하는 것이다. 그는 우리에게 수행할 때는 어떤 방법을 견지해야 하고 어떤 마음의 태도를 지녀야 하는지를 말한다. 마음에 애증이 없어야 하고, 번뇌를 부정하려 해서도 안 되며, 깨달음을 구하려 해서도 안 된다. 수행 그 자체가 목적이어야 하며 다른 어떤 목적도 없어야 한다. 그러면 결국 평등심, 즉 분별도 없고 언어의 길이 끊어지며[言語道斷], 닦을 수행도 없는 상태를 실현할 수 있다.

본시本詩 중의 일부 관념은 나중에 조동종에 깊은 영향을 미쳤다. 예를 들어 '일념만년一念萬年'이 표현하는 관념은 일념이 부동이면서 또한 밝게 비춘다는 것이다. 이 관념은 나중에 굉지 정각宏智正覺의 묵조선默

照禪의 표지가 되었다. 이러한 경향은 승찬의 가르침과 관련되는 또 하나의 남아 있는 문자 기록에서도 반영된다. 즉, 서주자사舒州刺史이던 독고급獨孤及이 당唐 대종大宗 대력大曆 6년(771)에 지은 승찬 대사의 '사시비賜諡碑(시호를 내리는 비)' 비문이 그것이다. 비문의 요지는 '고요함[寂]'과 '비춤[照]'을 동시에 닦으라는 것이었다. "사유상하四維上下(공간의 모든 방향)를 관하되 법法(현상계)을 보지 말고, 몸을 보지 말고, 마음을 보지 말라. 그리하여 결국 마음은 이름을 떠나 있고, 몸은 허공과 같으며, 법法은 꿈이나 환과 같아서, 얻을 것도 깨달을 것도 없게 된 이후에야 해탈이라고 말할 수 있다(觀四維上下 不見法, 不見身, 不見心, 及至心離名字, 身等空界, 法同幻夢, 無得無證, 然後謂之解脫)."

신심명(信心銘)

지극한 도는 어렵지 않으니	至道無難	1
가리고 고르지만 않으면 되네.	唯嫌揀擇	
좋아함도 싫어함도 없으면	但莫憎愛	
분명하게 이해하게 되리.	洞然明白	
털끝만큼이라도 어긋나면	毫釐有差	
천지차이로 벌어지리.	天地懸隔	

The Supreme Way is not difficult
If only you do not pick and choose.
Neither love nor hate,
And you will clearly understand.
Be off by a hair,
And you are as far from it as heaven from earth.

도道가 현전하기를 바란다면	欲得現前	2
따르지도 거스르지도 말라.	莫存順逆	
거스르고 따름이 서로 싸우는	違順相爭	
이것이 마음의 병이라네.	是爲心病	
현묘한 도리를 알지 못하면	不識玄旨	

생각을 가라앉혀도 소용이 없네.   徒勞念靜

If you want the Way to appear,
Be neither for nor against.
For and against opposing each other—
This is the mind's disease.
Without recognizing the mysterious principle
It is useless to practice quietude.

도는 태허와 같이 원만하여   圓同太虛
모자람도 남음도 없네.   無欠無餘
갖거나 버림으로 인해   良由取捨
그것을 이루지 못하네.   所以不如
연기緣起의 삶을 좇지 말고   莫逐有緣
공空의 자리에 머무르지 말라.   勿住空忍

The Way is perfect like great space,
Without lack, without excess.
Because of grasping and rejecting,
You cannot attain it.
Do not pursue conditioned existence;
Do not abide in acceptance of emptiness.

하나인 평등함 속에서   一種平懷
미혹은 저절로 소멸하네.   泯然自盡
움직임을 그치고 고요함으로 돌아가면   止動歸止
고요함이 더욱 활발히 움직이나니   止更彌動

양변에 머물러 있기만 해서야　　　　唯滯兩邊　　4
어찌 하나를 알겠는가?　　　　　　　寧知一種

In oneness and equality,
Confusion vanishes of itself.
Stop activity and return to stillness,
And that stillness will be even more active.
Merely stagnating in duality,
How can you recognize oneness?

하나인 것을 통하지 못하면　　　　　一種不通
두 곳에서 다 작용을 잃네.　　　　　兩處失功
유를 없애려 하면 유에 떨어지고　　　遣有沒有
공을 따르면 공을 등지네.　　　　　　從空背空
말이 많고 생각이 많으면　　　　　　多言多慮　　5
더욱 더 도에 상응하지 못하네.　　　轉不相應

If you fail to penetrate oneness,
Both places lose their function.
Banish existence and you fall into existence;
Follow emptiness and you turn your back on it.
Excessive talking and thinking
Turn you from harmony with the Way.

말을 끊고 생각을 끊으면　　　　　　絕言絕慮
꿰뚫지 못하는 곳이 없네.　　　　　　無處不通
뿌리로 돌아가 종지를 얻으라.　　　　歸根得旨

비춤을 따르면 근본을 잃네.　　　　　隨照失宗
일순간 돌이켜 비춤이　　　　　　　　須臾返照
앞서의 공보다 오히려 낫네.　　　　　勝却前空

Cut off talking and thinking,
And there is nowhere you cannot penetrate.
Return to the root and attain the principle;
Pursue illumination and you lose it.
One moment of reversing the light
Is greater than the previous emptiness.

앞서의 공이 변한 것은　　　　　　　前空轉變
모두 그릇된 견해에서 비롯된 것이네.　皆由妄見
실재를 추구할 필요가 없으니　　　　不用求眞
오직 견해를 쉬기만 하면 되네.　　　唯須息見
두 가지 견해에 머무르지 말고　　　　二見不住
따라가 찾으려고 하지 말라.　　　　　慎勿追尋

The previous emptiness is transformed;
It was all a product of deluded views.
No need to seek the real;
Just extinguish your views.
Do not abide in dualistic views;
Take care not to seek after them.

옳고 그름이 있기만 하면　　　　　　纔有是非
어지럽게 마음을 놓치리라.　　　　　紛然失心

둘은 하나로 말미암아 있으니	二由一有	7
하나 또한 지키지 말라.	一亦莫守	
한 마음이 나지 않으면	一心不生	
만법에 허물이 없으리라.	萬法無咎	

As soon as there is right and wrong
The mind is scattered and lost.
Two comes from one,
Yet do not even keep the one.
When one mind does not arise,
Myriad dharmas are without defect.

허물이 없고 법이 없으면	無咎無法	
일어남도 없고 마음도 없네.	不生不心	
주관은 경계를 따라 소멸하고	能隨境滅	8
경계는 주관을 좇아 가라앉네.	境逐能沈	
경계는 주관으로 인해 경계이고	境由能境	
주관은 경계로 인해 주관이네.	能由境能	

Without defect, without dharmas,
No arising, no mind.
The subject is extinguished with the object.
The object sinks away with the subject.
Object is object because of the subject;
Subject is subject because of the object.

그 둘은 알고 보면	欲知兩段	9

원래 하나의 공空이라네. 元是一空
하나의 공에서는 그 둘이 동일하니 一空同兩
삼라만상을 다 포함하네. 齊含萬像
세밀함과 거칢을 보지 않으면 不見精粗   10
어찌 치우침이 있으리오? 寧有偏黨

Know that the two
Are originally one emptiness.
In one emptiness the two are the same,
Containing all phenomena.
Not seeing fine or coarse,
How can there be any bias?

큰 도는 본체가 넓어서 大道體寬
쉽지도 않고 어렵지도 않네. 無易無難
좁은 소견으로 의심이 많으니 小見狐疑   11
서두를수록 더욱 늦어지네. 轉急轉遲
집착하면 바른 길을 잃고 執之失度
삿된 길로 빠져드네. 必入邪路

The Great Way is broad,
Neither easy nor difficult.
With narrow views and doubts,
Haste will slow you down.
Attach to it and you lose the measure;
The mind will enter a deviant path.

놓아 버리면 자연스러우니	放之自然	12
본체는 가지도 않고 머무르지도 않네.	體無去住	
성품에 맡기고 도에 합일하여	任性合道	
느긋이 거닐며 번뇌를 끊네.	逍遙絶惱	
생각에 얽매이면 진리와 어긋나고	繫念乖眞	
혼침에 빠지는 것도 좋지 않네.	昏沈不好	

Let it go and be spontaneous,
Experience no going or staying.
Accord with your nature, unite with the Way,
Wander at ease, without vexation.
Bound by thoughts, you depart from the real;
And sinking into a stupor is as bad.

정신을 피로하게 함은 좋지 않은데	不好勞神	13
왜 멀리하거나 가까이하는가?	何用疎親	
일승으로 나아가고 싶다면	欲趣一乘	
육진 경계를 싫어하지 말라.	勿惡六塵	
육진 경계를 싫어하지 않으면	六塵不惡	14
바른 깨달음과 하나가 되리.	還同正覺	

It is not good to weary the spirit.
Why alternate between aversion and affection?
If you wish to enter the one vehicle,
Do not be repelled by the sense realm.
With no aversion to the sense realm,
You become one wit true enlightenment.

지혜로운 자는 행위함이 없으나　　　　智者無爲
어리석은 자는 스스로 속박되네.　　　　愚人自縛
한 법이 다른 법과 다르지 않거늘　　　　法無異法　　15
미혹된 마음으로 스스로 애착하네.　　　妄自愛着
마음으로써 마음을 닦으려 하니　　　　將心用心
어찌 크게 잘못하는 일이 아니리오?　　豈非大錯

The wise have no motives;
Fools put themselves in bondage.
One dharma is not different from another.
The deluded mind clings to whatever it desires.
Using mind to cultivate mind –
Is this not a great mistake?

미혹된 마음이 고요함과 혼란함을 낳으나　　迷生寂亂
깨달음에는 좋아함도 싫어함도 없다네.　　　悟無好惡
모든 것의 두 가지 상대성은　　　　　　　　一切二邊　　16
허망한 분별에서 비롯된다네.　　　　　　　妄自斟酌
꿈, 환상, 허공의 꽃인데　　　　　　　　　夢幻空華
굳이 왜 붙잡으려 애쓰는가?　　　　　　　何勞把捉

The erring mind begets tranquility and confusion;
In enlightenment there are no likes or dislikes.
The duality of all things
Issues from false discriminations.
A dream, an illusion, a flower in the sky –
How could they be worth grasping?

얻고 잃음과 옳고 그름을 　得失是非
일시에 놓아 버리라.　　　一時放却
눈이 잠들지 않으면　　　眼若不眠
모든 꿈이 저절로 사라지고　諸夢自除
마음이 분별하지 않으면　　心若不異　　17
만법이 일여하리.　　　　萬法一如

Gain and loss, right and wrong –
Discard them all at once.
If the eyes do not close in sleep,
All dreams will cease of themselves.
If the mind does not discriminate,
All dharmas are of one suchness.

일여함의 본체는 깊으니　　一如體玄
부동인 가운데 연緣들을 잊네.　兀爾忘緣
만법을 평등히 관하면　　　萬法齊觀
있는 그대로의 상태로 돌아가리.　歸復自然
주체가 사라져 없어지면　　泯其所以
가늠하거나 비교할 수가 없네.　不可方比

The essence of one suchness is profound;
Unmoving, conditioned things are forgotten.
Contemplate all dharmas as equal,
And you return to things as they are.
When the subject disappears,
There can be no measuring or comparing.

움직임을 멈추면 움직임이 없고　　　止動無動　　18
움직임이 멎을 때 휴식도 없네.　　　動止無止
둘이 성립할 수 없는데　　　　　　　兩旣不成
하나인들 어찌 있으리오?　　　　　　一何有爾
마지막까지 나아간 궁극에서는　　　究竟窮極
정해진 규칙과 기준이 존재하지 않네.　不存軌則

Stop activity and there is no activity;
When activity stops, there is no rest.
Since two cannot be established,
How can there be one?
In the very ultimate,
Rules and standards do not exist.

평등한 마음을 계발하면　　　　　　啓心平等
행한 것들이 모두 쉬어지리.　　　　所作俱息
이런저런 의심들이 말끔히 씻겨지고　狐疑盡淨
바른 믿음이 반듯하게 서네.　　　　正信調直
일체가 남아 있지 않고　　　　　　一切不留　　19
기억할 수 있는 것도 없네.　　　　無可記憶

Develop a mind of equanimity,
And all deeds are put to rest.
Anxious doubts are completely cleared.
Right faith is made upright.
Nothing lingers behind,
Nothing can be remembered.

텅 비어 밝고 자연스러우니　　　　　　虛明自然
마음의 힘을 쓸 것도 없어　　　　　　　不勞心力
생각으로 미칠 수 있는 곳이 아니고　　非思量處
이성과 감정으로 헤아리기 어렵네　　　識情難測
진여의 법계에서는　　　　　　　　　　眞如法界
타인도 없고 자기도 없네.　　　　　　　無他無自

Bright and empty, functioning naturally,
The mind does not exert itself.
It is not a place of thinking,
Difficult for reason and emotion to fathom.
In the Dharma Realm of true suchness,
There is no other, no self.

그에 상응하는 것이 긴요하니　　　　　要急相應
오직 '둘 아님'을 말하라.　　　　　　　唯言不二
'둘 아님' 속에서 모든 것이 하나가 되니　不二皆同
포용하지 못하는 것이 없네.　　　　　　無不包容
시방의 지혜로운 이들이　　　　　　　　十方智者
모두 이 근본 도리로 들어갔네.　　　　　皆入此宗

To accord with it is vitally important;
Only refer to "not-two."
In not-two all things are in unity;
Nothing is excluded.
The wise throughout the ten directions
All enter this principle.

근본 도리는 급하지도 느리지도 않아　　　宗非促延
한 생각이 만년이고　　　　　　　　　　一念萬年
있는 곳도 없고 있지 않은 곳도 없네.　　無在不在
시방이 그대의 목전에 있고　　　　　　　十方目前
아주 작은 것이 아주 큰 것과 같고　　　 極小同大
망상이 끊어진 경계라네.　　　　　　　　妄絕境界

This principle is neither hurried nor slow –
One thought for ten thousand years.
Abiding nowhere yet everywhere,
The ten directions are right before you.
The smallest is the same as the largest
In the realm where delusion is cut off.

아주 큰 것이 아주 작은 것과 같아　　　極大同小
바깥 경계가 보이지 않네.　　　　　　　不見邊表
있음이 바로 없음[비어 있음]이고　　　　有卽是無
없음[비어 있음]이 바로 있음이네.　　　　無卽是有
만약 이와 같지 않다면　　　　　　　　若不如是
그런 것은 붙들고 있으면 안 되네.　　　必不須守

The largest is the same as the smallest;
No boundaries are visible.
Existence is precisely emptiness;
Emptiness is precisely existence.
If it is not like this,
Then you must not preserve it.

하나가 곧 일체이고   一卽一切
일체가 곧 하나이네.   一切卽一
만일 이와 같을 수 있다면   但能如是
마치지 못할까 왜 근심하리오?   何慮不畢
믿음과 마음은 둘이 아니고   信心不二
둘 아님이 곧 마음을 믿는 것이네.   不二信心

One is everything;
Everything is one.
If you can be like this,
Why worry about not finishing?
Faith and mind are not two;
Non-duality is faith in mind.

언어의 길이 끊어지고   言語道斷
과거도 미래도 현재도 아니라네.   非去來今

The path of words is cut off;
There is no past, no future, no present.

🏵 신심명 강해

제1차 선칠 [1984. 11. 23~1984. 11. 30]

1. 지극한 도는 어렵지 않다

지극한 도는 어렵지 않으니	至道無難
가리고 고르지만 않으면 되네.	唯嫌揀擇
좋아함도 싫어함도 없으면	但莫憎愛
분명하게 이해하게 되리.	洞然明白
털끝만큼이라도 어긋나면	毫釐有差
천지차이로 벌어지리.	天地懸隔

여러분이 선칠禪七에 참가한 것은 수행하기 위해서입니다. 수행 그 자체가 여러분의 목적이고, 그것이 바로 여러분의 성적이자 결과입니다. 선칠에 참가했으니 깨달음을 얻어야겠다거나 다른 어떤 성과를 얻어야겠다고 조급해 하지 마십시오. 여러분 가운데 어떤 분들은 먼 길을 마다하지 않고 와서 선칠에 참가했고, 어떤 분들은 어려운 중에도 시간을 내어 참가했습니다. 그래서 선칠 수행에 대해 어떤 기대와 목적을 갖

는 것을 크게 탓할 수는 없습니다. 그러나 일단 선당禪堂에 들어가면 어떤 기대와 목적도 놓아 버려야 합니다. 따라서 선칠을 하기 전에 가장 바람직한 마음의 준비는 몸, 머리, 마음을 가볍게 이완하는 것입니다.

마음에 기대와 목표를 품고 수행하는 것은 부채를 들고 공중에 나부끼는 깃털을 쫓아가 받으려고 하는 것과 같아서, 쫓아가면 갈수록 그것은 더 멀리 날아갑니다. 만약 정신을 집중하고 천천히 가벼운 발걸음으로 다가가면 오히려 받을 수 있습니다. 수행은 바로 우리의 마음을 단련하여 그것이 차분하고 안정되어 움직이지 않는 방향으로 나아가게 하는 것입니다. 만일 한편으로는 수행하면서 한편으로는 탐내어 구하기를 그치지 않는다면 번뇌를 늘릴 뿐이지 결코 진정으로 수행하고 있는 것이 아닙니다. 왜냐하면 어떤 집착이나 추구도 모두 마음을 안정되지 못하게 하기 때문입니다.

오늘 어떤 사람이 저에게 말하기를, 자기는 화두를 참구하고 있지만 참구하면 할수록 더 힘이 들고, 참구할수록 마치 마음이 단단히 묶이는 것 같아서 불편한 느낌이 드는데 어떻게 해야 좋을지 모르겠다고 했습니다. 제가 그에게 말했습니다. "당신의 주된 문제는 빨리 성과를 얻고 싶어 하는 것입니다. 그것은 마치 밧줄을 단단히 묶는 것과 같고, 또 마치 한 자루 칼로 변해 당신의 마음을 찌르는 것과 같습니다." 여러분이 자신을 몰아댈수록 더 긴장을 느끼게 되고, 긴장은 곧 불편함을 야기합니다. 같은 원리가 몸에도 해당됩니다. 몸이 통증을 느끼면 긴장되는데, 다급하게 그 고통을 몰아내려고 하게 되면 고통이 더 심해지기만 할 것입니다. 이럴 때는 몸을 이완해 주기만 하면 통증이 더 심해지지는 않을 것입니다.

어떤 사람은 평소에는 호흡이 순조롭지만 일단 좌선에 들어가면 호흡에 문제가 생깁니다. 그것은 그가 호흡이 더 잘 통하는 것을 바라기 때문입니다. 사실 호흡은 원래 아무 문제가 없는데, 호흡을 더 규칙적으로, 부드럽게, 충만하게 하려고 하다 보면 오히려 호흡이 곤란해집니다. 따라서 대체로 마음이 자신의 몸에 가 있을 때는 몸에서 문제가 나타납니다. 마음이 호흡에 가 있으면 호흡에서 문제가 나타날 것이고, 마음이 기관氣管에 가 있으면 기관에 문제가 나타날 것입니다. 마음이 머리, 다리, 허리, 어디든 신체의 어느 부위에 가 있기만 하면 거기에 문제가 나타날 것입니다. 그래서 몸에서 어떤 현상이나 반응이 나타날 때 가장 좋은 처리 방법은 거기에 상관하지 않는 것입니다. 우선 신체상의 어떤 반응에도 아랑곳하지 말고, 그 다음은 마음에서 일어나는 어떤 현상에도 아랑곳하지 마십시오. 따라서 몸이 불편할 때는 그 불편한 부위를 이완하십시오. 저절로 어떤 떨림(진동)이나 두근거림이 있다면 모두 근육이 긴장해 있는 탓이니 더 이완해 주어야 합니다. 마음에서 어떤 곤경이 일어나도 역시 그에 상관하지 말고, 그때마다 방법상으로 돌아가십시오. 비단 방법상으로 돌아갈 뿐 아니라 오롯이 일념으로 방법에 집중하고, 그 방법이 자신에게 무슨 좋은 점이 있을까 하는 생각을 하지 마십시오. 요컨대 몸과 마음을 가볍게 이완해야 합니다.

　이 시의 첫 구절 "지극한 도는 어렵지 않다"에서 '지극한 도'는 부처의 지혜, 부처의 과위果位(즉, 佛地)를 가리키며, 최고의 경지를 나타냅니다. 제가 늘 말하지만, 성불하기는 아주 쉽습니다. 한 생각이 일어나지 않기만 하면 성불할 수 있습니다. 왜냐하면 부처는 본시 우리를 떠나 있었던 적이 없고, 원래부터 우리와 함께 하고 있기 때문입니다. 그런데 우리는 왜 부처의 지혜에 도달하지 못하고, 불과佛果를 이루지 못하고 있습니까?

　두 번째 구절 "가리고 고르지만 않으면 된다"가 바로 최선의 해답입니다. 우리가 번뇌를 두려워하면서 불성佛性을 보고 불지佛智를 얻고자 욕망하기 때문에, 도리어 보지 못하고 얻지 못합니다. 다른 하나의 원인은 우리에게 관념이 많이 쌓여 있다는 것입니다. 생사와 열반, 중생과 부처, 번뇌와 보리菩提(깨달음)의 구별이 있다고 생각하고, 그래서 불성을 보지 못하고 부처의 지혜를 얻지 못합니다.

"좋아함도 싫어함도 없으면, 분명하게 이해하게 된다."는 것은 애증을 포기하기만 하면 지극한 도가 즉시 현전現前한다는 것입니다. 4조 도신道信은 "온갖 선도 짓지 말고 온갖 악도 짓지 말라(不作諸善 不作諸惡)"고 했고, 6조 혜능惠能은 "선도 생각하지 말고 악도 생각하지 말라(不思善 不思惡)"고 했는데, 이것은 모두 같은 이야기입니다. 선악의 분별을 그치기만 하면 즉시 본래면목本來面目을 볼 수 있다, 즉 "지극한 도"를 깨닫는다는 것입니다.

여러분은 좌선할 때 다리 통증이 싫고, 짜증이 나고, 혼침이 오고, 맥이 빠져 있지는 않습니까? 밤에는 잠이 오지 않아서, 옆 사람은 곤히 자는데 자기는 짜증이 나지 않습니까? 그럴 때 누가 코라도 골면 마음에 더 짜증이 일어나지는 않습니까? 귀찮아하는 마음이 있기 때문에 더 잠들기가 힘들어집니다. 그런 상황을 만나면 짜증나는 마음을 거두어들이고, 그것을 즐기는 태도로 바꾸어 그 코고는 소리를 세어 봐도 좋습니다. 그러면 점점 코고는 소리가 자장가처럼 되어 기분 좋게 잠들게 될 것입니다.

반면에 좌선할 때 어떤 즐거운 경험에 집착하면 그것도 장애가 될 것입니다. 어떤 사람은 좌선할 때 몸이 떨리면 아주 편안한 느낌이 들자 계속 떨리게 내버려두었습니다. 제가 몸을 떨지 못하게 하자 그는 몸이 떨리면 편안하다고 했습니다. 제가 말했습니다. "그렇게 하면 수행이 안 됩니다. 수행은 당신을 편안하게 하는 것이 아닙니다. 반드시 몸이 움직이지 않게 제어해야 합니다." 그러나 그는 자기가 제어해도 오래 가지 않고 몸이 저절로 떨린다고 느꼈습니다. 실은 이런 떨림은 반드시 몸이 긴장되어서 일어나는 것만은 아닙니다. 몸이 떨리면 아주 편안하고 즐겁기 때문에 잠재의식이 몸을 떨리게 지휘하는 것입니다. 따라서 마음을 제어하려면 자신의 마음을 지휘하여 진짜 문제가 어디 있는지를 찾아내야 합니다. 몸의 떨림, 요동 혹은 두근거림은 필시 그 부위가 긴장되어 있는 것입니다. 다리가 떨린다면 다리가 긴장되어 있거나 아니면 그냥 복부가 긴장되어 있는 것일 수도 있습니다. 여러분 자신이 알아차리기 어렵지 않습니다. 알아차리면 그 긴장된 부위를 이완하십시오. 그렇지 않으면 수행해도 힘을 얻지 못합니다. 이것을 놓고 볼 때, 애증의 마음이 있으면 지극한 도에서 멀어지고, 애증의 마음이 없으면 지극한 도에 상응한다는 것을 알 수 있습니다.

"털끝만큼이라도 어긋나면 천지 차이로 벌어진다"는 말의 의미는, 털끝만큼이라도 인식이 맑지 않거나 오해가 있으면 여러분과 지극한 도의 간격이 천지 차이로 벌어진다는 것입니다. 그러나 어차피 애증의 마음을 가지면 안 되니 어떤 상황에서도 이도 저도 아닌 미지근한 태도로 대처해야 한다고 오해하지는 마십시오. 만일 이런 태도를 지니고 있으면 선칠을 하러 올 필요가 없습니다.

발심하여 수행할 때는 반드시 어떤 목표가 있어야 합니다. 자신에게 많은 문제가 있다는 것을 알기 때문에 자신을 고쳐 나가야겠다고 생각하고, 그럴 때 비로소 마음을 가라앉히고 수행하게 됩니다. 따라서 수행 그 자체가 어떤 목적의 의미를 갖습니다. 원래의 바람을 이루기 위해서는 마음을 수행 방법상에 두어야 합니다. 그러나 방법을 사용하고 있을 때는 '내 마음은 왜 안정되지 않나? 왜 이렇게 많은 문제들이 나에게 어지러운 생각을 일으키나? 내가 보고자 하는 불성을 왜 아직 보지 못하고 있나?' 하는 생각을 해서는 안 됩니다. 이런 문제에 대해 마음을 쓰고 생각하지 마십시오. 마음이 안정되지 않고 어지러운 생각들이 일어난다고 해도 그것에 상관할 필요는 없고, 그저 방법에만 신경을 쓰십시오.

그래서 이런 구절이 수행자에게 아주 중요합니다. 즉, "온갖 생각을 놓아버리고 공부를 지어가라(放下萬念 提起工夫)"는 것입니다. '온갖 생각'은 여러 가지 잡념이고, '공부'는 사용하는 방법을 가리킵니다. 우리는 때와 장소에 따라 늘 허다한 생각을 일으키는데, 어떤 생각이 일어나도 그때 알아차려 즉시 놓아버리고 곧장 방법을 지어가십시오. 그러나 부디 방법까지 놓아버리지는 마십시오. 예를 들어, 부인의 좋지 않은 점, 남편의 못난 점, 아내의 고운 모습, 돈을 벌 수 있는 기회 등등 일체를 놓아 버리고 마음을 다시 수행 방법상으로 돌리십시오.

어느 젊은 사람이 선칠을 하러 왔기에 제가 그에게 물었습니다. "지난 며칠간 잡념은 없었나?" 그가 대답했습니다. "있습니다. 하지만 그리 많지는 않습니다." 제가 물었습니다. "가장 안 놓아지는 것은 무엇인가?" 그가 말했습니다. "안 놓아지는 건 아무것도 없습니다." 제가 말했습니다. "어떤 한 가지는 자네가 가장 놓아버리지 못하는 건데, 자네와 여자친구가 너무 멀리 떨어져 있으니 필시 그녀를 많이 생각하겠군." 그가 말했습니다. "스님! 저는 결코 그녀를 생각하고 있지 않습니다. 왜 그런 말씀을 하십니까?" 선칠이 끝난 뒤에 그가 저에게 말했습니다. "스님, 원래 저는 정말 여자친구를 조금도 생각하지 않고 있었는데, 스님께서 그렇게 말씀하시고 나자 저도 모르게 그녀를 생각하게 되었고, 멈추려고 해도 멈추지 않습니다." 제가 그에게 이렇게 말해주었습니다. "수행에서는 들 줄 알면 놓을 줄도 알아야 하는데, 들고 난 뒤에도 놓아버리지 않으면 그것은 참으로 놓아버린 것이 아니고 단지 자기를 속이면서 생각하지 않는 것일 뿐이야."

선칠을 갓 시작했을 때는 놓아버린다고 해서 바로 놓아질 수가 없습니다. '놓아지지 않아도 상관없다.' 이렇게 생각할 수 있으면 놓아버린 것입니다. 계속 '왜 나는 아직도 놓아버리지 못하나?' 하고 걱정하지 마십시오. 그러면 자신을 더 번거롭게 할 것입니다. 실패를 두려워하지 마십시오. 실패해도 상관없습니다. 그러나 '어차피 실패니 차라리 내일 집에 돌아가자!' 혹은 '이번에는 내가 준비가 제대로 안 되었어. 몸도 불편하고 올 때 머리도 맑지 않았으니, 아마 밖에서 자극을 너무 많이 받았거나 아니면 너무 흥분되어 있나 보다. 이번은 준비가 잘 되지 않았으니 그만둬라, 다음에 다시 오자!' 하고 생각하지 마십시오. 부디 이런 패배적인 마음 자세에 굴복하지 마십시오. 중국 속담에 이런 말이 있습니다. "나무에 앉은 백 마리의 새가 손 안의 한 마리보다 못하다." 수중에 그나마 있는 그 새를 포기해 버리고 나무 위에 있는 백 마리, 천 마리를 잡으려고 욕심을 내면 결국 한 마리도 잡지 못할 것입니다. 따라서 비록 여러분이 지금 느끼는 상황이 이상적이지 않다 하더라도, 일단 선칠에 들어왔으면 그것은 수행할 절호의 인연인 것입니다.

2. 따르지도 거스르지도 말라

도道가 현전하기를 바란다면	欲得現前
따르지도 거스르지도 말라.	莫存順逆
거스르고 따름이 서로 싸우는	違順相爭
이것이 마음의 병이라네.	是爲心病

지극한 도, 곧 불도佛道가 현전하게 하려면 '따름(順)'과 '거스름(逆)'이라는 두 가지 마음을 가지고 있으면 안 됩니다. 어떤 것이 '따름' 입니

까? 어떤 것이 '거스름'입니까? '따름'이란 좋아하는 마음을, '거스름'이란 좋아하지 않는 마음을 가리킵니다. 이 좋아하고 좋아하지 않는 두 가지 마음이 있으면 불도가 현전할 수 없습니다. 수행할 때는 마음에 애증, 이해득실에 대한 집착이 없어야 합니다. 어떤 사람은 좌선하여 힘을 얻으면 자신이 금방 깨달을 거라고 생각하고, 그래서 그 상태에서 깨달음을 기다립니다. 실은 금방 깨달을 거라는 느낌이 들 때는 마음이 이미 산란한 것인데, 어떻게 깨달을 수 있겠습니까?

예전에 어느 선칠 참가자는 시작할 때 대단히 열심히 노력했고, 그래서 마음 상태에 어떤 뚜렷한 변화가 일어났습니다. 그는 그것을 알아차리자 아주 놀라 이렇게 생각했습니다. '지금의 내 상태는 아주 좋은데, 만일 내가 완전히 바뀌어 친구들이 모두 알아보지 못하면 어떻게 하나?' 이 한 생각의 결과로 그 이후의 선칠은 엉망이 되어 버렸습니다. 이런 모순된 마음의 태도가 늘 수행자에게 영향을 미칩니다. 선칠에 참가한 목적은 바로 자기를 개선하기 위해서인데, 변화가 일어날 때 다시 걱정하고 두려워합니다. 사실 수행은 자기를 변화시켜 더 성숙되고 침착하고 평온하게, 더욱 사람같이 만들어주지, 결코 이상한 귀신같이 바꾸어 놓지는 않습니다. 자고로 허다히 많은 큰 수행자들이 수행을 한 뒤에 모두 더 성실해지고 더 지혜롭게 변했습니다. 따라서 이왕 수행하러 왔으니 변화를 두려워하지 마십시오.

이와 같이 얻기를 바라고 나서 다시 얻는 것을 두려워하고, 진입하기를 바라고 나서 다시 진입하는 것을 두려워하는 모순된 마음의 태도는 실은 정상적인 반응이기도 합니다. 기억해 보면 저도 어릴 때 갓 출가했을 무렵에는 그랬습니다. 내가 출가할 수 있구나 하고 생각하자 몹시 흥분이 되었지만, 정작 산을 올라가 머리를 깎고 출가인이 되자 이번에는 두려운 마음이 생겼습니다. 장차 절에서 어떤 일을 겪게 될지 몰라, 마음 한편으로는 기쁘면서도 한편으로는 걱정이 되었습니다. 천당이 있다고 믿는 어떤 사람들도 죽고 나서 천당에 오르는 것을 두려워합니다. 정작 천당에 오르고 난 뒤에 어떤 결과가 있을지 모르기 때문입니다.

일반인들의 마음 깊은 곳에 간직되어 있는 '자기애'는 평소에는 뚜렷하지 않다가 수행을 하고 있을 때 쉽게 드러납니다. 약점이 드러날 때는 수행에 장애가 있었다는 것을 말해줍니다. 제가 이런 이야기를 여러분에게 하는 것은, 그런 두려움이 나타날 때 즉시 알아차려서 그것이 수행의 장애가 되지 않도록 하기를 바라서입니다.

'따름'과 '거스름'은 상대적입니다. 좋아하는 것이 있으면 싫어하는 것이 있을 수밖에 없고, 좋아하는 것을 얻지 못하게 되면 그것이 싫어하는 것으로 바뀝니다. 이렇게 상충하는 마음의 태도는 보통 사람들에게도 병이지만 수행자들에게는 더 큰 병입니다. 따라서 우리는 수행 과정 속에서 그것을 똑바로 알아야 할 뿐 아니라 나아가 그것을 치료해야 합니다. 병이 사라지면 도가 있는 곳[道處]을 보게 됩니다. 그래서 수행은 병을 치료하려는 것입니다.

현묘한 도리를 알지 못하면　　　　　　不識玄旨
생각을 가라앉혀도 소용이 없네.　　　　徒勞念靜

앞에 나온 몇 구절의 깊은 의미 요지를 파악하지 못하면, 아무리 열심히 노력해도 결국 헛수고여서 아무 이익이 없고 고요함도 얻지 못합니다. 이것은 결코 진정한 노력이 아닐 뿐더러 앞생각과 뒷생각이 부단히 충돌하는데, 이런 상황에서 어떻게 마음이 고요해질 수 있겠습니까?

그 다음은 바로 산란散亂을 미워하고 청정淸淨을 좋아하여, 생각생각 줄곧 자신에게 "산란하지 마라, 산란하지 마라……" 하고 말하는 것입니다. 이것도 생각을 점차 고요하게 할 수는 있지만, 마음속에서는 또 이렇게 생각합니다. '나는 고요함을 얻었다. 이것이 바로 내가 원하던 것이다……' 결국 자기 마음의 고요함에 대해 집착을 일으키게 됩니다. 이런 마음의 태도로써 수행하면 첫째로, 고요한 마음에 도달하기가 어렵고, 둘째로, 설사 고요한 마음을 얻었다 하더라도 그것은 안정된 마음에 대한 집착에 속할 뿐입니다. 그렇기는 하나 이것도 쉽지 않은 만큼 마음속에서 자아가 계속 투쟁을 벌이는 것보다는 한결 낫지만, 그래도 아직은 별로 좋은 것이 아닙니다. 만일 이런 상태에 머물러 있으면 불필요한 많은 번거로움이 야기될 것입니다. 예를 들어, 아무것도 바라지 않고 고요한 수행만 생각한다고 해 봅시다. 홀로 있는 곳에서는 이런 마음 상태를 유지할 수 있을지 모르지만, 부득불 사람들과 어울리게 되면 번거로운 상황에 처하게 될 것입니다. 아이들이 떠드는 소리, 친구의 내방, 업무상의 스트레스 등 모든 것이 여러분을 번거롭게 할 수 있습니다. 여러분 가운데 어떤 분은 좌선을 하면 종종 뒤로 넘어집니다. 저는 오늘 그녀에게 넘어지지 말라, 뇌진탕을 일으킬까 걱정된다고 주의를 주었습니다. 그녀가 대답했습니다. "그러면 제가 아무것도 모르게 될 테니 그건 아주 좋은 거죠!" 제가 말했습니다. "당신이 넘어지는 건 좋지만, 그러면 누가 당신을 보살펴줍니까? 누가 당신의 남편과 아이들을 보살핍니까? 뇌진탕은 병이 나는 거지 깨달음이 아닙니다. 당신의 문제는 여전히 해결되지 않습니다." 수행과 어리석음, 지혜와 무명無名(무지), 번뇌와 청정조차 분간하지 못한다면, 그런 수행자는 멍텅구리에 지나지 않습니다.

따라서 고요함의 경계를 유지하는 것만 추구해서는 안 됩니다. 그러면 소극적인 상태에 떨어질 것입니다. 마음이 가라앉지 않는다 하더라도 짜증을 내지 마십시오. 즐겁지 않은 일이라고 해서 배척하지 말고,

즐거운 일이라고 해서 집착하지 마십시오. 즐거운 경계를 깨달음으로 오인하면 스스로에게 문제를 야기할 것입니다. 즐거운 경계가 일어나면 거기에 집착하지 말고, 그저 수행을 계속하십시오.

선법禪法을 수행하는 사람들은 고요한 경계에 탐착貪着해서는 안 됩니다. 선종에서도 사람들에게 소극적인 선정禪定에 만족하라는 가르침은 없습니다. 예를 들어 『육조단경六祖壇經』에서는 이렇게 말합니다. "이 문에서의 좌선은 마음에 집착하지 않고 깨끗함에도 집착하지 않으며, 움직이지 않는 것도 아니다." 또 말하기를, "어떤 이들은 앉아서 마음을 보고 고요함을 관하며, 움직이지 않고 일어나지도 말라고 가르치면서 이것으로 수행을 삼는다. 미혹된 사람들은 알지 못한 채 거기에 집착하여 전도된다. 이런 사람들이 많아져서 서로 가르치니, 크게 잘못된 일임을 알라!" 진정한 공부는 때에 따라 안정되고 때에 따라 일어나 움직일 수 있으며, 움직이는 가운데서도 능히 안정될 수 있고 안정된 뒤에도 일어나고 싶으면 언제든 일어날 수 있습니다. 선은 활발발活潑潑한 수행이어서 움직임 가운데서 고요함을 얻는 것이 희귀한 일이 아닙니다. 움직이는 가운데서 고요할 수 있는 능력을 얻어야 합니다.

도는 태허와 같이 원만하여	圓同太虛
모자람도 남음도 없네.	無欠無餘
갖거나 버림으로 인해	良由取捨
그것을 이루지 못하네.	所以不如

이 구절들은 우리에게 올바른 태도와 상황을 말해줍니다. '태허'는 아무것도 없는 것이 아니라 존재하지 않는 곳이 없는 것입니다. 그것은 개별적 존재는 없고, 오직 전체적이고 보편적인 존재만 있습니다. 수행

자들에 대해서 말하자면, '지극한 도'에 도달하기 전에는 먼저 애증의 마음을 버리는 것부터 연습해야 합니다. 욕구가 있고 혐오심이 있기 때문에 문제가 생겨납니다. 여러분이 싫어하는 것과 여러분이 좋아하는 것은 하나의 사물이 가지고 있는 두 측면에 지나지 않습니다.

예전에 어느 대지주는 많은 일꾼들을 구하여 밭에 씨 뿌리는 것을 돕게 했습니다. 그는 일꾼들이 열심히 일하는 것은 좋아했지만 그들이 밥을 많이 먹는 것은 싫어서, 마음속으로 이 사람들이 일만 하고 밥을 먹지 않는다면 좋겠다고 생각했습니다. 사실 그의 좋아함과 싫어함은 본래 같은 하나의 일입니다. 같은 하나의 일이라면 좋아하는 것을 얻었다고 즐거워할 필요가 없습니다. 솔직히 말해서, 얻은 것이 바로 싫어하던 그것이고 그 반대의 경우도 마찬가지입니다.

어떤 사람들은 많은 시간과 기력을 들여서 연애를 하여 어렵게 여자 친구의 마음을 잡습니다. 결혼을 하고 나서 한 동안 즐거운 나날들이 지나갑니다. 그러나 좋은 시절도 늘 있는 것이 아니어서, 부인이 남편을 사랑한다는 이유로 남편의 행동을 구속하게 됩니다. 자기 마음대로 하지 못하게 된 남편은 독신 때로 돌아갔으면 좋겠다고 생각하지만 때는 이미 늦었습니다.

그래서 수행자들은 시시각각 마음을 훈련하여, 어떤 것도 추구하지 않고 어떤 것도 싫어하지 않도록 되어야 합니다. 왜냐하면 일체의 좋고 나쁨은 원래 한 덩어리이기 때문입니다. 우리가 무엇을 얻었다고 생각할 때 실은 전혀 얻은 것이 없고, 무엇을 잃었다고 생각할 때도 전혀 잃은 것이 없습니다. 어차피 전체이므로 얻음도 없고 잃음도 없습니다. 우리가 불법의 지혜를 보게 되면, 일체가 다 완전하고 갖추어져 있으며 어느 하나 마음 밖에 있는 것이 없고 전부가 다 자기 마음의 현현이라는 것을 봅니다. 사람들이 자유롭지 못한 까닭은 가리거나 선택하는 탓에 무엇이 모자라거나 남는다고 느끼기 때문입니다. 갖지도 않고 버리지도 않으면 일체가 다 갖추어져 있고 완전합니다. 따라서 수행할 때에는 좋은 현상을 탐하여 구하지도 말고, 나쁜 경계를 싫어하지도 마십시오. 내침도 구함도 없을 때, 비로소 모자람도 없고 남음도 없을 것입니다.

3. 하나인 평등함

연기緣起의 삶을 좇지 말고	莫逐有緣
공空의 자리에 머무르지 말라.	勿住空忍

보통 사람들은 '유'에 집착하여 자신의 생각, 사상, 몸 밖의 사물들이 모두 실재한다고 여기거나, 아니면 '공'에 집착하여 어차피 죽고 나면 아무것도 존재하지 않으니 모든 문제가 해결된다거나, 혹은 모든 것이 거짓된 모습[假相]이니 집착할 것이 아무것도 없다고 하여 세상을 하찮게 여기고 심지어는 자살까지 합니다.

사실 '유'에 집착하거나 '공'에 집착하는 것은 모두 올바른 태도가 아닙니다. 제가 이미 '유'에 집착하는 위험, 즉 '가짐이 있고 버림이 있는 것'에 대해 이야기했습니다. 자기가 좋아하는 것은 추구하고 자기가 싫어하는 것은 거절하는 것 말입니다. 그 밖에 어떤 사람은 좌선할 때 마음속에 하나의 공백상태가 나타날 수 있는데, 이것은 자신이 깨달음에 가까워진 것 같지만 실은 전혀 그렇지 않습니다. 깨달음의 경계는 앞생각이 나지 않고 뒷생각도 나지 않으며, 현재 순간의 한 생각도 나지 않는 것입니다. 그러나 공무空無의 경계에 있는 사람은 단지 앉아서 생각하지 않고 행위하지 않는 것일 뿐, 결코 참으로 수행하고 있는 것이 아닙니다. 이런 사람은 확실히 하나의 생각을 가지고 있습니다. 즉, 앞 생각이 일어났어도 상관하지 않는다, 뒷생각이 일어날 수 있으나 역시 상관하지 않는다는 것입니다. 그러나 현재 순간의 한 생각에 대해서는 그것을 따라갑니다. 이런 사람은 자기가 자신의 생각에 집착하지 않는다고 생각할지 모르지만, 사실상 이것은 진정한 깨달음 경계와는 멀리 떨어져 있습니다. 이것은 '미련한 공[頑空]'이지 '참된 공'이 아닙니다.

만일 생각이 없고 아주 고요하고 안온하고 편안한 상태에 도달했다면, 그런 평화로운 경계는 가장 높게는 무색계無色界의 '4공정四空定'* 에 이를 수도 있습니다. 그러나 '4공정'에 집착하면 곧 외도外道여서, 영원히 자성自性을 보지 못합니다.

      하나인 평등함 속에서   一種平懷
      미혹은 저절로 소멸하네.   泯然自盡

'평등함'은 일체가 평등하다는 것, 범부와 성인이 다르지 않고 어떤 분별·대립도 없음을 마음이 이미 깨달은 것을 가리킵니다. 즉, 앞에서 말한 '공'과 '유'에 머무르지 않는다는 것입니다. '공'과 '유'가 둘이 아닐 때 비로소 평등하며, 이미 분별이 없으므로 완전히 같은 하나입니다. 그러나 거기에는 하나인 물건도 존재하지 않습니다.

제가 『원각경』을 강해할 때 이미 말했습니다. "부처님은 일체중생이 모두 평등함을 보셨고, 그러면서 동시에 일체중생의 마음속에서 일어나고 움직이는 하나하나의 생각을 다 보셨다."고 말입니다. 어떤 사람

---

* (역주) 무색계 수준의 네 가지 선정. 4무색정四無色定이라고도 한다. 1) 空無邊處定, 2) 識無邊處定, 3) 無所有處定, 4) 非想非非想處定.

이 말했습니다. "그러면 어떻게 되겠습니까? 모든 중생이 생각들을 일제히 부처님의 머리 속에 내던지면 (부처님 머리가) 쓰레기통같이 어지럽게 되는 것 아닙니까!"

저는 그렇게 되지 않는다고 말했습니다. 이런 상황은 고성능 카메라로 사진을 찍는 것과 비슷합니다. 셔터를 한 번 누르기만 하면 렌즈 앞에 있던 어떤 풍경도 일순간에 전부 기록되지만, 카메라는 결코 "싫다. 저 많은 것들을 어떻게 다 찍나!" 하고 말하지는 않겠지요. 카메라는 좋고 나쁨, 길고 짧음, 색깔 따위를 구분하지 않고 일체의 사물을 원래의 모습대로 기록합니다. 바꾸어 말해서 카메라에 찍히는 사물들은 제각기 다양하지만, 카메라는 모두 평등하게 대하여 원래 모습대로 나타내 보인다는 것입니다.

부처 마음도 그와 같습니다. 평등심이란 만사만물 간에 상대적인 관념이 없고, 모든 내외內外, 자타自他, 과거 미래 등의 대립이 일체 존재하지 않는다는 것, 모든 사물이 다 절대적이고 더 이상 분별이 없다는 것을 의미합니다. 일단 더 이상 분별이 없으면 존재하던 '유' 도 사라지는데, 이것을 일러 "저절로 소멸한다"고 하는 것입니다. 예를 들어 전 세계의 모든 사람이 남자라면 '남자' 라는 이 표지가 아무 쓸데없겠지요. 왜냐하면 그 말의 유일한 목적은 여자와 구분하기 위한 것이니 말입니다. 모든 사람이 다 똑같다면 이름도 필요 없겠지요. 만일 여러분이 모든 사물에 대해 평등한 태도를 갖는다면 모든 분별이 사라지고, 존재하던 '유' 자체도 그와 함께 사라질 것입니다.

한번은 제가 향판香板을 한 선칠 참가자에게 건네주면서 물었습니다. "이게 무엇입니까?" 그는 향판을 잡고 몇 번 흔들었습니다. 그가 그렇게 한 것은 뭐라고 이름 붙일 수가 없었기 때문입니다. 우리는 그것을 향판이라고 부를 수 있지만, 그것은 우리의 분별심에 지나지 않습니다.

왜 우리가 반드시 그것을 향판이라고 불러야 합니까?

또 한번은 제가 어느 사람 앞에 서서 물었습니다. "당신 앞에 서 있는 것은 누굽니까?" 그가 대답했습니다. "계란입니다." 선칠이 끝난 뒤에 제가 그에게 물었습니다. "왜 스승이 계란입니까?" 그가 대답했습니다. "스님께서 물으실 때 저는 아무 생각이 없었고, 엉겁결에 대답한다는 것이 '계란'이었습니다. 왜 계란이라고 했는지는 저도 모르겠습니다. 나중에 저는 '틀렸어. 스님이 어떻게 계란일 수 있나?' 하고 생각했습니다. 그러나 이미 말해 버렸으니 그걸로 그만입니다." 그가 "계란입니다"라고 했을 때 그것은 올바른 대답입니다. 사실 그가 그때 무슨 대답을 했더라도 다 맞습니다. 왜냐하면 그의 마음에 아무런 생각이 없었기 때문입니다. 절대적인 상태에 있어 어떤 구별도 없었던 것입니다. 그러나 일단 의심을 일으키고 생각을 하면 답이 틀린 것입니다.

이번 선칠에서도 제가 여러분 앞에 서서 "당신 앞에 서 있는 것은 누구입니까?" 하고 물을지 모릅니다. 여러분은 '어떤 사람이 스님을 계란이라 했다고 말씀하셨으니, 나도 스님께 그 비슷한 대답으로 아예 돼지고기라고 할까' 하고 생각할지 모릅니다. 이와 같이 어떤 답변을 찾는 생각이 일어나기만 하면 어떤 답이든 관계없이 다 틀린 것입니다. 왜냐하면 그것은 분별심이지 평등심이 아니기 때문입니다.

움직임을 그치고 고요함으로 돌아가면	止動歸止
고요함이 더욱 활발히 움직이나니	止更彌動

앞에서 평등심, 즉 보편적이고 부동이며, 기복이 없고 분별이 없는 마음을 설명했습니다. 이 두 구절은 연이어 우리의 공부 방법을 제시합니다. 여러분의 마음이 원래 이미 상당히 평온한 상태에 있을 수 있습니

다. 그러나 자기 마음이 완전히 부동이고 기복이 없고 분별이 없는 것은 결코 아니라고 생각하여, 마음을 완전한 부동으로 한 걸음 더 나아가게 하려고 노력하면 결과적으로 그 반대가 되어, 마음이 더 사나워지고 더 초조해져서 먼저보다 더 불안정해집니다. 이것은 마치 항아리 속의 수면에 물결이 있는 것을 보고 입으로 그 물결을 불어서 더 평평하게 해야겠다고 생각하는 것과 같아서, 결국 불수록 물결이 더 많아집니다. 이어서 손으로 그 물을 어루만져 평평하게 해야겠다고 생각하면, 결국 어루만질수록 더 헝클어집니다. 반대로 내버려두고 상관하지 않으면 물결은 마침내 사라지고 수면도 고요해질 것입니다. 보통 사람들은 모두 이런 상식을 가지고 있지만, 수행할 때 마음을 처리하는 데 있어서는 오히려 이 같은 방식을 적용할 줄 모릅니다. 우리는 이런 상식을 좀 배워야 합니다.

    우리가 종종 이야기하지만, 수행할 때는 방법상에 온 정성을 쏟고, 마음속의 생각이 좋은 것이든 나쁜 것이든, 공부가 힘을 얻든 못 얻든 상관하지 마십시오. 수행할 때는 조급해 할 필요가 없고, 계속 부단히 방법을 사용해 나아가기만 하면 됩니다. 수시로 자기를 검사하여 '조금 전보다 좀 나아졌나? 어제보다는 좀 진보했나?' 하지 마십시오. 저녁 법문 때 제가 여러분에게 "오늘의 상태는 어떻습니까?" 하고 물을 수는 있습니다. 이때 여러분은 "오늘은 아주 좋습니다"라든가 "오늘은 별로입니다"라고 대답할 수 있습니다. 그러나 공부할 때는 절대로 자신의 수행 진도를 검사하고 판단하지 마십시오.

    어떤 사람이 저에게 말했습니다. "스님, 저는 부끄럽습니다. 수차 선칠을 합니다만 아무 진보가 없습니다." 제가 말했습니다. "당신이 여전히 선칠에 참가하는 그것이 곧 진보입니다." 그가 말했습니다. "그러나 저는 제가 진보하고 있다고 느끼지 못합니다." 제가 말했습니다. "진보하고 있다고 느낄 필요는 없습니다. 수행에 참가하는 그것이 곧 진보입니다."

따라서 우리는 평등심으로 수행해야지 좋고 나쁨을 분별해서는 안 되며, 옳으니 그르니 검토해서도 안 되고 선칠을 하기 전과 후를 비교해도 안 됩니다. 만약 아직 방법을 쓸 수 있다면 마음대로 방법을 바꾸지 마십시오. 그 방법을 쓸 수 없다고 느낀다면 방법을 바꾸어도 좋지만, 왜 자신이 그 방법을 쓸 수 없는지를 분명히 알아야 합니다. 호기심으로 오늘은 이 방법을 썼다가 내일을 다른 방법으로 바꾼다거나, 혹은 이 좌선 시간에는 이 방법을 썼다가 다음 좌선 시간에는 다른 방법으로 바꾸는 일은 절대 하면 안 됩니다. 그것은 잘못된 것입니다. 사실 어떤 방법도 다 마찬가지입니다. 한 가지 방법을 선택한 뒤에는 거기에 일편단심 전념해야 합니다. 그것은 마치 애정과 같습니다. 한 사람을 사랑할 때는 끝까지 사랑해지, 오늘은 이 사람을 사랑하고 내일은 저 사람을 사랑해서는 안 됩니다. 수행할 때는 방법이나 관념을 늘 바꾸면 안 됩니다. 그렇지 않으면 번뇌가 늘어납니다.

4. '유'도 아니고 '공'도 아니다

양변에 머물러 있기만 해서야	唯滯兩邊
어찌 하나인 것을 알겠는가?	寧知一種
하나인 것을 통하지 못하면	一種不通
두 곳에서 다 작용을 잃네.	兩處失功

이 네 구절은 분별심을 겨냥하여 한 이야기입니다. 분별심이 있으면

대립이 있는데, 이른바 '대립'은 반드시 두 가지 모습 이상의 것이 있어야만 생겨날 수 있습니다. 바꾸어 말해서 '대립'은 곧 '불통일'이고, 또한 '양변兩邊'입니다. 통일하지 못한다면 대립적인 사물에 대해서 아는 것도 진실과 어긋납니다. 바꾸어 말해서 통일하지 못할 때는 사물을 명료히 인식하지 못합니다.

수행자에 대해 말하자면, 그가 추구하는 것은 깨달음의 경계 혹은 최고의 불도佛道입니다. 이때 불도는 하나의 물건[一物]이고 추구하는 사람은 다른 하나의 물건입니다. 혹은 불도가 하나의 물건이고, 추구하는 마음이 다른 하나의 물건입니다. 불도를 추구할 때, 이미 자기와 불도를 대립시켰습니다. 그가 한 걸음 더 나아가 자신이 본래 불도와 분리되어 있지 않다는 것을 알더라도, 그것을 직접 체험해 보지는 못했기 때문에 자신의 불도를 계발하고자 희망하는 것입니다. 그러나 설사 자기를 계발한다 하더라도 역시 찾는 마음과 불성 간에 대립을 만들어냅니다. 이처럼 여전히 둘로 나뉘는데, 이렇게 '양변'이 있으면 통일할 수 없습니다.

그렇다면 어떤 사물도 추구하지 않는 것이 올바릅니까? 매일 조석 예불 때 우리는 사홍서원四弘誓願을 발합니다. 그 네 번째 서원은 바로 '불도무상서원성佛道無上誓願成'인데, 이는 우리가 성불을 바라고 있음을 말해줍니다. 만일 성불을 바라는 것이 대립을 만들어낸다면, 이 서원을 발하는 의도는 어디에 있습니까? 반대로 우리가 성불이라는 목표를 정해 두지 않으면 영원히 성불하지 못합니다. 그러면 우리는 어떻게 해야 합니까? 사실 선禪 수행은 첫째로 대신심大信心을 가져야 하고, 둘째로 대원심大願心을 가져야 하며, 셋째로 대분심大憤心을 가져야 하고, 넷째로 대의정大疑情을 가져야 합니다. 그래서 먼저 신심을 갖는 것이 옳습니다. 믿는다는 것은 원래 통일적입니다. 즉, '하나인 것'을 믿고 그런 다음 다시 법에 의거하여 수행하는 것입니다.

범부는 양변에 걸립니다. 서양의 종교·철학도 이원적 대립의 상태에 빠져 있는데, 그들은 '하나인 것', 이른바 '유일신'을 이야기하기는 하지만 신을 아는 것은 사람이고, 신은 사람이 있음으로써 존재하는 것입니다. 선禪에서는 수행하기 전에 오직 '하나'가 있다는 것을 믿어야 하는데, 사실 '하나인 것'의 '하나'는 결코 선의 근본이 아니라 도가에서 말하는 '도道'의 근본입니다. '하나'는 선禪이 아니고 선禪은 '하나'가 아닙니다. 여기서 설명하는 '하나'는 우리에게 공안 중의 하나인 '만법귀일 일귀하처萬法歸一 一歸何處'를 생각나게 합니다. 만일 일체법, 일체 사물이 '신'에게 속한다면 '신'은 다시 어디로 돌아갑니까?

「신심명」은 사람들에게 수행의 방법을 가르쳐줍니다. 평등·불이不二는 곧 수행 정진의 기점입니다. 우리들 중 많은 사람들이 수식법數息法을 사용하고 있는데, 이는 마음의 통일을 이루기 위해서입니다. 호흡을 세어 나가다 보면 나중에는 셀 숫자도 없고 셀 호흡도 없습니다. 센다는 생각마저 사라지고 나면 남는 것은 오직 하나의 '나'라는 존재입니다.

공안·화두를 참구할 때에도 시작 단계에서는 이와 같을 수 있습니다. 화두를 참구하고, 참구하고, 참구하고, 참구하다 보면 화두가 보이지 않는 지점에 이릅니다. 폭발해 버린 것이 아니라 사라져 버린 것입니다. 그러나 화두가 보이지 않게 되었다고 해서 결코 그것이 일심一心으로 변한 것은 아닙니다. 왜냐하면 비록 화두가 보이지 않는다 해도 여러분은 여전히 화두를 참구하려는 생각을 가지고 있을 수 있기 때문입니다. 만일 화두가 사라졌는데 참구하겠다는 생각도 보이지 않는다면, 이것은 일종의 아주 고요하고 평안한 상태에서 '나'라는 느낌을 잃어 버렸고, 방법을 잃어 버렸고, 방법을 사용해야겠다는 생각과, 자기가 수행하고 있다는 생각마저 잃어 버렸다는 것을 말해줍니다. 이때가 비로소 통일심입니다. 통일심을 체험해 본 사람은 어딘가 보통 사람들과는 다릅니다. 그의 신심은 비상하게 확고한데, 왜냐하면 그는 이미 분별심이 없을 때가 어떤 상태인지 직접 체험해 보았기 때문입니다. 그러나 일반인은 기껏해야 지식상으로 무분별심을 인식할 수 있을 따름입니다.

'하나'는 도가에서 차용한 것입니다. 즉, "도가 하나를 낳고, 하나가 둘을 낳고, 둘이 셋을 낳고, 셋은 만물을 낳는다(道生一, 一生二, 二生三, 三生萬物)"*는 것입니다. 여기서 3조는 도가에서 말하는 것을 차용하여 설명했는데, 만일 '지극한 도', 즉 지고의 불도에 도달하고 싶으면 먼저 '하나'에 도달해야 한다는 것입니다. 바꾸어 말해서 먼저 '하나'에 도달해야 '지극한 도,' 곧 선에 진입할 수 있다는 것입니다.

저는 늘 선 수행은 다음과 같은 순서에 따라야 한다고 이야기합니다. 즉, 산란심[散心], 집중심, 통일심, 무심입니다. 먼저 산란한 생각들을 집중시키고, 다시 집중심에서 통일심에 이르고, 마지막으로 일거에 통일심에서 무심으로 진입합니다. 통일심에서 무심으로 진입하는 과정에서는 공안이나 화두를 사용하는 것이 비교적 쉽고 효과적입니다. 다시 말해 공안이나 화두를 사용하여 '하나'를 분쇄하고 폭파합니다. '하나'를 잃어버렸다는 것은 전부를 다 잃어버렸다는 것을 의미합니까? '하나'를 잃어버렸다는 것은 '하나' 속에서 해방되어 다시금 자연으로 돌아가는 것입니다. 그렇지 않고 '하나'에 머물러 있는 상태는 곧 종교상 '유일신'의 '하나'가 되거나, 아니면 외도의 삼매 상태에 머무르게 됩니다. 따라서 '하나'를 초월하여 자연, 즉 무심을 회복해야 합니다. '무無'는 곧 '지극한 도'요, 그것이 바로 '선禪'이기 때문입니다. 그래서 3조는 도가의 사상을 빌어 오히려 도가의 사상을 초월한 것입니다.

---

* (역주) 노자 『도덕경』, 제42장.

수행할 때는 '하나'나 '무'를 추구한다는 생각을 품으면 안 됩니다. "나는 마음을 통일하겠다"거나 "나는 마음을 분쇄하겠다"는 생각을 갖지 마십시오. 취하고 버림이 있으면 수행의 길에서 멀어지기 때문입니다. 그저 단순하게 방법을 사용하고, '일편단심' 방법을 품어야 합니다. 방법을 쓰는 현재의 순간이 곧 '하나'에 접근한 것입니다. 부단히 오로지 방법에만 몰두하다 보면 점점 방법이 보이지 않게 되어 결국 '하나'에 도달합니다.

60세가 넘은 어떤 분은 참선을 해 본 적이 없었는데, 그분이 저에게 말했습니다. "스님, 저는 나이를 이렇게 많이 먹었으니 빨리 깨달음을 얻고 싶습니다. 그렇지 않으면 깨달을 희망이 없습니다." 제가 말했습니다. "당신이 나이가 많기 때문에라도 깨달아야겠다는 생각은 더욱 하면 안 되고, 오로지 수행에 몰두해야 합니다." 그가 물었습니다. "스님, 어째서 저에게 수행하라고만 하시고, 제가 깨닫도록 가르쳐 주시지는 않습니까?" 제가 대답했습니다. "당신에게 깨달음만 가르칠 수는 없지요. 그랬다가는 금생에는 아예 깨달음을 바랄 수 없을 테니까요. 그러나 수행만 가르치면 당신은 열심히 정진할 수 있고, 최소한 깨달음에 접근할 것입니다. 수행의 그 노력은 헛되지 않습니다."

| 유를 없애려 하면 유에 떨어지고 | 遣有沒有 |
| 공을 따르면 공을 등지네. | 從空背空 |

이 두 구절의 의미는, '유'를 내버리려고 몹시 애쓰면 오히려 '유'의 진창에 빠지고, 일념으로 '공'을 추구하면 오히려 '공'을 더 떠나게 된다는 것입니다.

송나라 때의 명재상인 장상영張商英은 처음에 부처를 믿지 않았을 뿐 아니라, 불교를 반대한 한유韓愈를 매우 숭배했습니다. 그래서 「무불론無佛論」이라는 글 한 편을 지어 세상 사람들에게 부처를 믿지 말라고 권해야겠다고 생각했습니다. 그가 공무의 여가를 이용하여 밤에 문장을 구상하고 있는데, 부인이 그가 밤늦도록 자지 않는 것을 보고 무얼 하느냐고 물었습니다. 그가 말했습니다. "부처가 정말 혐오스러워 「무불론」이라는 글 한 편을 지어 그를 반대하려는 것이오." 부인은 몹시 이상하게 생각하고 이렇게 말했습니다. "이미 부처가 없다면 「무불론」은 왜 쓰신단 말입니까? 그것은 허공을 주먹으로 치는 것과 같지 않습니까?" 이 말에 정신을 차린 그는 부처에게 과연 어떤 도리가 있을까를 생각해 본 다음 불법을 공부하기 시작했고, 나중에는 깨달아 선종사禪宗史의 대거사가 되었습니다. 그는 대혜 종고大慧宗杲*와 함께 원오 극근圓悟克勤(1063~1135) 선사의 문하에 속합니다.

제가 이 고사를 이야기하는 주된 요점은, 여러분이 이미 존재하는 어떤 한 가지 사물의 존재를 부정하려고 하면 사실상 이미 그것의 존재를 긍정했다는 것을 설명하려는 것입니다. 따라서 '유'를 없애려고 하면 결과적으로 '유'에 빠집니다.

또 예를 들어 보통 사람이 한 가지 물건을 한번 잃어버리면 그것을 아주 잃어버렸다고 생각하지만, 그것이 진짜로 잃어버린 것입니까? 부분적으로 보면 확실히 그렇지만 전체적으로 보면 결코 그렇지 않습니다. 마치 우리가 늘 이 지구상에서 생존하는 것과 같이, 어떻게 물건을 잃어버렸든 관계없이 여하튼 그것은 지구상에 있습니다.

---

* 대혜종고(1089-1163) 선사는 공안선의 가장 위대한 지도자로, 묵조선을 제창한 동시대의 굉지정각宏智正覺 대사와 늘 함께 거론된다. 대혜 문하에서 깨달은 사람은 어떤 문하보다도 많았고, 거사들에게 그의 선법이 전파된 것으로도 유명하다. 그의 저작과 법어집은 영문판으로도 출판되어 있다.

『서유기』에 나오는 제천대성齊天大聖 손오공孫悟空은 능력이 아주 대단하여, 한 번 공중제비를 넘으면 10만 8천리를 이동할 수 있었습니다. 그는 자기가 가볍게 부처님의 손바닥을 벗어날 수 있다면서 부처님과 내기를 한 다음, "나는 벗어난다!" 하고 소리를 지르고는 공중제비를 넘으며 날아갔습니다. 땅에 내려앉고 보니 앞에 다섯 개의 살색 기둥이 보이자 자신이 하늘 끝에 도달했다고 생각했습니다. 마음속으로 이미 내기에 이겼다고 생각한 그는 증거를 남기기 위해 중간에 있는 기둥에 '제천대성 다녀가다' 라는 여덟 글자를 쓰고, 내친 김에 첫 번째 기둥 밑에 오줌을 누었습니다. 그런 다음 공중제비를 넘어 부처님 계신 곳으로 돌아왔습니다. 부처님은 손바닥을 펴서 손오공에게 보여주었습니다. 그제야 손오공은 부처님의 가운뎃손가락에 '제천대성 다녀가다' 라고 써 있고, 엄지손가락에서는 아직도 은은히 원숭이 오줌 지린내가 나는 것을 발견하고 크게 놀라지 않을 수 없었습니다. 이 이야기에서 말하려는 취지는, 중생들이 아무리 재주를 부려도 오온五蘊을 벗어나지 못한다는 것입니다. 오온 속에서 하는 어떤 일에 대해서도 결국 자기가 책임을 져야 합니다. 만약 여러분이 어떤 물건을 내버리면 마지막에는 역시 자신이 그것을 처리해야 합니다. 예를 들면 여러분이 빙 둘러앉아 있는데 제가 더러운 물건 하나를 두 번째 사람에게 넘겨주면 그 사람은 얼른 그 다음 사람에게 넘기고, 그 사람은 다음 사람에게 넘기다 보면 마지막에는 저에게까지 돌아옵니다. 결국 제가 그것을 처리해야 할 뿐만 아니라 다른 사람들까지 번거롭게 만든 것입니다.

따라서 우리에게 번뇌가 있더라도 전혀 그것을 없애려고 할 필요가 없습니다. 그냥 담담하게 대면하고 조심스럽게 처리하면 됩니다. 어떤 사람이 말했습니다. "스님, 저는 업장이 너무 무겁고 번뇌가 너무 많습니다. 부디 저를 위해 진언을 염하셔서 저의 업장, 번뇌가 사라지게 해

주십시오." 제가 말했습니다. "자신의 업장은 자기가 감당해야 합니다. 만일 제가 진언을 염하여 당신의 업장을 소멸하면, 그 업장을 제 것으로 만들고 말지 않겠습니까?" 따라서 문제나 곤란이 있으면 그것을 문제나 곤란으로 여기지 마십시오. 그러면 별 문제 될 것이 없습니다. 만일 그것을 문제나 곤란으로 여겨 배척하면 오히려 자기만 더 괴롭게 됩니다.

여기서 "유를 없애려 하면 유에 떨어지고"는 수행을 갓 시작한 사람의 몸과 마음이 모두 많은 문제에 맞닥뜨리는 것을 가리킵니다. 그래서 늘 자기 몸, 마음과 싸우게 됩니다. 저는 일부 수행인들이 이렇게 말하는 것을 종종 듣습니다. "저는 이제 모든 문제를 다 극복하고 그것들을 소멸해야겠습니다." 이것은 오히려 자기 몸, 마음과 싸우고 있음을 말해줍니다. 자기가 자기와 맞서는 것입니다.

"공을 따르면 공을 등지네."는 한 걸음 더 나아가 이미 수행이 '공空'의 수준에 도달한 것입니다. 아무것도 존재하지 않고 아무것도 놓아버릴 수 없다고 자기가 느낄 수 있을 때는 이미 일체가 다 공空한 상태에 도달했습니다. "나는 번뇌, 집착, 어리석음이 없다. 나에게는 아무것도 없다." 이것은 이미 상당한 수준의 수행인이며, 일체가 다 공한 상태에 도달한 것입니다. 그러나 만약 여기서 그치고 만다면 외도의 수행에 지나지 않고, 기껏해야 공처정空處定이나 비상비비상처정非想非非想處定에 머물러 있는 것일 뿐입니다.*

저는 많은 수행인들이, 시작할 때는 용맹정진하지만 오래 지속하지 못하고 결국 맥없이 무너져 수행을 내버리는 것을 보아 왔습니다. 왜 그

---

* (역주) 공처정은 색계色界의 최고 수준에 도달한 선정, 비상비비상처정은 무색계無色界의 최고 수준에 도달한 선정을 말한다.

렇습니까? 그들은 극복해야겠다고 하는 문제들을 극복할 방법이 없어, 자기가 그토록 열심히 노력하여 수행했는데도 결국 수행하면 할수록 몸의 병이 더 심해지고, 마음의 번뇌가 더 많아진다고 생각했기 때문입니다. 수행은 전혀 사람이 할 일이 아니라고 생각하여 결국에는 수행의 길에서 물러나고 마는 것입니다. 그 밖에 또 어떤 사람들은 노력하여 수행한 결과 오히려 마귀, 마왕으로 간주됩니다. 왜 그럴까요? 생각하는 것에 마魔가 붙었기 때문입니다. 상대적으로 수행하지 않는 사람들이 오히려 문제가 없고 행위도 정상적인 건강인입니다. 이 두 부류의 수행자들은 당연히 다 문제가 있습니다. 수행인이 스승의 올바른 도움과 지도를 받지 못하거나, 자기 스스로 수행할 수 있다고 생각하여 수행하면서도 스승의 도움과 지도를 받아들이지 않을 수 있는데, 그러면 결국 몸, 마음에서 비롯되는 상황으로 인해 수행에 대한 신심을 잃거나 아니면 마魔가 붙을 수 있습니다.

 제가 서른 남짓 때 대만 남부의 산중에서 폐관閉關하던 때가 생각납니다. 평일에는 경전 연구와 좌선을 할 때를 제하고는 늘 글을 써서 대외적으로 발표하곤 했는데, 그러자 몇몇 사람이 특별히 저를 찾아와 좋은 뜻으로 저에게 이렇게 말했습니다. "당신은 수행을 잘 하고 있어야 합니다! 어떻게 이렇게 게으를 수 있습니까! 우리는 매일 네 시간밖에 자지 않고, 똑같은 음식을 매일 한 끼만 먹으면서 모든 시간을 거의 다 앉아서 참선하는 데 씁니다. 생사가 급하지 않습니까! 어떻게 아직도 시간이 있어 간경看經을 하고 글을 쓴단 말입니까?" 이 사람들은 당시 모두 저와 비슷한 연배였습니다. 그러나 나중에는 오래 되지 않아 모두 세상을 떠났고, 한 사람도 살아 있지 않습니다. 따라서 부디 여러분은 정진이 당연히 필요하다는 데 주의해야 하지만, 수행할 때 갖는 마음의 태도도 아주 중요합니다. 늘 반드시 무엇을 없애 버려야겠다거나 반드시 무엇이 있어야겠다고 하게 되면 모두 문제를 초래할 것입니다.

여기서 다시금 수행의 태도와 기본 원칙을 제시하겠습니다. 무엇을 기대하고 추구하거나, 무엇을 붙들거나, 혹은 무엇을 없애 버리지 말고 그저 계속 끊임없이 방법을 사용하십시오. 자신이 통일심에 도달했든 않든 상관하지 마십시오. 어떤 수준에 도달할 수 있으면 그냥 그 수준입니다. 만일 방법이 분명하게 이해되지 않거나 방법을 사용할 수 없으면, 혹은 사용하는 방법이 잘 잡히지 않으면 저에게 물어도 좋습니다.

5. 말이 끊어지고 생각이 끊어지다

말이 많고 생각이 많으면	多言多慮
더욱 더 도에 상응하지 못하네.	轉不相應
말이 끊어지고 생각이 끊어지면	絕言絕慮
꿰뚫지 못하는 곳이 없네.	無處不通

사람을 찾아서 이야기하기를 좋아하는 것은 자신이 적막하다고 느끼기 때문입니다. 말이 많은 사람은 왕왕 두뇌가 단순하고 성격이 진중하지 못하며, 자기 수행에 힘쓰지 않을 뿐 아니라 남의 수행까지 방해합니다. 선칠 중에는 묵언을 하는데, 그래도 어떤 사람들은 견디지 못하고 은밀히 몇 마디 이야기를 하고 싶어 합니다. 어떤 사람들은 감히 다른 사람과 이야기하지는 못하고 자기 자신을 상대로 이야기를 합니다. 한 사람이 둘로 나뉘어 자기가 이야기하고 자기가 대답하는 식으로 좌선 시간 내내 저기 앉아서 혼잣말을 하고 온갖 문제를 생각합니다.

한번은 어느 작가가 선칠에 참가했는데, 첫째 날 시작하면서 저기 앉아 선칠이 끝나면 아주 훌륭한 소설을 한 편 써야겠다고 생각했습니다. 그리하여 한편으로는 좌선을 하면서 한편으로는 소설의 등장인물, 줄거리를 구상했습니다. 둘째 날 소참 때 제가 그에게 물었습니다. "당신은 무엇을 하고 있습니까?" 그가 말했습니다. "저는 소설 쓰는 것을 계획하고 있습니다." 제가 그에게 말해 주었습니다. "그렇다면 당신은 빨리 돌아가서 소설을 쓰십시오. 지금 쓰지 않으면 선칠이 끝날 때는 다 잊어버릴 것입니다." 무릇 입이나 머릿속에 이야기가 많은 사람은 수행을 해도 힘을 얻지 못합니다. 이따금 무슨 이야기를 하면 그것도 망상인데, 이것은 어쩔 수 없는 일입니다. 생각을 집중할 수 없는 사람들은 혼잣말을 하기 쉽고, 제어하기가 어렵습니다.

이 네 구절은 한층 더 깊은 의미를 내포하고 있습니다. 논리나 이론을 가지고 수행 중의 문제에 답을 내지 말아야 한다는 것입니다. 예를 들어 말하면 "왜 좌선을 해야 하나? 좌선을 하면 무슨 이점이 있나? 좌선을 하여 깨달을 수 있다면, 깨달았을 때는 어떻게 되나? 왜 깨달아야 하나? 어떤 것을 깨닫는가?" 하는 식입니다. 그렇게 종일 저녁까지 이유를 찾아내어 자신을 변명한다면, 결코 수행이라고 할 수 없습니다.

통상 선칠에 참가하는 사람들은 모두 이런 것을 경험합니다. 즉, 며칠 좌선을 하고 나면 어지러운 생각은 하지 않는다 해도, 스승이 말한 이야기가 오히려 잊어버리기 어려워 계속 머릿속을 맴돌면서 떠나지 않습니다. 사실 제가 말하는 어떤 이야기도 다 여러분의 수행을 지도하기 위한 것이고, 실제로 수행할 때는 오로지 방법만 써야지 제가 한 이야기를 머릿속에서 돌리면 안 됩니다. 왜냐하면 말이 많고 생각이 많을수록 불도에서 더 멀어지고, 말이 적고 생각이 적을수록 불도에 더 가까워지기 때문입니다.

한번은 제가 어느 선중禪衆(선칠 대중의 한 사람)에게 말했습니다. "당신은 어리석으니까 노력을 잘 해야 합니다!" 그러자 그는 좌선하면서 계속 이렇게 생각했습니다. "흥, 스님은 내가 어리석다고 하셨지만 나는 밥을 먹을 줄 알고, 잠을 잘 줄 알고, 다닐 줄도 안다. 어디가 어리석지?" 두 시간을 앉고 나서 그는 마침내 참지 못하고 저에게 와서 물었습니다. "스님, 제가 어리석다고 하셨는데, 어째서 제가 어리석다고 하십니까? 밥을 먹을 줄 모르고, 잠을 잘 줄 모르고, 길을 다닐 줄 모르는 사람이 어리석습니다. 저는 그런 것을 다 할 줄 아니까, 결코 스님께서 말씀하신 것처럼 어리석지 않습니다!" 제가 말했습니다. "개, 고양이, 물고기, 곤충들도 다 먹을 줄 알고 잠잘 줄 아는데, 그러면 그것들은 어리석지 않은 것입니까? 어리석다는 말의 개념조차 분명하지 않군요. 당신이 어리석지 않으면 누가 어리석습니까?" 그가 물었습니다. "어떻게 하면 어리석지 않을 수 있습니까?" 제가 말했습니다. "염불과 좌선을 잘 한번 해 보세요." 그는 좌복으로 돌아가 좌선을 했으나 마음속으로 또 생각을 했습니다. "염불을 할 줄 알고 좌선을 할 줄 아니 어리석지 않다. 좌선하는 모든 사람은 어리석지 않다. 그런데 나는 지금 여기서 좌선을 하고 있으니 나도 어리석지 않다. 그러면 어떤 것이 어리석음인가?" 오래 가지 않아 그가 또 저에게 와서 물었습니다. "스님, 좌선을 하면 어리석지 않다고 말씀하셨는데, 그러면 저도 어리석지 않아졌습니까?" 제가 말했습니다. "당신은 수행을 잘 해나가야 합니다." 그가 또 말했습니다. "스님, 저는 저기 앉아 있으면 아주 편안합니다. 전혀 번뇌가 없습니다. 스님께서 번뇌를 가지고 계십니다." 제가 말했습니다. "제가 왜 번뇌를 가지고 있습니까?" 그가 말했습니다. "스님, 스님께서는 저희들에게 이것을 해라, 저것을 하지 말라고 하시니 당연히 번뇌가 있으시겠지요!" 나중에 제가 말했습니다. "당신은 이런 사람이니 사실 선칠에 들어와서는 안 됩니다. 부처님께 열심히 절을 하고 난 뒤라야 가능합니다." 이런 사람은 수행을 할 수 없는 사람입니다. 머릿속에 망상이 가득 차 있어서 스승이 한 마디 해 주면 많은 의심과 망상만 일으킬 뿐, 스승이 일러주는 방법에 따라 노력하지 않습니다.

　말이 없고 생각이 없으면, 곧 "말이 끊어지고 생각이 끊어지면" 도처에 통달하고, 원만하고 실다운 체험이 비로소 현현하며, 위없는 불도가 비로소 현전합니다. "꿰뚫지 못하는 곳이 없다"의 의미는 어디를 가야 한다는 것이 아니라 그것 자체가 도처에 존재한다는 것입니다. 온갖 인연을 놓아버리고 방법을 들어야 합니다. 오직 방법만 들고 있을 때 비로소 참으로 온갖 인연을 놓아버릴 수 있습니다. 최후로 방법마저 없어지고 한 생각도 나지 않게 되면, 이것이 곧 '말이 끊어지고 생각이 끊어진' 경계입니다.

　　　뿌리로 돌아가 종지를 얻으라.　　　歸根得旨
　　　비춤을 따르면 근본을 잃네.　　　　隨照失宗
　　　일순간 돌이켜 비춤이　　　　　　　須臾返照
　　　앞서의 공보다 오히려 낫네.　　　　勝却前空

　이 몇 구절의 시구가 말하는 것은, 수행할 때는 근본으로 돌아갈 수 있어야만 종지宗旨(근본 도리)에 도달할 수 있다는 것입니다. 그러나 만약 (대상에 대한) 비춤의 방법을 따르면 여전히 비춤의 현상 가운데 있어 결코 근본에 도달한 것이 아닙니다. 한 순간이라도 '비춤을 따르지' 않고(현상을 따라서 비추지 않고) '돌이켜 비추면'(근본을 되비추면)— 즉, '자성을 돌이켜 비추면'—앞에서 말한 "공空의 자리에 머무르지 말라", "공을 따르면 공을 등지네"에서의 공空, 즉 완공頑空보다 낫다는 것입니다.

여기서 "뿌리로 돌아감"은 중생의 근본, 즉 불성으로 되돌아가는 것을 가리킵니다. 그러나 어떻게 해야 불성으로 되돌아갑니까? 앞에서 말한 '취함도 버림도 없고, 말이 끊어지고 생각이 끊어짐'이 곧 '뿌리로 돌아가는' 방법입니다. '뿌리로 돌아갈' 수 있으면—불성으로 돌아갈 수 있으면—곧, 목적지에 도달한 것입니다. 수행을 갓 시작할 때는 방법을 사용해야 하지만, 어떤 사람은 방법을 꽉 붙들고는 놓지 못하고, 수행 과정 중에 어떤 체험을 한 것이 있을 때는 그 체험을 꽉 붙잡고 놓지 못합니다. 진일보한 수행 중에는 방법을 놓아야 하고 체험을 놓아야 합니다. 그런 뒤에는 방법이 필요가 없고 체험도 이미 지나간 과거가 됩니다. 이때 비로소 뿌리로 돌아간 것이고, 자성을 돌이킨 것입니다. 이는 바로 대자재大自在, 대지혜大智慧의 현현이지 '공空'이 아닙니다.

> 앞서의 공이 변한 것은　　　　　　　前空轉變
> 모두 그릇된 견해에서 비롯된 것이네.　皆由妄見

이 두 구절의 의미는, '유有'에서 '공空'에 이르는 변화[轉變], 혹은 공에 집착하면서 공에 머무르기를 바라는 것은 모두 허망한 견해라는 것입니다.

'유有'에서 '공空'에 이르는 것은 수행 과정 중에 일어날 수 있는 체험인데, 만일 이 체험을 해탈이라고 여기고 대자재를 얻었다고 생각하면 스스로에게 손해이고 해롭습니다. 따라서 공에 집착하여 공에 머무르려고 하는 것은 망견妄見이지 진정한 지혜가 아닙니다. 왜 집착합니까? 그것은 그 '공'을 진짜인 것으로, 해탈로 여기기 때문입니다. 특히 '진짜인 것으로, 해탈로 여기는' 줄 모르는 그런 소견 자체가 바로 망견이며, 필경 '버리고 취함[取捨]'이 있고 집착이 있는 것입니다.

보통 사람들은 체험을 얻게 되면 그 체험에 집착합니다. 전날 좌선이 잘 되었으면 다음날도 그 좋은 경계가 계속 유지되기를 바랍니다. 결국 좌선은 엉망이 되고 마는데, 이것은 욕심을 내고 추구했기 때문입니다. 같은 방법을 써서 같은 경계에 도달해야겠다고 생각하면, 설사 어쩌다 성공한다 하더라도 그것은 눈 먼 고양이가 죽은 쥐를 만나듯이 우연히 그렇게 되는 것입니다. 따라서 어떤 체험을 했다고 해서 절대로 그런 체험에 집착하지 마십시오.

실재를 추구할 필요가 없으니   不用求眞
오직 견해를 쉬기만 하면 되네.   唯須息見

수행할 때는 참마음이나 불성이 현현하기를 바라면서 계속 '불성, 자성이 나와 얼마나 멀리 떨어져 있나, 언제 불성을 볼 수 있을까, 좌선은 성불하기 위한 것이다' 라는 생각을 하지 마십시오. 이와 같은 생각을 하면 영원히 불성을 보지 못합니다. 불성은 전체인데 어떻게 그것을 포착하고 붙들겠습니까? 따라서 열심히 수행만 잘 할 것이지 마음에 기대를 품지 마십시오. 깨달음은 자연히 일어나는 일입니다.

제2차 선칠[1984. 12. 25~1985. 1. 1]

6. 두 가지 견해에 머무르지 말라

두 가지 견해에 머무르지 말고	二見不住
따라가 찾으려고 하지 말라.	愼勿追尋
옳고 그름이 있기만 하면	纔有是非
어지럽게 마음을 놓치리라.	紛然失心

우리가 선칠 중에 「신심명」을 강해하는 것은 그것을 이용하여 매일 일어나는 상황에 대처하고, 여러분이 각자 어떻게 노력해야 할지를 지도하기 위해서입니다. 이것은 방법을 정진의 수단을 삼는 것이지 결코 학문이나 지식만을 논하는 것이 아닙니다. 게다가 선칠에서는 학문이나 지식을 조금도 사용할 데가 없고, 중점은 방법의 운용에 있습니다.

"두 가지 견해"는 분별심을 가리키는데, 이것은 자신의 방법이 올바른 것인지 의심한다든가, 이번 선칠에 참가한 것이 잘한 건지 못한 건지, 쓸모가 있는지 없는지를 미리 헤아려 보는 것을 포함합니다. 어떤 관념이나 생각도 모두 여러분의 노력을 방해할 것입니다. 자신에 대한 믿음이 결여되어 있으면 자기가 사용하는 방법에 대해서도 회의하게 됩니다. 또 자신에 대해 너무 믿음을 가지면 수행에 대해 추구심, 기대심을 일으킵니다. 이 두 가지 다 수행자가 가져서는 안 되는 마음의 태도입니다.

단지 '선칠을 보려고' 왔다든가, 선칠이 효과가 있는지 없는지 한 번 시험해 봐야겠다고 생각하는 것은 자기 자신과 수행에 대한 믿음이 모두 결여되어 있는 것입니다. 어떤 좌절에 부딪치면 그것이 환경적 자극이든 신체적 통증이든 관계없이 정진을 하지 못합니다. 왜냐하면 늘 자기 자신을 회의하고 어디서나 자기를 부정하기 때문입니다. 그뿐만 아니라 늘 이것이 눈에 거슬리고 저것이 싫습니다. 이런 식이라면 노력한들 어떻게 힘이 붙을 수 있겠습니까? 좌선할 때 다리가 아프면 누가 무엇을 시켜도 듣지 않고 오히려 화를 내고, 밥을 먹을 때 밥이나 찬이 마음에 들지 않으면 음식이 잘 넘어가지 않고 불만을 품습니다. 또 새벽에 일어나는 것이 습관이 되지 않아 정서가 불안합니다. 이런 식으로 종일 번뇌 무더기 속에서 뒹구니 전혀 정진할 수가 없는 것입니다.

자신감이 너무 강한 사람도 괴롭습니다. 예전에 제가 (대만의) 대각사大覺寺에서 선칠을 주재하고 있을 때 나이가 아주 젊은 어떤 사람은 학교 성적도 우수했고 무슨 일을 해도 자신만만했습니다. 그는 처음 선칠에 들어와서 마음속으로 이런 생각을 했습니다. '나 같은 사람이 깨닫지 못하면 누가 깨달을 수 있을까?' 결국 첫째 날이 끝난 뒤에 온몸이 쑤시고 아주 지쳐서 견디지 못하게 되었습니다. 그는 원래 좌선을 해 보지 않았고 좌선을 하면 깨달을 수 있다는 말만 들었기 때문에, 깨닫기 위해 선칠에 들어왔던 것입니다. 저녁 법문 중에 "만일 밤에 잠자지 않고 계속 정진할 수 있으면 더없이 좋은 것입니다"라고 한 말을 듣고 그는 이렇게 생각했습니다. '잠을 자지 않으면 깨달을 수 있다면, 나는 기필코 잠을 자지 말아야겠다.' 이런 식으로 3일째까지 참고 견디다가 더는 버티지 못하고 저를 찾아와 말했습니다. "스님, 스님의 선칠에서는 사람들이 깨닫도록 가르치는데, 저는 이제 알았습니다. 사람들에게 목숨을 걸고 잠을 자지 않게 하면 깨닫는다는 걸 말입니다." 제가 말했습니다. "정진은 밥을 짓는 것과 같아서 맹렬하게 할 수 없다. 만일 처음부터 바로 센 불로만 밥을 지으면 일시에 타서 눌어버린다. 네가 지금 정진하는 방식이 그와 같다. 가볍게 이완하여 정진해야 한다." "가볍게 이완하면 깨달을 수 있습니까?" 제가 말했습니다. "그렇다. 그러나 마음속으로 늘 깨닫겠다는 생각을 하면 안 되고 정진만 해야 한다." 그는 물러간 뒤에 태도가 일변하여, 마치 완전히 해이해진 사람같이 좌복 위에서 맹렬히 졸았습니다. 앉아 있는 것이 영 시원치 않더니 나흘이 지난 뒤에는 떠났는데, 그래도 이렇게 말했습니다. "스님께서는 저에게 가볍게 이완하여 정진하라고 하셨는데도, 오히려 저는 줄곧 잠잘 생각만 했습니다. 저에게 잠자지 말고 목숨 걸고 정진하라고 하셨지만 저는 깨닫지 못했습니다. 이 수행이라는 것은 제가 볼 때 정말 사람이 할 일이 아닙니다." 사실 수행은 그가 생각한 것처럼 결코 그렇게 간단하지 않습니다.

 선칠을 하려면 올바른 마음 자세를 가지고 있어야 합니다. 여러분은 깨닫기 위해서 온 것이 아니라 정진하고 배우기 위해서 온 것입니다. 따라서 자신의 이번 정진이 잘 되고 있는지 아닌지 신경 쓰지 마십시오. 자기가 깨달을 수 있는지 없는지도 신경 쓰지 마십시오. 자기가 수행할 만한 바탕을 갖추었는지도 신경 쓰지 말고, 오로지 이 방법을 붙들고 수행하는 데만 신경 쓰십시오. 이 방법을 의심하지 말고, 선칠의 형식도 의심하지 마십시오. 그저 수행이 자기에게 유용하다고 믿으십시오. 방법이 자기에게 유용하다고 믿으면 그걸로 충분합니다. 이런 신심으로써 할 것이지 자기가 대단하다고 믿으면서 하면 안 됩니다. 그러면 안 되지만, 또한 자신을 부정하면서 자기는 수행할 재목이 아니라고 생각하지도 마십시오.

어떤 사람은 첫 번째 선칠을 잘 하고 나자 두 번째 선칠에도 참가했습니다. 처음에는 괜찮았는데 점점 수식數息이 무료하다고 느꼈습니다. 그녀는 이렇게 생각했습니다. '종일 저녁까지 하나부터 열까지 세는 게 무슨 소용 있나? 만일 그 시간에 불보살의 명호名號를 염하면 최소한 공덕을 쌓고, 불보살의 감응도 있을 텐데.' 하루 종일 이렇게 생각하고 저녁이 되자 곧 저를 찾아와서 물었습니다. "스승님, 저는 선칠을 못하겠습니다. 하나, 둘, 셋, 넷, 다섯, 여섯, 일곱, 여덟, 아홉, 열— 유치원 아이들도 할 수 있는데, 제가 여기서 이런 수를 세어서 뭐합니까?" 방법에 대해 의심을 일으킨 마음은 곧 번민하게 됩니다. 방법은 그저 방법일 뿐 다른 의미가 없습니다. 이것은 방법으로써 우리의 마음을 단련하고 수행하는 것입니다. 그것이 공덕이 있는지 없는지는 아예 생각하면 안 됩니다.

예를 들어 좌선을 하고, 불전에 절을 하고, 조석예불을 하는 것 등에 대해 모두 그에 반대하는 이유를 들면서 수행에 왜 이런 것이 필요하냐고 물을 수 있습니다. 또 어떤 사람은 이렇게 물었습니다. "선종은 돈오법문頓悟法門인데 왜 좌선 수행을 해야 합니까? 깨달음은 좌선 수행을 하지 않고도 얻을 수 있는 것인데, 왜 선칠을 해야 하며 또 사람들에게 수행 방법을 가르쳐야 합니까? 이것을 '선禪'이라고 할 수 있습니까?" 제가 반문했습니다. "당신은 선을 배우고 싶기는 합니까?" 그가 말했습니다. "배우고 싶습니다." 제가 말했습니다. "저를 찾아와 여기서 선을 배운다면, 저의 지도 방식은 바로 이런 것입니다." 그가 말했습니다.

"그러면 스님께서 가르치시는 것은 선이 아닙니다." 제가 말했습니다. "이것이 선이 아니라면 또 어떤 방법이 있습니까? 부득이 당신 스스로 찾아보라고 해야겠군요. 당신이 저기로 가서 찾아보겠습니까?" 그래서 수행은 자기가 믿는 지도자가 가르치는 방법에 따라서 여법하게 해 나가야 합니다. 그렇지 않으면 자신만 믿을 뿐 아무도, 어떤 방법도 믿지 못하게 되어 결국 수행을 내팽개칠 뿐만 아니라, 심신의 장애를 초래하거나 마魔가 붙게 됩니다.

어떤 사람이 저에게 말했습니다. "저는 고대선古代禪만 믿지, 현대선現代禪은 믿지 않습니다." 제가 물었습니다. "어떤 것이 고대선입니까?" 그가 말했습니다. "고대선은 수행을 필요로 하지 않는 돈오적 선입니다. 현대선은 사람들에게 수식, 좌선, 공안 참구를 가르칩니다. 고대에는 그런 내용들이 없었습니다. 저는 고대선에 의해 깨달은 사람인데, 이제까지 저를 인가해 줄 선사를 한 분도 찾아내지 못한 것이 아쉽습니다. 그래서 저는 스님을 찾아오면 저를 인가해 주시지 않을까 생각했습니다." 이 사람은 도처를 쫓아다니면서 줄곧 누군가가 자기를 인가해 주기를 바랐을 뿐, 수행을 지도하는 스승을 찾은 것이 아니었습니다. 그는 또 이렇게 말했습니다. "제가 듣기로 스님의 선이 괜찮다고 하기에, 제가 깨달았는지 인증 받고 싶어 스님을 찾아온 것입니다. 스님께서 한 번만 증명해 주시면 저는 고대선을 미국에서 널리 전할 수 있는데, 지금은 아무도 인가해 주지 않기 때문에 법을 전할 수 없습니다. 저에게 인가만 해 주시면 나중에는 곧 스님의 일을 도와드릴 수 있습니다." 저는 그와 몇 마디 이야기를 나누어 본 뒤에 문제가 있다는 것을 발견하고 그에게 이렇게 말했습니다. "저는 깨닫지 못했고, 당신이 깨달았는지 어떤지도 모릅니다. 정말 미안하군요! 하지만 당신은 아마도 인가해 줄 수 있는 사람을 찾기가 쉽지 않을 것입니다." 그가 말했습니다. "이상하군요. 스님께서 깨닫지 못하셨다면 어떻게 선을 가르치실 수 있습니까?" 제가 말했습니다. "저는 사람들에게 깨달음을 가르칠 수 있지요! 마치 심장과 의사가 반드시 심장병이 있지 않아도 다른 사람의 심장병을 고쳐줄 수 있듯이 말입니다." 그가 말했습니다. "허, 그 말씀도 일리는 있군요. 그러면 저도 다른 사람들에게 선 수행을 가르칠 수 있겠습니까?" 제가 대답했습니다. "저는 모릅니다. 저는 당신이 어떤 경우인지 전혀 모르고, 당신의 질문에 대답할 수도 없습니다."

좌선과 수행은 생활의 일부입니다. 기대하는 마음을 가지고 좌선하고 수행하면 분명 잘 앉지 못할 것입니다. 만일 다리가 아프거나 등이 아프거나 몸의 어디가 불편하면, 그것이 아프지 않기를 바라거나 그것을 극복하고 돌파하고 몰아내야겠다고 생각하지 마십시오. 그저 그것을 받아들여 그것이 아프게 놔두고, 그에 상관하지 마십시오. 그것이 아픈 것은 그것의 것이고, 나는 내 공부를 하는 것입니다. 만일 방법을 사용할 수 있으면 방법만 사용하고 다리 아픈 것은 상관하지 마십시오. 그러면 결국 다리도 아프지 않게 됩니다. 만약 통증을 도저히 참을 수 없으면 잠시 방법 사용을 중단하고 그 아픈 부위에 주의를 기울이면서 그것이 아프게 놔두면, 아프다가 마지막에는 아프지 않게 됩니다. 사실 방법이 힘을 얻으면 몸의 어디도 전혀 아프지 않습니다. 따라서 곤란을 극복해야겠다거나 빨리 고통에서 벗어나야겠다고 생각하면 안 되고, 깨달아야겠다, 선사가 되어야겠다고 생각해서도 안 됩니다.

생활 방식, 수행 방법, 주위 환경 등 접촉하는 모든 것에 대하여 일체 싫어하지 말고 그것을 받아들여야 합니다. 수행을 하면서도 여전히 '고통을 벗어나 즐거움을 얻어야겠다는' 마음, 깨달을 수 있을까 하는 기대를 가지고 있으면, 이것은 모두 '두 가지 견해'에 떨어진 것입니다. 고락苦樂, 애증 등의 '두 가지 견해'를 벗어나 일심으로 노력해야 합니다. 그렇지 않고 한 번 좋아함과 좋아하지 않음, 싫어함과 싫어하지 않음, 떨쳐버림과 떨쳐버리지 않음의 생각이 일어났을 때는 이미 수행 방법에서 벗어난 것입니다.

여러분은 선 센터의 이 수행 환경이 이상적이지 않다는 것을 이해해야 합니다. 전후좌우가 온통 시끄러운데, 오늘은 특히 우리를 시험하는 것 같습니다. 벽 너머에서는 쇠망치가 담장을 두드리고, 밖에서는 차 소리가 붕붕거리며, 머리 위로는 종종 비행기가 스쳐 지나갑니다. 정말 '만리홍진萬里紅塵'(도처가 번뇌인 세상)이라고 하겠습니다. 만리홍진 가운데 있기는 하지만, 그래도 우리는 이 작은 곳에서 수행을 할 수 있습니다. 바깥은 시끄럽고 혼란스럽지만 이곳은 오히려 안전합니다. 그러니 바깥 경계에 우리의 마음이 흩어지지 않게 하십시오. 마음이 경계에 끄달리면 아예 수행을 할 수 없습니다.

선칠에 참가하기 위해 온 사람들이 많은데, 사람이 많기 때문에 보기 싫은 일들도 많습니다. 집에 있을 때같이 그렇게 편하고, 자유롭고, 익숙하지 않습니다. 다른 한편, 여러분이 함께 수행하기 때문에 수행하지 않을 수 없게 강제되므로 적어도 거기 앉아서 수행하는 티라도 내야 합니다. 그래서 선칠에 참가한 기회를 소중히 여겨야 합니다. 수행이 힘을 얻든 못 얻든 관계없이 모두 수행을 잘 해야 합니다.

7. 한 마음이 나지 않다

둘은 하나로 말미암아 있으니	二由一有
하나 또한 지키지 말라.	一亦莫守
한 마음이 나지 않으면	一心不生

만법에 허물이 없으리라. 萬法無咎

　기독교의 『성경』에서 말하는 바에 따르면, 맨 처음에 하나가 있었는데 이 하나는 곧 하느님이었다고 합니다. 하느님이 사람을 하나 만들었는데 그가 아담이었습니다. 나중에는 한 사람으로 부족하다고 느껴 또 한 사람을 만들었으니, 그가 하와(이브)였습니다. 이리하여 하나가 둘로 되었고, 둘이 셋으로 되었습니다. 1남 1녀가 결합하자 다시 또 하나의 하나가 되었는데 그것은 한 쌍의 부부, 곧 하나의 가정이었습니다. 부부가 아들딸을 낳아 길렀고, 자녀들이 장성한 뒤에는 다시 또 다른 부부, 다른 가정이 생겼습니다. 이리하여 부부, 가정도 하나에서 둘이 되고, 둘에서 셋이 되는 식으로 늘어났습니다. 사람들이 늙자 결국 죽어야 했는데, 죽은 뒤에는 어디로 갔습니까? 하느님이 만든 아담과 하와는 듣자하니 다시 하느님이 계신 곳으로 돌아가 하느님을 따르며 봉사하는 사람이 되었다고 합니다. 그래서 하느님이 사람을 만들었고, 사람은 다시 사람을 낳았으며, 사람은 갈수록 많아졌고, 죽은 뒤에는 천국으로 간 사람도 갈수록 많아졌습니다. 또한 범죄를 저지른 사람들은 죽은 뒤에 지옥으로 갔는데, 지옥에서 벌을 받는 사람들도 갈수록 많아졌습니다. 이리하여 사람은 세 가지 부류로 나뉘어져 하나는 지상에, 하나는 천국에, 하나는 지옥에 있게 되었습니다. 지상의 사람들도 너무 많고, 천국의 사람들도 너무 많으며, 지옥의 사람들도 너무 많습니다. 그러나 불법을 배우는 사람들에게는 이런 식으로 될 수 없습니다. 불법을 배우는 사람은 일체가 하나에서 왔고 하나로 다시 돌아가야 한다는 것을 이해합니다. 비단 하나로 돌아갈 뿐 아니라 하나니 영零이니 하는 것조차도 없다고 할 때, 그것이 비로소 구경究竟의 경지입니다. 그래서 서양의 철학도 좋고 종교도 좋지만, 결국에는 완전히 통일할 수가 없고 더욱이 그것을 초월하지는 못합니다. 선禪이나 불법의 수행에서는 통일해야 할 뿐 아니라 이 통일에 대해서도 집착하면 안 됩니다. 그래야 비로소 참으로 수행에서 성공합니다.

어제 저는 여러분에게 '두 가지 견해'를 가지면 안 되고 방법을 가져야 한다고 했습니다. 방법이 통일심에 도달하는 수단이기 때문입니다. 우리의 마음은 늘 망상 속에 있으므로 방법으로써 망상을 대체하고, 방법을 써서 마음을 집중시켜야 합니다. 다시 한 걸음 나아가 방법을 볼 수 없게 되면 그때 비로소 통일심에 도달한 것입니다. 오늘 소참 때 어떤 선중禪衆이 저에게 말했습니다. "저는 이미 여러 해를 수행했습니다. 하지만 방법을 잃어버리고 몸마저 잃어버리는 체험은 아직까지 얻지 못했습니다." 제가 말했습니다. "너무 크게 기대하지 말고 천천히 하십시오. 수행에서 힘을 얻으면 방법을 잃어버린다고 제가 늘 말하기는 하지만, 그것은 자연스럽게 잃어버리는 것입니다. 방법을 잃어버리려고 애쓰지 마십시오. 방법이 자연스럽게 사라져야 제대로 된 것입니다. 만일 일부러 방법을 잃어버리려고 하면 그것은 '나에게 방법이 없어졌으니 나는 통일에 도달한 것이다'라고 스스로 판단하는 것인데, 그것은 틀린 것입니다." 그래서 '둘'을 보지 않는다고 하는 것은 통일을 가리킵니다. 무릇 방법이 자연스럽게 여러분을 떠나가면 마음도 자연스럽게 통일됩니다. 오늘 이야기하는 것은, 거기서 한 걸음 더 나아가 '하나'마저도 잃어버려야 한다는 것입니다.

경전에서 말하기를 "이 법계에서 흘러나오지 않는 것이 없고, 이 법계로 돌아가지 않는 것이 없다(無不從此法界流 無不還歸此法界)"*고 했습니다. 이것이 '하나'인데, 이것이 가리키는 것은 하나에서 일체가 나

---

* (역주) 청량징관清凉澄觀 대사, 『대방광불화엄경소大方廣佛華嚴經疏』(卷之一).

오고 일체는 다시 하나로 돌아간다는 것입니다. 이것도 동서양의 철학이 모두 이야기해 온 관념이지만, 불법에서는 이것만으로는 충분치 않다고 봅니다. '하나'에 집착하기 때문에 철학에 있어서는 유심唯心이 아니라 유물唯物이고, 종교에 있어서는 유일신론이 됩니다. 이러한 유일신론은 앞서 기독교에서 말하는 하느님이 사람을 만들었다는 이야기와 같이, 하나가 여럿으로 변한 뒤에는 다시 '하나'로 돌아갈 수가 없습니다. 그러나 불법 수행으로 말하자면 '하나'로 통일하는 것은 필연적인 과정이고, '하나'에 도달했을 때 비로소 '하나'가 참된 구경의 경지가 아님을 압니다. 그래서 한 걸음 더 나아가 '하나'를 돌파하고 초월합니다. 그렇지 않으면 아직은 세간법에 불과하고 불법이 아닙니다.

　수행의 과정은 먼저 산란심에서 집중심으로 변화시키는 것이지만, 집중심은 결코 '하나'가 아닙니다. 그래서 '하나' 쪽을 향해 힘써 전진하게 되는데, 이때는 의식 가운데 아직 주관과 객관, '나'와 방법의 분별이 있습니다. 마음이 집중되어 도달하는 가장 좋은 상황은, 조금 전에 이야기했듯이 방법이 여러분을 잃어버리고 오직 하나의 실다운 '나'만이 존재하는 것입니다. 이때 비로소 '하나'라고 부를 수 있습니다. 그러나 이것은 초보적인 '하나'이지 깊이 들어간 '하나'는 아닙니다. 이 '하나'가 곧 '선정[定]'입니다. 그러나 '선정'에는 또 많은 수준이 있습니다. 초보적인 '하나'에서는 자신의 존재만을 느끼는데, 방법이 없어졌고 생각이 없어졌으며 아주 명료합니다. 어떤 참선인들은 이 정도에 도달하고 나서 더 이상 깊이 들어가지 않습니다. 그러나 다음 한 걸음의 노력은 오히려 이 '하나'를 녹여 버리려고 하는 것입니다.

　오늘 어떤 사람이 저에게 말하기를, 자기는 앉아 있으면 늘 편안함을 느낀다고 했습니다. 제가 그에게 말했습니다. "그런 즐거운 느낌에 탐착貪着하지 마십시오. 사실 몸에서 일어나는 그런 느낌은 욕락欲樂의 범위에 속합니다. 욕망에는 식욕, 촉욕觸欲, 성욕 등이 포함됩니다. 만일 수행인이 이런 욕락을 버리는 것을 아쉬워하면, 일심에는 아예 도달할 수 없고 선정의 경지에도 들 수 없습니다. 따라서 반드시 대책을 강구하여 없애야 합니다. 그렇지 않으면 최소한 세 가지 생각—나, 편안함, 몸이 편안하다는 데 대한 생각이 있게 됩니다. 좌선은 식욕, 촉욕, 성욕에 비해 더 편안한 느낌이 있기 때문에 사람들은 계속 부단히 좌선하고 수행을 하지만, 그러한 체험조차 버리고 초월해야만 비로소 한 단계 더 위로 올라갈 수 있습니다."

집중된 생각으로부터 통일심에 이르렀을 때를 일컬어 '일심' 혹은 '대아大我'라고 합니다. 그러나 '대아'란 '나'를 무한히 확대한 것일 뿐 여전히 어떤 '나'가 존재합니다. '나'가 있는 한 아직은 해탈을 얻지 못한 것입니다. '일심' 혹은 '대아'를 다시 초월해야 비로소 해탈을 얻습니다. 바꾸어 말해서, '선정'이나 '완전함'의 경계 속에 머물러 있으면 안 된다는 것입니다. 어떤 사람은 "그는 완전한 큰 스승이다"라고 말합니다. 이런 이야기는 문제가 있습니다. 선禪의 입장에서 말하면, 반드시 '대아'를 타파해야 비로소 (일체를) 초월할 수 있습니다. '둘'은 '하나'로 말미암아 있는데, 그렇다면 '하나'조차도 일체 받아들이거나 집착하지 않아야 비로소 선의 경계에 도달할 수 있습니다.

그래서 "하나 또한 지키지 말라"에는 두 가지 수준의 의미가 있습니다. 첫째는 '일심'의 상태를 지키지 말라는 것이고, 둘째는 '대아'의 경계를 지키지 말라는 것입니다. '일심'과 '대아'는 세간법 수행의 최고 경계이지만, 선법禪法으로 나아가 말한다면 이 두 가지는 모두 생사를 벗어나지 못한 것이고 해탈을 얻지 못한 것입니다. 그래서 3조는 이어서 말합니다. "한 마음이 나지 않으면 만법에 허물이 없다." 다시 말해서 일심의 경계에 도달한 사람은 아직 문제 속에 있다는 것입니다. 반면에 '일심이 나지 않을' 수 있으면 어떤 한 법法이 일어나도 문제가 되지 않을 것이고, 설사 문제라 하더라도 쉽게 해결할 수 있을 것입니다.

여기서 설명하고자 하는 것은, 우리의 마음이 문제를 일으키고 번뇌를 만들어내는 이유는 '둘' 이 있고 '셋' 이 있는 상황 속에 있기 때문입니다. 마음이 '하나' 의 상태에 있을 때에는 번뇌가 일어나지 않습니다. 그러나 '하나' 는 한동안만 유지할 수 있을 뿐 영원히 유지할 수 없습니다. 왜냐하면 '하나' 가 있으면 반드시 '둘' 로 변할 것이기 때문입니다. 만약 그것과 대립할 '둘' 이 없으면 '하나' 가 어떻게 존재하겠습니까? 만일 그것이 참되고 완전하며 절대적인 '하나' 라면 그것을 '하나' 라고 부를 수도 없습니다. 그것은 있는 곳이 없고 없는 곳도 없는 것이며, 또한 뭐라고 이름 붙일 수도 없는 것입니다. '하나' 가 있으면 필연적으로 '둘' 이 있는데, 자기가 그것을 모를 뿐입니다. 그래서 마음이 '하나' 의 경계에 머물러 있을 때는 번뇌도 없고 문제도 없지만, '하나' 의 밑에 숨겨져 있는 문제가 조만간 드러날 것입니다. 바꾸어 말해서, '일심' 의 상태에 있을 때는 만법 중의 어느 한 법에도 유혹되거나 자극 받거나 영향 받지 않지만, 이것은 결코 영구적인 것이 아닙니다. 그것이 결국 유혹, 자극, 영향을 받게 되면 문제가 생기고 번뇌가 차례로 닥쳐옵니다. 따라서 '일심' 을 최고의 경계로 오인하면 안 됩니다.

허물이 없고 법이 없으면	無咎無法
일어남도 없고 마음도 없네.	不生不心

'일심' 을 분쇄하고 나면 '무심', 다시 말해서 선의 깨달음 경지[悟境]로 들어갑니다. 이때는 기복이 있는 생각, 생멸하는 생각이 없을 뿐 아니라 '부동의 마음' 조차도 없습니다. 어떤 한 법도 존재하지 않으므로

당연히 사물이 여러분을 번거롭게 하는 것도 없습니다.

우리의 몸과 마음은 모두 음식을 필요로 합니다. 그렇지 않으면 영양 공급이 이어지지 않아 생존하기 어렵습니다. 몸은 일상적인 음식을 필요로 하는 것 외에도 촉식觸食을 필요로 하고(예컨대 다른 사람과 접촉하는 느낌, 샤워를 하고 옷을 갈아입고 났을 때의 쾌적감 같은 것), 우리의 마음은 식식識食(마음이 대상 경계를 인식하며 즐기는 것)까지도 필요로 합니다. 만일 앞의 두 가지 먹이(음식과 촉식)를 끊을 수 있으면 욕계欲界를 벗어날 수 있고, 세 번째 먹이를 끊을 수 있으면 삼계三界를 벗어날 수 있습니다. 따라서 2심 혹은 3심은 욕계에서 대상이 있는 것이고, '일심'은 아직 '식識'의 생각이 있습니다. 다시 말해서 여전히 자기라는 느낌이 있는 것입니다. 이상 세 가지 먹이 중에서 한 가지라도 버리지 못하면 생사를 벗어나기 어렵습니다.

물론 일심, 2심, 3심, 산란심은 모두 좋은 마음이 아니라 망상심입니다. 그러나 우리가 수행할 때는 아무래도 집중심에서 시작해야 하는데, 집중하려면 먼저 자기와 무관한 일들을 모두 놓아 버려야 합니다. 선당 밖의 일도 놓고, 선칠 전후의 일도 놓고, 과거의 일, 미래의 일도 놓아버린 채 시시각각 마음을 방법상에 집중해야 합니다. 다시 말해서 마음을 큰 범위와 아득한 시간(과거와 미래)에서 거두어 들여 방법상에 두고, 집중심, 통일심을 거쳐 결국 무심에 이르라는 것입니다.

8. 경계는 주관을 좇아 가라앉는다

주관은 경계를 따라 소멸하고   能隨境滅
경계는 주관을 좇아 가라앉네.   境逐能沈

경계는 주관으로 인해 경계이고 　　　　境由能境
주관은 경계로 인해 주관이네. 　　　　能由境能

'능能'은 주관이고 '경境'은 객관(대상)인데, 불학佛學에서의 명칭으로 '능能'(인因), '소所'(연緣)라고 합니다. 이와 유사한 설법으로는 "마음은 스스로 일어나지 않고, 경계로 인하여 일어난다(心不自生, 因境而生)"는 것이 있는데, 이것은 마음이 자기 스스로 움직이지 않고 반드시 경계로 인하여 움직인다는 뜻입니다. 바꾸어 말해서, 심법心法(마음과 관계되는 현상들)은 홀로 일어나지 않고, 반드시 색법色法(형상 있는 대상들)으로 인하여 일어난다는 것입니다. 선종에서는 "한 손으로 박수를 친다(隻手鼓掌)"고 말하는데, 이것은 불가능한 일을 나타냅니다. 그 의미는, 만일 (마음이) 색법을 따르지 않으면 경계가 마음을 찾아오는 것이 불가능하다는 것입니다.

남전 선사南泉禪師가 어느 전장田莊(절이 소유한 농장)에 가 보고 싶었습니다. 그런데 뜻밖에도 선사가 도착하기도 전에 장주莊主(전장 경작자)가 접대할 준비를 잘 해 놓고 있었습니다. 선사가 의아하여 장주에게 어떻게 자기가 올 줄을 알았느냐고 묻자 장주가 말했습니다. "간밤에 토지신이 미리 알려주었습니다." 선사가 말했습니다. "노승의 수행이 힘을 얻지 못해, 마음을 토지신에게 들켰구려. 정말 부끄럽소." 이 공안이 말해주는 것은, 선사가 마음을 움직여 그 전장에 가 봐야겠다고 생각하자 그 전장의 방향과 풍경이 선사의 마음속에 출현했고, 그래서 토지신이 그것을 엿보게 되었다는 것입니다.

어느 선사는 강변의 오두막집에서 좌선을 하고 있었는데, 하루 저녁에는 귀신 둘이서 이야기를 나누는 것을 듣게 되었습니다. 한 귀신이 신이 나서 말했습니다. "내일 나는 이곳을 벗어날 수 있을 거야." 다른 귀신이 물었습니다. "어떻게?" 그가 대답했습니다. "내일 어떤 쇠모자를 쓴 사람이 와서 내 자리를 대신할 거야." 선사는 마음속으로 이 두 귀신이 무슨 허튼소리를 하고 있나 하고 생각했습니다. 다음날은 비가 많이 와서 강물이 불어났는데, 선사가 보니 멀리서 한 사람이 머리에 솥을 거꾸로 이고 비를 피하면서 강 옆으로 와서 살피더니 강을 건너려고 했습니다. 선사가 그에게 경고했습니다. "오늘은 비가 많이 내려 물이 깊고 물살이 급하니 아주 위험하오. 강을 건너지 않는 것이 좋을 것이오." 그 사람은 그래도 망설이고 있었습니다. 선사가 다시 말했습니다. "내 말을 듣는 게 좋을 거요. 안 그러면 목숨을 보장하기 어려우니." 그 사람이 생각했습니다. '노스님이 저렇게 말씀하시니 필시 일리가 있을 것이다.' 그리하여 돌아갔습니다.

그날 밤 선사가 좌선을 하고 있을 때 그 두 귀신이 이야기하는 것을 다시 듣게 되었습니다. 첫 번째 귀신이 불만을 토로하며 말했습니다. "나는 여기서 이렇게 여러 해를 고생한 끝에 가까스로 어떤 사람이 와서 내 자리를 대신할 참이었는데, 공교롭게도 저 노스님이 쓸데없이 남의 일에 관여하는 바람에 일이 틀어져 버렸어. 내 저 스님을 찾아가 결판을 보아야겠어." 말을 마친 그는 강둑에 구멍을 하나 뚫어 오두막을 침수시키려고 했습니다. 선사는 귀신이 자기를 익사시키려는 것을 알고 돌연히 몸을 감춰 보이지 않게 했습니다. 그가 귀신의 눈에 보이지 않게 된 것은 마음이 움직이지 않았기 때문입니다. 바꾸어 말해서, 마음이 경계를 따라 움직이지 않을 때에는 어떤 사람도 여러분을 찾아낼 수 없습니다. 설사 저승사자나 염라대왕이 여러분을 붙들려고 해도 여러분의 마음이 움직이지 않으면 그들이 여러분을 붙들 수 없습니다. 보통 사람이 붙들리는 이유는, 마음속에 경계가 있고 그 경계에 끄달리는 바람에, 귀신이 그 실마리를 따라 그들을 붙들 수 있기 때문입니다.

우리가 좌선 정진할 때 마음속으로 어떤 것을 생각하면 곧 경계가 출현합니다. 만일 경계가 부호符號가 되는 일이 없으면 망념도 생겨날 수 없습니다. 사실 수식數息 그 자체는 망념이지만 면면히 끊임없이 그것을 지켜 가면 정념正念을 이루고, 수행 방법을 이루게 됩니다. 만약 생각이 늘 변하고 있어 제어할 수 없으면 그것은 곧 망념입니다. 이 두 가지 다 마음속에는 경계가 있고, 모두 청정심이나 무심은 아닙니다. 일심이라고는 더더욱 할 수 없습니다. 만일 이럴 때 죽게 되면 자기는 어떻게 할지 자신이 있어야겠다고 생각하지만, 대개는 그것이 쉽지 않고 업력이 끄는 대로 자기가 가장 집착하는 환경 속으로 태어나게 되는데, 이 또한 마음이 경계를 따라 구르는 것[心隨境轉]입니다. 그래서 수행의 주안점은, 마음을 단련하여 자기를 제어할 수 있고, 경계를 따라 구르지 않고 자기 뜻대로 세상을 떠날 수 있으며, 업력에 따라 생사 사이를 굴러다니지 않고 생사 속에서도 자유로울 수 있게 되어 해탈을 얻는 것입니다.

마음속에 어떤 생각을 가지고 있으면 모두 어떤 경계가 그것과 상응하게 될 것입니다. 만일 우리 마음속의 생각이 탐·진·치와 상응하면 곧 번뇌와 고통 속에 떨어집니다. 수행할 때 약간의 미세한 탐·진·치의 요소만 있어도 청정하지 못하여 천상계나 천국에도 못 태어나는데, 해탈을 얻어 자유롭게 된다는 말은 하지도 마십시오. 왜냐하면 천상에 태어날 조건은 보시布施, 지계持戒이기 때문입니다. 만약 어떤 대상이 여러분으로 하여금 애착을 놓지 못하게 하고 분노를 놓지 못하게 하면, 통일심을 이룰 수 없습니다. 그것은 필시 어지러운 마음[亂心], 산란한 마음[散心]이어서 선정의 경계에도 도달하지 못하는데, 무슨 해탈을 이야기하겠습니까?

따라서 수행할 때는 마음속의 어떤 생각도 모두 마魔의 경계로 보고 대처해야 합니다. 어떤 사람은 수식數息으로 어떤 상황에 들어간 뒤 아주 편안하고 자유로운 것이 마치 몸이 천당에 있는 듯이 느낍니다. 어떤 사람은 벽을 마주하고 정진하다가 벽에 하나의 구멍이 뚫리는 것을 보고 스스로 거기를 뚫고 나가, 몸이 다른 세계에 와 있음을 느낍니다. 그러기를 몇 시간이 지난 뒤 인경引磬 소리에 정신이 다시 돌아오면, 다음 좌선 시간에 다시 그 미묘한 경계로 들어가고 싶어 합니다. 이것은 사람으로 하여금 좋아하게 만드는 경계에 속합니다. 당연히 두려운 경계도 있습니다. 예를 들어 경계 속에서 호랑이, 사자, 혹은 삼두육비三頭六臂(머리가 세 개, 팔이 여섯 개인 괴물)를 만나기도 합니다.

어떤 선중은 선칠에 참가한 뒤에 산스크리트, 티베트어, 터키어, 심지어 천국의 언어로 말할 수 있게 되었는데, 어떤 사람이 그것을 녹음해 가져와 저에게 들려주면서 "스님, 그는 대체 무슨 언어로 말하고 있습니까?" 하고 물었습니다. 제가 말했습니다. "쓰레기통에 던져 버리세요! 엉터리로 지껄이는 말이니." 어제 제가 그 사람에게 물었습니다. "당신은 아직도 그런 말을 하고 싶습니까?" 그가 말했습니다. "하고 싶지 않습니다." 이런 것은 모두 마음속에 어떤 물건이 있고, 마음속으로 뭔가를 얻고 싶어 하다 보니 그 반응으로 어떤 상황을 낳는 것입니다. 따라서 마음속에 어떤 물건이 있는 한, 더군다나 이 물건이 방법이 아닐 때는 전부 다 마魔의 경계입니다.

우선 우리는 이 점을 이해해야 계속해 나갈 수 있습니다. 말할 것도 없이 수식, 염불, 지주持呪 등 방법은 모두 화두나 공안을 참구하는 것만은 못합니다. 왜 그렇습니까? 수식에서는 자신의 호흡에 주의를 기울여야 하고, 염불에서는 부처님의 명호에 주의를 기울여야 하며, 지주에서는 진언에 주의를 기울여야 합니다. 이것들은 모두 어떤 대상이 존재합니다. 화두나 공안을 참구하는 것은 그와는 다릅니다. 왜냐하면 그것 자체가 방법만 있을 뿐 대상이 없기 때문입니다. 그래서 처음 수행을 시작하여 방법을 사용할 때는 대상이 있어야 하고, 대상 없이는 힘을 쓸 수가 없습니다. 그러나 방법을 쓰는 것이 어느 단계에 이르면 대상이 없는 수준으로 진입하게 됩니다. 이것이 바로 선禪이 공안과 화두를 사용하려고 하는 이유입니다. '무無'를 예로 들면, 조주趙州 스님이 "개는 불성이 없다(狗子無佛性)"고 말했습니다. 왜입니까? 답이 없습니다. 왜 그렇습니까? 여러분에게 왜 그렇다고 말해줄 사람이 아무도 없습니다. 왜냐하면 그 이면에 전혀 답이 없기 때문입니다. 여러분은 "왜 무無인가? 왜 무無인가?" 하는 방법을 사용하여, 부단히 되풀이하여 그것을 스스로에게 묻기만 하면 됩니다. '무'는 대상이 없기 때문에, 그 위에 자신이 비상한 노력으로 정진하면 결국 '자기'라는 이 생각조차 없어져 버리기에 이릅니다! 이와 같이 부단히 일념정진하면 문득 의정이 일어나고, 대의단大疑團 속에 처하게 됩니다. 이때는 하느님이나 귀신도 여러분을 찾아내지 못합니다. 이미 '자기'가 존재하지 않기 때문입니다.

올바른 방법을 써서 선禪을 수행하면 비록 깨닫지 못한다 해도 좋습니다. 위에서 이야기한 네 구절의 시는 화두를 참구하고 공안을 참구하는 것과 비슷한 효과를 가져올 수 있습니다. 혹자는 이미 깨달은 사람은 이 시에서 말하는 것과 같이, 대상이 없을 뿐 아니라 자기도 없다고 말합니다.

9. 원래 하나의 공空이다

그 둘은 알고 보면	欲知兩段
원래 하나의 공空이라네.	元是一空

하나의 공에서는 그 둘이 동일하니 　　一空同兩
삼라만상을 다 포함하네. 　　齊含萬像

　이 네 구절은 분별이 없는 것을 이야기하고 있습니다. 그러나 분별이 없는 가운데서도 또한 명료하게 분별하는 바가 있습니다.
　수행 과정 중에는 자신이 더럽고, 나쁘고, 불쌍하고, 가증스럽고, 두려운 존재라는 것을 발견하면 할수록 더 좋습니다. 왜입니까? 수행은 자기를 검사하는 것이어서, 자기를 분명히 이해하면 할수록 어떻게 앞으로 나아가야 할지를 더 잘 알기 때문입니다.
　저는 국민당 정부의 군대를 따라 중국 대륙을 떠나 대만으로 건너갔습니다. 당시의 정세는 온통 혼란스러웠고, 우리 부대는 한 동의 녹나무로 지은 창고 안에서 복닥거리며 지냈습니다. 먹고 마시고, 싸고 누고, 자는 것을 모두 거기서 했습니다. 창고 안에는 창문이 없었고 전등도 없었습니다. 밤에는 변소로 가는 길이 보이지 않아 많은 사람들이 아예 땅에다 누어 버렸습니다. 밤중에 밖에 나가 변소로 가는 사람은 오가는 길을 더듬다가 똥 무더기를 밟아도 전혀 몰랐습니다. 날이 밝아서야 도처에 오물에 널렸다는 것을 알았습니다. 오물을 발견한 그제야 더러움, 구토증을 느꼈지만, 어쨌든 캄캄한 밤중에 전혀 안 보이던 것에 비하면 훨씬 나았지요.
　이제까지 수행을 하지 않은 사람들은 캄캄한 방 안에 있는 것과 비슷하여, 어디로 가든 오물을 밟게 될 것입니다. 선칠에 들어오는 것은 마음속의 등불을 천천히 켜 가는 것과 같아서, 한 번만 켠다 해도 어디에 오물이 있는지 알게 되고, 그것을 밟을 기회는 상대적으로 줄어듭니다. 따라서 자신의 문제가 어디 있는지를 발견하는 것은 좋은 현상입니다. 그러나 만일 문제를 발견하고 나서 자기를 혐오하고, 방법을 이해하지 못해 뒤죽박죽이면 그것은 스스로 더 많은 문제를 만들어낼 뿐입니다.

수행은 도로를 수선하는 것과 같습니다. 인부가 노면을 파헤치는 것은 땅속에 묻혀 있는 문제 있는 케이블, 가스관 혹은 수도관을 수리하기 위한 것이고, 수리가 끝난 뒤에는 다시 덮고 갑니다. 그래서 수리할 때 노면을 파괴하면 원래보다 더 너저분해진 것 같지만, 수리를 끝내고 다시 덮고 나면 표면상으로는 먼저와 똑같아 보여도 실은 많이 달라진 것입니다. 마찬가지로, 수행 과정 중에 자신의 결점, 문제들을 파낼 수 있으면 이런 결점, 문제들이 더 확실해지니 자기 자신에게 아주 유용한 것입니다. 그래서 '있음'의 자리에서 '없음'을 보아야 합니다.

자기에게 장애가 많음을 발견했을 때, 예컨대 좌선하면서 방법을 사용하는데 마음을 집중하기 쉽지 않고, 다리가 아파 죽을 지경이고, 잠이 부족하고…… 이런 것들이 다 문제입니다. 그러나 우리도 원래는 다리가 전혀 아프지 않았는데 좌선을 하면서부터 아프고, 다리를 펴면 다시 아프지 않다는 것을 압니다. 따라서 다리가 아플 때는 다리가 본래 아프지 않다는 것, 그래서 근본적으로는 아픔이 없다는 것을 관해야 합니다. 만약 이 아픔이 정말 있다고 하면, 좌선하지 않을 때도 아프거나 아니면 좌선을 끝낸 뒤에도 계속 아파야 합니다.

다른 한 가지 문제는, 방법을 사용해도 마음을 집중할 수 없을 때 자기 마음이 왜 늘 집중을 하지 못하는가 하고 생각하는 것입니다. 설사 그렇다 하더라도 저는 여전히, 지난 며칠간의 수행에서 좌선 도중 여러분의 마음이 전혀 집중을 못하고 완전히 망상만 피웠으리라고는 보지 않습니다. 여러분의 마음이 최소한 얼마간의 시간은 방법상에 머물러 있었을 것입니다. 그렇지 않았다면 진작 집으로 돌아갔겠지요. 그렇지 않습니까? 그러니까 방법을 사용할 수 있다고만 하면, 그것은 마음이 산란한 현상이 실은 진짜가 아니라는 것을 말해줍니다. 따라서 마음이 산란할 때 겁낼 필요 없습니다. 그것은 거짓된 것이지 참된 것이 아닙니다.

산란이 집중으로 변했을 때 그 집중심은 참된 마음입니까? 물론 아니지요. 마음이 정말 집중되어 산란하지 않게 되면 산란심과 집중심이 모두 진실하지 않다는 것을 알 것입니다. 이 마음들이 모두 참되지 않은 이상 그것은 곧 '무심'을 말해줍니다. 본래 '무심'이라면 우리의 수행은 쉽게 성공하겠지요! 우리가 지금은 아직 '무심'의 단계에 도달하지 못했지만, '마음'이라는 것이 없다는 사실을 알면 우리의 신심도 확고해질 것입니다. 지금은 우리가 신심만 가지고 있으면 족하며, '일심'이나 '무심'에 도달했느냐 못 했느냐는 중요하지 않습니다. '산란심', '집중심', '일심'이 모두 거짓된 것이라는 것을 믿기만 하면, 자연히 정진하면서도 조급해 하지 않고 실망하지도 않을 것입니다.

저는 어떤 사람이 선칠이 끝난 뒤 이렇게 말하는 것을 본 적이 있습니다. "제 마음이 이렇게 어지러우니 더 어떻게 정진한다 해도 소용없고, 그만입니다. 수행이 안 된 거죠." 이런 사람은 믿지 못하거나 체험해 보지 못한 것입니다. 성공하지 못했다는 것은 결코 실망할 일이 아니고, 수행하여 득력하지 못했다는 것은 결코 실패한 것이 아닙니다. 단지 때가 되지 않은 것뿐입니다. 마치 산을 오를 때 절반을 오르고 나서 계속 오르지 않는다고 해서 결코 실패했다고 말할 수 없는 것과 같습니다. 계속 올라 산꼭대기에 도달하기만 하면 성공하는 것입니다. 한번은 제가 차를 타고 어느 고원을 올라갔는데, 계속 몇 시간을 달려 지표면에서 600미터나 올라갔는데도 아직 평지에 있는 것 같아서 기사에게 물었습니다. "우리가 아직도 평지에 있는 거요? 왜 산이 보이지 않소?" 기사가 말했습니다. "우리는 이미 산 정상에 도달했습니다." 제가 다시 말했습니다. "하지만 산이 보이지 않는데." 그러자 그가 말했습니다. "그렇습니다. 우리가 천천히 계속 올라왔기 때문에 그렇게 느끼지 못하는 겁니다.” '유有'에서 '공空'을 보는 것은 수행의 입장에서 보는 것입니다. 따라서 신심을 갖추고 날로 노력하면 반드시 이루게 됩니다.

지금 우리는 '공'에서 '유'를 보고 있습니다. 엊그제는 이 지방에 눈이 내렸는데 지금은 눈이 없습니다. 지금 눈이 없다고 해서 눈이 없는 것입니까? 눈은 하늘에서 내리는 것인데, 우리가 지금 하늘로 올라간다 해도 눈을 찾지 못합니다. 그렇다고 해서 하늘에 눈이 없다고는 말 못합니다. 왜냐하면 눈은 바로 하늘에서 내려오는 것이니까요. 여러분이 지금 눈이 없다고 하면 맞습니다. 틀리지 않습니다. 그러나 며칠 지나면 눈이 올지도 모릅니다. 과거에 하늘에서 눈이 내렸고 미래에도 역시 하늘에서 눈이 내리겠지만 다만 지금은 내리지 않을 뿐이므로, 지금 보이지 않으니 없다고 말해서는 안 됩니다. 이와 같은 공空에 집착하면 안 됩니다.

선종에 이런 공안이 있습니다. 어느 할머니가 오랫동안 한 선사에게 공양을 올렸습니다. 하루는 할머니가 그의 도행道行을 시험하여 그가 깨달았는지 여부를 알아보기로 마음먹고, 젊고 예쁜 딸에게 음식을 들려 보내 그 참에 스님을 한 번 끌어안게 했습니다. 딸이 어머니가 시킨 대로 하자 선사는 아무 반응이 없었습니다. 다음날 할머니가 선사를 직접 찾아가서 물었습니다. "제 딸이 어떻던가요?" 그가 대답했습니다. "마른 나무가 찬 절벽에 기댄 듯했지요." 할머니는 그 말을 듣자 곧 빗자루를 들고 그를 쫓아내고 나서 말했습니다. "내가 20년 동안 일개 속한俗漢에게 공양했구나!" 그러고는 스님의 초암草庵을 불 질러 버렸습니다. 비록 이 스님의 도행이 높은 수준이기는 했으나 아직 선禪을 체득하지는 못했던 것입니다. 그는 공에 집착해 있었기 때문에 유를 부정했던 것이지요.

선칠 중에 여러분의 마음이 여전히 산란할 때는, 마음의 힘을 여러분이 하고 있는 일에 집중하라고 말씀드리겠습니다. 자신이 하는 모든 동작을 명료하고 또렷하게 자각해야 합니다. 여러분이 집중심에 도달했을 때는 다음 단계에 진입하는 것을 자신도 모를 수 있습니다. 밥을 먹을 때는 밥을 먹고 있다는 것을 모르고, 길을 갈 때는 어디를 가고 있는지 모르며, 사람을 볼 때는 자기가 보는 사람이 누구인지 모릅니다. 그러나 여러분은 여전히 대중과 함께 일하고 쉬면서 생리와 주위의 자연환경에 따라 동작합니다. 그런데도 자기가 무엇을 하고 있는지 모릅니다. 마음이 완전히 둘이 없이 사용되어 방법상에 몰입되어 있고, 그리하여 대의단大疑團에 들어간 것입니다. 이때 정진하는 모습은 자연스러운 수행이어서, 마치 고무공이 아주 평평하고 매끄러운 산 위에서 아래로 구르듯이 곧장 바닥까지 도달합니다. 이런 수준에 이르면 자기가 굳이 수행하려 들지 않아도 실질적으로는 잘 되고 있음을 느낍니다. 이것은 수행과정 중 '공'에서 '유'에 이른 모습입니다. 느낌상으로는 '공'이지만 실은 '유'입니다. 왜냐하면 그것은 감각·생각으로는 없는 것이지만, 그것의 마음은 있기 때문입니다.

   세 번째 수준은 다시 완전한 지각으로 돌아간 것입니다. 이때 첫 번째 수준과 다른 것은, 더 이상 어떤 산란한 생각도 없다는 것입니다. 밥을 먹을 때는 밥을 먹고, 잠을 잘 때는 잠을 자며, 더도 덜도 아닙니다.

   수행할 때 방법이 보이지 않게 되면 자기가 할 일이 없고 마치 몸이 없어진 것같이 느껴지는데, 이럴 때 두 가지 모습이 있을 수 있습니다. 하나는 부정적인 모습으로, 해이해져서 아무 일도 하려고 하지 않는 것입니다. 다른 하나는 긍정적인 모습으로, 올바르게 정진수행하고 있고 방법을 잘 사용하고 있음을 보여주는 것입니다. 이때는 마치 기량이 뛰어난 기사騎士가 쾌마快馬를 탔을 때, 사람과 말이 하나가 되어 말의 존재를 잊어버린 것과 같습니다.

또 한 가지는 깨달은 뒤에 '공'에서 '유'를 보는 것입니다. 어떤 제자가 선사에게 물었습니다. "스님, 만일 많은 상황이 동시에 눈앞에 출현한다면 스님께서는 어떻게 하시겠습니까?" 그 의미는, "여기는 불이 나고, 저기는 춤을 추고, 저기는 사람을 죽이고, 저기는 호랑이가 나타났는데, 이런 복잡다단한 상황에 처했을 때 당신은 순간적으로 어떻게 대응하겠습니까?"라는 것입니다. 물론 이것은 저의 해석입니다. 그 선사는 이렇게만 대답했습니다. "붉은 것은 흰 것이 아니고, 푸른 것은 누른 것이 아니다." 그게 뭐든 그게 그것입니다. 그러나 그 선사가 '그게 뭐든 그게 그것'임을 보았다면 그것은 보통 사람과 마찬가지 아닙니까? 보통 사람들과 다른 점은, 그는 (어떤 상황에서도) 당황하지 않을 거란 것입니다.

송나라 말기의 무학 조원無學祖元 선사라는 분은, 원나라 군대가 올 때 모든 사람이 다 도망갔지만 혼자 도망가지 않았습니다. 원나라 장군이 절 안에 이 스님밖에 없는 것을 보고 그를 붙잡아 놓고 물었습니다. "모든 사람이 다 도망갔는데 당신은 왜 도망가지 않았소? 필시 원나라 군대에 대해 불리한 일을 할 생각인가 보군!" 선사가 대답했습니다. "나는 달아날 필요가 없소. 만일 내가 죽어야 한다면 어디를 가도 죽을 것이오. 만일 내가 죽지 않을 거라면, 설사 당신들이 왔다 해도 나는 죽지 않을 것이오." 장군이 이어서 물었습니다. "설마 죽음도 겁나지 않다는 건 아니겠지?" 선사가 말했습니다. "나는 물론 죽고 싶지는 않소. 그러나 반드시 죽어야 한다면 그것도 어쩔 수 없소." 장군이 말했습니다. "좋소! 이제 내가 당신을 죽이겠소!" 선사는 이 두 마디를 말했습니다. "부디 원나라의 삼척검三尺劍을 조심하시오. 번쩍하는 찰나에 봄바람을 벨 테니." 원나라 장군은 결국 잘못을 깨닫고 그를 죽이지 않았습니다.

깨달은 뒤의 '유'는 자기가 있다는 것이 아니라, 일체가 다 있지만 자기만 없을 뿐이라는 것입니다. 자기가 없어진 이상 당연히 머리, 몸도 다 없어진 것입니다. 그래서 죽이는 것은 장군의 일이지 선사의 일이 아니었습니다. 선사의 머리가 설사 쪼개졌다 하더라도 선사와는 조금도 관계가 없습니다. 여러분은 이 선사가 아마 자살하고 싶었던 것 아닐까 생각할지 모르지만, 제가 생각하기에는 결코 자살하려던 것은 아니었습니다. 왜냐하면 만일 자살을 생각했다면 그것은 그가 어떤 몸의 존재를 인정했다는 뜻이기 때문입니다. 그래서 '공'이든 '유'든 관계없이, '공'에서 '유'를 볼 수 있고 '유'에서 '공'을 볼 수 있어야 합니다. '공'과 '유' 가운데 양변이 다 있기도 하고 양변이 다 없기도 하며, 또한 양변이 모두 '유'이기도 하고 양변이 모두 '공'이기도 해야 합니다. 이해가 됩니까? 이해되지 않으면 그냥 믿기만 해도 좋습니다. 만약 참으로 이해했다면 이미 깨달은 것이지요.

10. 큰 도는 본체가 넓다

세밀함과 거칢을 보지 않으면	不見精粗
어찌 치우침이 있으리오?	寧有偏黨

분별심에 대해 이야기하자면, 선칠을 하는 도중 분별심이 가장 심한 사람은 응당 스승이어야 합니다. 선칠을 시작하면서부터 여러분에게 규칙을 지켜라, 방법을 사용하라 하고, 이렇게 저렇게 요구하고 이렇게 저렇게 금지하며, 이것을 일깨우고 저것을 경계합니다. 여러분이 볼 때 스승의 분별심은 심합니까, 심하지 않습니까?

선칠의 둘째 날이 시작될 때부터 저는 여러분에게 분별 있음에서 분별 없음으로, 분별심에서 무분별심으로 나아가라고 가르칩니다. 그러면 곧 산란심에서 집중심으로, 다시 통일심으로 가고, 마지막에는 무심에 이릅니다. 선중의 마음속에는 늘 두 가지 서로 다른 태도가 있습니다. 한 가지는 스승의 요구가 높고 엄격할수록 더 좋다, 그러면 빨리 성불할 수 있을 것이다라고 생각하는 것입니다. 또 한 가지는, 접수를 받을 때 제가 그들에게 선칠은 엄격하고 고생스럽다고 말해주면 그들은 문제없다고 하면서 마음속으로 벌써 준비하고 있다고, 어느 정도 엄격한 것이 좋다고 하는데, 막상 오고 나면 오히려 스승이 제발 나를 보지 않았으면 좋겠다고 바라는 것입니다. 내가 졸고, 이야기를 하고, 늦게 일어나는 이런 것들을 들키지 않았으면 좋겠다는 것입니다. 이것이 바로 타성인데, 모든 사람이 다 가지고 있습니다. 만일 스승이 부지런히 요구하지 않는다면 여러분이 여기 와서 선칠을 할 필요도 없겠지요.

"세밀함과 거칢"이라는 것은 수행의 좋고 나쁨, 수준의 높고 낮음, 깊고 얕음의 구분을 가리킵니다. 수행인은 비교를 하면 안 됩니다. 자기를 남과 비교하면 안 되고, 자기 자신과도 비교하면 안 됩니다. 오늘 어떤 사람이 선당에서 울었습니다. 여러분은 이렇게 생각했을지도 모릅니다. '왜 울지? 곧 깨달으려고 그러나? 그렇지 않으면 정신병이 생겼나?' 다른 사람이 우는 것을 보면 여러분은 온갖 생각을 일으킵니다. 사실 그것이 좋든 나쁘든 다른 사람의 일인데, 여러분과 무슨 상관이 있습니까? 깨닫든 깨닫지 못하든, 정신병이 생겼든 안 생겼든, 남의 일인데 여러분과 무슨 관계가 있습니까?

자기를 다른 사람과 비교하고 따져 보는 경우도 적지 않습니다. 예를 들면 평소에는 혼자서 집에 있는 습관이 들어 있었는데 이제 갑자기 이렇게 많은 사람들과 함께 좌선을 하니, 이것을 보면 이게 눈에 거슬리고 저것을 보면 저게 눈에 거슬립니다. 또 어떤 사람은 다른 사람이 3시간 내리 움직이지 않는 것을 보면 마음속으로 이렇게 중얼거립니다. "이상하네. 설마 그의 다리는 아프지 않은 건 아니겠지? 왜 내 다리는 늘 아프지?' 그리하여 그 사람을 주시합니다. 계속 바라보다가 그가 마침내 움직이면 마음속에서 이런 생각이 일어납니다. '아! 그의 다리도 결국은 역시 아프군!'

자기와 자기를 비교하는 경우도 많습니다. 어떤 사람은 며칠 동안 매일 문제가 있고 불편하고 활기가 없었는데, 오늘은 아무 문제도 없고 다리도 아프지 않고 몸도 거뜬했습니다. 저기 앉아 있어도 너무 기분이 좋았고 온 마음이 몹시 흥분되었는데, 결국 좌선은 오히려 잘 되지 않았습니다. 어떤 사람은 며칠 동안 잘 앉지 못하다가 한 시간 겨우 잘 앉고 나면 계속 그 한 시간은 자기가 어떻게 잘 앉았을까 생각합니다. 생각할 수 있는 모든 방법을 다 생각하여 자기에게 다시 한 번 그것을 요구하면서, 마음속에는 온통 '그때는 왜 그렇게 잘 앉을 수 있었을까? 지금은 왜 안 되지?' 하는 생각뿐입니다.

이런 것들은 모두 비교심이고, 비교심이 있다는 것은 망상을 피운다는 것입니다. 망념 가운데 있으면 좋은 수행 상태에 들어갈 수 없습니다. 정진하고 있을 때는 자기 일 외에는 상관하지 말아야 하고, 자신의 이전 혹은 이후의 일에도 상관하지 말고 온 마음을 현재의 방법상에 집중해야 합니다. 이 지점에 이르게 되면 수행은 힘을 얻습니다.

첫째 날 저녁에 제가 여러분에게 점차 자신을 고립시키기 시작해야 한다고 말했습니다. 이 과정에는 4단계가 있습니다. 첫째, 자신을 선칠 외의 환경으로부터 고립시키는 것. 둘째, 선칠 그 자체의 환경에 상관하지 않고, 자신이 여기 있는 유일한 사람이라고 인정하는 것. 셋째, 과거와 미래에 대한 모든 생각을 내려놓는 것. 넷째, 자기를 현재 순간의 일념에 한정하는 것, 다시 말해서 방법상에 집중하는 것. 이렇게 한다 해도 마귀가 여전히 여러분을 방해할 수 있습니다. 왜냐하면 여러분은 아직 그런 히나의 작은 점인 '니'의 존재를 가지고 있기 때문입니다. 그러나 계속 일념으로 방법상에 몰두해 갈 수 있으면, 일념을 떠나 무심에 도달할 수 있습니다.

환경이든 내심이든, 얼마나 평화롭든 어지럽든 관계없이 모두 또렷하고 명료하게 자각해야 하며, 어떤 호오심好惡心도 일으키면 안 됩니다. 환경이나 자신의 좋고 나쁜 느낌으로 말하자면 사실 모두 내심의 집착이 투사된 것이지, 일체의 사물은 그 자체 결코 좋고 나쁨이 없습니다. 예를 들어 말하자면, 향판은 한 토막의 나무판에 불과하고 그 자체는 결코 좋다 나쁘다 할 것이 없습니다. 만약 경험 없는 감향監香(좌선 시간에 향판을 들고 다니며 감독하는 소임자)이 향판을 예컨대 목이나 견갑골과 같이 잘못된 곳에 치면 맞은 사람은 마음에 싫은 생각을 일으킬 수 있고, 감향은 향판이 힘을 쓰기에 좋지 않다고 생각할 수 있습니다. 반면 경험 있는 감향이 향판을 쓰면 맞은 사람은 많은 도움이 된다고 느끼고, 감향도 이 향판이 좋아서 쓰기 편리하다고 생각합니다. 같은 향판을 어떤 사람은 좋다고 느끼고 어떤 사람은 좋지 않다고 느낍니다. 오늘 저는 막아 두었던 창문을 열려고 하다가 결과적으로 손가락을 다쳤습니다. 창문에 문제가 있었다고 생각할 수도 있겠지만, 창문 그 자체에 무슨 좋고 나쁨이 있습니까? 제 손놀림이 좋지 않아 손이 끼기는 했으나 저의 손도 아무 좋고 나쁜 것이 없고 단지 한 덩어리의 살이 낀 것뿐입니다. 요컨대 이런 한 가지 일이 발생했지만, 무엇이 좋고 나쁘다고 말할 것이 없습니다.

깨달은 사람이 어떤 상황을 볼 때는 마음에 좋다, 나쁘다, 세밀하다, 거칠다 하는 생각이 없습니다. 어떤 사람은 이렇게 생각할지 모릅니다. '만일 좋고 나쁨을 분별하지 않으면 천하에 큰 혼란이 일어나지 않을까?' 깨달은 사람은 그런 문제가 없습니다. 여러분은 옛 선종의 조사들이 큰 깨달음을 연 뒤에 모두 자비심이 충만하여 한 평생 중생을 제도한 것을 보십시오. 석가모니께서는 깨달으신 뒤에 널리 법을 펴서 중생을 이롭게 하기를 40여 년간 하셨는데, 만일 좋고 나쁨의 분별이 없다면 당신은 어떤 중생을 제도합니까? 이것은 결코 부처님이 중생을 제도하려고 해서가 아니라 중생들이 부처님의 제도를 필요로 해서입니다. 부처님은 특정인을 제도하는 것이 아닙니다. 문제는 결코 부처님에게 있지 않고 중생인 자신에게 있습니다. 만일 능히 제도 받을 만한 사람이면 부처님이 그를 제도합니다. 중생이 부처님의 제도를 필요로 할 때 당신이 제도하며, 중생이 당신의 제도를 원치 않으면 당신도 제도하지 않습니다. 따라서 부처님은 중생을 제도하셨지만, 당신이 중생을 제도했다고 생각하시지는 않습니다. 중생이 당신의 제도를 원하지 않아도 당신은 실망하거나 탓하거나 혹은 그들을 지옥에 떨어지라고 저주하지 않습니다. 이것이 바로 부처님이나 조사들의 태도입니다.

부처님의 마음은 하나의 거울과 같아서, 당신 자신의 영상影像이 없습니다. 당신은 완전히 있는 그대로 아무 걸림 없이 중생의 영상을 비추어 냅니다. 중생의 필요에 응하여 불법을 베풀어 주며, 갖가지 부류의 중생들로 하여금 갖가지 불법의 이익을 얻게 합니다. 한창 수행하고 있지만 아직 깨닫지 못한 사람은 방법을 사용하고 있고 아직 분별심이 있으니 계속 노력해야 합니다. 방법이 사라지고 '나도 수행을 해야 한다'는 생각마저 없어졌을 때 마음은 하나의 거울같이 되어, 안으로 한 물건도 없고 걸림 없이 비추게 될 것입니다.

큰 도는 본체가 넓어서	大道體寬
쉽지도 않고 어렵지도 않네.	無易無難

마음을 오로지 방법에 쏟을 때는 현재 순간에 아직 방법과 자기가 있습니다. 자기는 왜 이 방법을 수행하려고 합니까? 이 방법을 수행하여 어떤 결과를 얻기를 바랍니까? 깨닫기를 바라는 것입니까, 아니면 선정을 얻기를 바라는 것입니까? 따라서 수행 과정 중에는 방법을 당연히 사용해야 하고, 방법을 닦아서 안정되면 될수록 좋습니다. 언제든 일념에 도달하려고 마음먹으면 곧 일념에 도달할 수 있고 망상을 없애려고 하면 곧 망상이 없어지는 수준이 되면, 선사가 그 수행자의 마지막 집착심, 즉 수행에 집착하는 마음을 타파해 주려고 할 것입니다.

선사는 선법禪法을 써서 수행자의 마음속에 있는 일체의 생각, 집착을 타파해 줍니다. 좋고 나쁨을 모두 남김없이 제거해야만 부처를 이루지만, 오히려 이룰 부처는 없습니다. 어떤 사람은 성불하고 싶기는 하나 마魔가 붙는 것을 겁냅니다. 마魔가 어디에 있습니까? 실은 부처도 없고 마도 없습니다. 어떤 제자가 수행하여 도를 이루기를 바랐는데, 스승이 그에게 말했습니다. "도는 닦아서 이루는 것이 아니다. 도는 본래 거기에 있는데 굳이 닦을 것이 있느냐?" 어떤 제자가 스승에게 묻기를 "어떻게 해야 해탈합니까?" 하자, 스승이 대답했습니다. "누가 너를 묶었더냐?" 이런 것은 모두 우리에게 수행이라는 것은 없고, 해탈이라는 것도 없다는 것을 말해줍니다.

어느 제자가 선사에게 말했습니다. "제가 들으니 석가모니 부처님께서는 인도에서 태어나셔서 여러 해를 수행하신 뒤에야 도를 이루셨다고 합니다." 선사가 대답했습니다. "아! 당시 내가 거기 없었던 것이 아쉽다. 내가 있었으면 한 몽둥이로 때려죽여 개밥이 되게 했을 텐데." 이런 분들이 불법을 파괴하고 있다고는 말할 수 없습니다. 절대로 그렇지 않습니다! 이 조사는 제자의 마지막 한 가지 분별심을 타파해 주기 위하여 이런 극단적인 방법을 쓴 것입니다.

불법을 수행하여 무분별심의 수준에 도달하거나 무분별심을 명료히 이해하게 되면, 비록 반드시 깨닫지는 않는다 해도 이미 수행할 줄 아는 사람인 것입니다. 여러분은 이런 신심을 가져야 합니다. 그렇지 않으면 스승이 여기서 며칠을 강의해도 여러분은 여전히 의심을 품고, 스승은 헛되이 입과 혀를 놀린 것이 됩니다. 스승의 말을 믿으려면 시험적으로 지금부터 이러한 태도로 수행을 시작하십시오.

어떤 사람은 석가모니가 여러 해를 수행했고 과거의 선종 조사들도 모두 여러 해를 수행했다는 말을 듣고, 자기는 출가하지도 못했고 출가할 준비도 되어 있지 않으니 수행해 봐야 성공하기 어렵다고 생각하여 중도에 포기합니다. 수행이라는 것은 쉽다고 하면 아주 쉽고, 어렵다고 하면 아주 어렵습니다. 사실 수행 그 자체는 하나의 상황에 지나지 않으며, 앞서 이야기한 것과 같이 본래 어렵다 쉽다, 좋다 나쁘다 말할 것이 없습니다. 어렵다 쉽다, 좋다 나쁘다는 여러분 자신의 집착입니다.

앞에서 우리는 이미 진정한 문제와 거짓 문제를 이야기했습니다. 좌선 시에 다리가 아픈 것은 정말 아프지만 다리를 잠시 풀어주면 아프지 않고, 얼마 지나서 다시 틀고 앉으면 또 아픕니다. 만일 어떤 때는 아프고 어떤 때는 아프지 않다면 이러한 아픔은 분명 거짓된 것입니다. 만일 진정한 아픔이라면 거기서 아프던 것이 쉬지 않고 아파야 합니다. 따라서 아플 때는 비록 그것을 느낀다 하더라도, 그것이 진정한 것이 아니며 마음, 관점, 시간에 따라 변할 거라는 것을 이해하기만 하면 됩니다. 그래서 수행할 때 우선 이론상으로 고통이 진짜가 아니라는 것을 인식하면 이러한 고통의 느낌이 많이 줄어들 것입니다. 그렇지 않고 만약 이것을 진짜 고통으로 여긴다면 필경 그 고통이 이루 말할 수 없을 것입니다.

'수행은 쉽고 어려움이 없다' 는 이 구절의 의미는, 수행이 잘 되는 사람의 관점에서 보면 이미 아무 고통이 없는데 굳이 쉽고 어려움에 신경 쓰겠느냐는 것입니다. 이런 사람은 이런 가르침을 직접 체험하므로 그들의 신심은 진정한 것입니다. 수행을 갓 시작한 사람도 이와 같은 신심을 갖는다면 진보할 수 있습니다. 실제 수행 과정 중에는 사람, 시간, 장소에 따라 어려운 정도가 다르겠지만, 수행 방법 그 자체는 쉽고 어려움을 말할 것이 없습니다.

어떤 사람은 큰 고통과 어려움을 만나기 때문에 어떤 희망도 갖지 못하고 심지어 절망하는 마음으로 수행하지만, 오히려 성공하기도 합니다. 그 원인은 다른 것이 아니라 이 사람이 아무것도 원하지 않았기 때문입니다. 이런 경우가 없지는 않지만 모든 사람이 그렇게 될 수는 없습니다. 어떤 사람은 많은 고통과 어려움을 만난 뒤에 오히려 수행을 할 수 없게 되는데, 그것은 그가 수행할 때 마음속에 늘 후회, 괴로움, 자탄自嘆과 자기연민이 있기 때문입니다.

여러분은 여기서 모든 수행방법이 다 좋은 방법이고, 여러분 각자가 다 좋은 수행인이라고 말하는 것을 믿어야 합니다. 만일 좋은 방법이 아니라면 왜 그것을 5일 동안 사용했고 아직도 사용하고 있습니까? 만일 좋은 수행인이 아니라면, 왜 모두 5일 동안 앉아 있었고 아직도 여기 있습니까? 따라서 남은 이틀의 시간 동안 여러분은 자기가 사용하는 것이 좋은 방법이고, 자기가 능히 수행할 수 있는 사람이라는 것을 믿고, 이 얻기 어려운 기회를 잘 붙들고 수행해야 합니다. 선칠이 끝난 뒤에는 결혼을 해도 좋고, 시험을 쳐도 좋고, 머리를 쪼개도 좋지만, 때가 되면 다시 이야기하겠습니다. 지금은 아무 일이 없습니다!

제3차 선칠[1985. 5. 24~1985. 5. 31]

11. 집착하면 바른 길을 잃는다

좁은 소견으로 의심이 많으니 　　　　　小見狐疑
서두를수록 더욱 늦어지네. 　　　　　　轉急轉遲

"좁은 소견"이란, 보는 것이 크지 않고, 많지 않고, 높지 않고, 멀지 않다는 것을 가리킵니다. 이런 사람들은 식견이 좁고 얕은 탓에 의문이 많아 자기 자신에 대해, 방법에 대해, 목표에 대해 신심이 없습니다. 이 것은 수행할 때 늘 보는 현상입니다. 사실 누구나 이 같은 신심을 가져야 합니다. 즉, 지금은 깨닫지 못한다 해도 장래에는 반드시 깨달을 수 있다, 금생에는 깨닫지 못한다 해도 내생에는 반드시 깨달을 수 있다는 믿음 말입니다.

저는 요 몇 년 동안 많은 사람이 신심이 부족하여 일정 수준에 이른 뒤에는 진보하지 못하는 것을 보아 왔습니다. 그 원인은 이런 데 있을 수 있습니다. 즉, 그들은 자기 자신에 대해 신심이 없거나, 아니면 자기 자신에 대해서는 신심이 있지만 방법을 완전히 믿지 못하거나, 아니면 방법은 믿지만 선 수행을 지도하는 사람을 확실히 믿지 못하거나, 선 수행을 지도하는 사람은 믿지만 선이 궁극적으로 어느 정도의 수준에 도달할 수 있는지를 감히 믿지 못하는 것입니다. 이런 사람들은 신심과 회의 사이를 오락가락하여, 끝내 심오한 체험에 이르지 못합니다.

물론 수행을 시작할 때는 의문이 있을 수 있습니다. 의문이 없다면 와서 공부하지도 않겠지요. 노력하여 수행한 뒤에는 의문이 다소 해결될 것이고, 당연히 이것은 그 개인의 근기根器와 관계될 것입니다. 선근善根이 깊고 두터운 사람은 선사, 방법 혹은 이론과 접촉하고 나면 금방 믿고 받아들일 수 있습니다. 반면에 선근이 얕고 옅은 사람들은 장애가 많아서 자기를 믿고, 남을 믿고, 방법을 믿기가 쉽지 않습니다. 따라서 선을 수행할 때 가장 중요한 요건은 바로 신심입니다. 3조가 이 시를 「신심명」이라고 부른 것은 깊은 뜻이 있습니다. 만일 기본적인 신심조차 없다면 무엇을 수행하겠습니까? 그래서 선칠에 참가한 사람들은 자기가 선근이 있는 사람이라는 것을 믿어야 합니다. 선근이 없다면 어떻게 선칠에 참가할 수 있겠습니까? 세상의 그 많은 사람들 중에서 선 수행을 받아들이고 싶어 하는 사람은 아주 적습니다. 선 수행을 받아들이고 싶어 하는 사람들 중에서 지금 선칠에 참가하는 기회를 가진 사람은 더욱 적습니다. 그래서 여러분은 당연히 선근이 깊고 두터운 사람들이고, 자기가 수행을 할 수 있는 사람임을 믿어야 합니다. 혹시 지금까지도 자기를 아직 믿지 못하고, 이 선생을 아직 믿지 못하며, 또한 제가 이야기하는 선의 방법과 선의 태도를 아직 믿지 못한다면, 지금부터는 여러분이 능히 믿을 수 있기를 바랍니다.

여러분이 지금 아직 깨닫지 못하고 있다 해도 상관없습니다. 마치 귀먹은 사람이 보청기에 의지하여 청력을 개선할 수 있고, 시력이 좋지 않은 사람이 안경에 의지하여 시력을 개선할 수 있듯이, 자신이 아직 깨닫지 못했어도 스승의 지도와 경험을 빌릴 수 있습니다. 이미 깨달은 자의 경험을 믿고 그의 지도에 따라서 해 나가면, 설사 수행을 시작할 때는 '좁은 소견'을 가지고 있었다 하더라도 무방합니다. 의심을 일으키지 않기만 하면 '좁은 소견'에서 벗어날 수 있으니까 말입니다.

"좁은 소견"의 또 다른 함의涵意는 자신의 경험으로써 과거에 접촉해 보지 못한 더 큰 범위의 사물을 판단하거나 인식하는 것인데, 이것은 물론 문제가 있겠지요. 사실 이제까지 듣거나 보지 못한 것을 처음 접하면 회의가 일어나는 것을 피하기 어려울 것입니다. 그러나 신심만 있으면 그것을 보충할 수 있습니다. 그래서 선칠을 하는 첫째 날 바로 자기 자신에 대한 신심을 가져야만 스승의 지도에 따라서 수행의 관념과 방법을 성실하게 실천할 수 있습니다. 또한 우리의 수행 환경이 좋은지 나쁜지를 회의하면 안 됩니다.

"서두를수록 더욱 늦어진다네"의 의미는, 조급하게 결과를 얻으려고 하면 할수록 성취도 더욱 늦어진다는 것입니다. 한번은 어떤 사람이 저를 차로 데려다주었습니다. 그는 제가 목적지에 조금 일찍 도착하도록 하기 위해 모든 방법을 다 생각해 지름길로 갔습니다. 결과적으로 길은 가까웠지만 차가 많아서 시간이 오히려 늦어졌습니다. 또 어떤 사람은 토플 시험에 참가했는데, 먼저 아는 문제들의 답을 골라내고 모르는 문제는 생략하고 넘어갔습니다. 그래서 시험문제를 처음부터 끝까지 한 번 살펴보았는데, 다 보고 나서 답안을 작성하려고 했을 때는 시간이 부족했습니다.

수행도 이와 같습니다. 하루 종일 깨달아야겠다는 마음으로 조급해 하면 마음속으로 늘 '왜 아직도 못 깨닫지?' '어째서 줄곧 깨달음에 이르지 못하고 있나?' 하는 생각을 하게 됩니다. 그러면 영원히 깨닫지 못하고 오히려 번뇌만 갈수록 더 많아집니다. 그 원리는 아주 간단한데, 마치 잠이 안 올 때의 경험과 마찬가지입니다. 여러 사람이 한 방에서 깊이 잠들어 있는데 자기는 잠이 오지 않으면 이런 생각을 합니다. "그들은 모두 잠들었는데 나는 왜 잠이 안 오나? 빨리 자라! 빨리 자!" 결국 잠을 자야겠다고 생각하면 할수록 잠은 더 안 옵니다.

그래서 선 수행자가 이익을 얻기를 바라면 바랄수록 더욱 얻지 못하고 오히려 헛되이 괴로움만 늘어납니다.

그래서 저는 여러분이 시작할 때 조급하게 (나무에서) 과일을 따먹고 싶어 하지 말고, 인내심을 가지고 (과일나무에) 물을 주면서 부단히 노력하기 바랍니다. 모가 빨리 자라게 하려고 모를 뽑아 올리지[揠苗助長] 마십시오. 속담에서 말하기를 "한 괭이로 우물을 다 파지 못하고, 한 입으로 떡 한 판을 다 먹지 못한다"고 합니다. 수행도 이와 같이 인내심을 요합니다. 수행은 또한 삶은 달걀을 먹는 것과 같습니다. 급하게 한 입에 먹으려고 하면 넘어가지 않을 뿐 아니라 위험하기까지 합니다. 반드시 세심히 살피고, 조심하고, 인내심이 있어야 합니다.

   집착하면 바른 길을 잃고   執之失度
   삿된 길로 빠져드네.   必入邪路

"집착한다"는 붙잡는다는 뜻입니다. 붙잡을 때는 딱 알맞게 붙잡아야지 너무 꽉 붙잡으면 안 되고 너무 느슨해도 안 됩니다. 향판 잡는 것을 예로 들면 어떤 사람은 향판을 때릴 줄 몰라 향판을 너무 꽉 잡는데, 그러면 맞는 사람이 아플 뿐 아니라 자칫하면 향판이 부러집니다. 그러나 향판을 너무 느슨하게 잡으면 때릴 수가 없습니다. 그래서 어떤 일을 하든 꼭 알맞게 해야 합니다. 그러나 이것은 결코 쉽지 않고, 부단한 연습을 요합니다. 그렇지 않으면 딱 알맞게 할 수 없습니다.

선칠을 할 때 우리는 사람들에게 몸을 이완하고 마음을 이완하라고 말합니다. 그러나 어떤 사람은 어떻게 이완해야 할지를 모르고, 어떤 사람은 너무 이완하여 앉자마자 비실비실해서 전혀 정진할 줄 모릅니다. 이른바 '수행하며 방법을 사용한다'는 것은 수행할 때는 방법상에 단단히 들러붙어야 한다는 것을 말하지만, 어떤 사람들은 이런 일깨움의 말을 듣고 나면 또 긴장을 합니다. 어떤 사람들은 제가 가르치는 수식법數息法을 들으면 이 방법을 죽어라고 붙들면서 그렇게 하면 마음이 곧 안정되고 망상을 피우지 않게 될 것으로 생각합니다. 결국 수식법을 붙들기 위해 호흡을 붙들게 되고, 수를 세느라고 힘을 써서 표정이 긴장됩니다. 또 수를 세면 셀수록 속도가 빨라지고, 몸도 갈수록 긴장됩니다.

우리는 늘 자신이 사용하는 방법을 떠나지 말라고 이야기합니다. 그리고 긴장해서는 안 됩니다. 긴장하면 길을 잘못 들기 쉽습니다. 한번은 선칠을 할 때, 제가 어느 선중에게 화두를 참구하라고 하면서 그에게 화두가 떠나지 않도록 지켜보라고 했습니다. 제가 그에게 준 화두는 '무엇이 무無인가?'였는데, 그는 긴장하며 했기 때문에 원래의 화두는 달아나고 나중에는 '내가 바로 무無다'로 바뀌어 버렸습니다. 그는 스승이 화두를 떠나지 말라고 이야기한 것을 상기하고, 끊임없이 '내가 바로 무다'를 생각했습니다. 애초에 그에게 화두를 참구하라고 했는데도, 참구하다가 마지막에는 이렇게 생각한 것입니다. '내가 바로 무다. 여기에 뭐 참구할 만한 좋은 게 있나!' 이것은 바로 길을 잘못 든 것입니다.

우리가 말하는 '붙들고'는 결코 계속 붙들기만 하고 변하지 않는 것이 아닙니다. 어떤 때는 조정해야 하는 것입니다. 선칠에 참가하는 사람들의 수가 많은데, 각자의 연령, 경험, 환경, 몸 상태, 마음의 태도는 다 다릅니다. 그러나 가르치는 것은 같은 하나의 방법입니다. 그래서 방법을 사용하고 있을 때 만약 자신에게 체험적 이해가 없으면 "나는 이 방법을 올바르게 사용하고 있나?" 하고 반성하고 일체를 스승이 이야기한 방법에 따라 해 나가야 하지만, 자기가 잘못 들었거나 오해했거나 잘못해 나가는 바람에 문제를 일으킵니다. 예를 들어 좌선할 때 호흡이 고르지 못하면 대개 여러분의 방법이 잘못된 것이므로 자신이 조정하는 것이 최선입니다. 그렇지 않으면 스승에게 가르침을 청하십시오. 어떤 사람은 좌선할 때 미추골尾椎骨에 통증이 있는데, 이때는 몸을 조금 앞으로 기울여주고 허리를 펴기만 하면 미추골이 압박을 받지 않아 자연히 아프지 않게 됩니다. 그래서 비록 방법은 같으나 각자가 터득하는 바에 따라 실제 수행에서는 달라집니다. "집착하면 바른 길을 읽고"의 의미는 바로, 딱 들어맞지 않는데 거기에 집착하는 것, 즉 '스승님이 나에게 이렇게 가르쳐 주셨다' 고 집착하는 것을 말합니다.

12. 성품에 맡기고 도에 합일하다

놓아 버리면 자연스러우니	放之自然
본체는 가지도 않고 머무르지도 않네.	體無去住
성품에 맡기고 도에 합일하여	任性合道
느긋이 거닐며 번뇌를 끊네.	逍遙絶惱

정진할 때 가장 중요한 것은 자연스러워야 한다는 것입니다. 소위 "자연스럽다"는 것은 어떻게 되든 상관하지 않는다는 것이 아니라 자연에 따른다는 것입니다. 이왕 상관하지 않으려면 그것을 자연스럽게 해

야 합니다. 앉는 자세가 자연스러워야 하고, 마음 쓰는 것도 자연스러워야 합니다. 소위 자연스럽다는 것은 알맞게 한다는 것입니다. 예컨대 좌선할 때는 몸을 곧게 하고 앉아 허리를 곱사등처럼 구부리지 말아야 합니다. 그러지 않고 다리가 아프다고 말하는 것은 부자연스럽습니다. 생리적으로 말하면, 자세가 바른 것이 자연스럽고 자세가 바르지 못하면 좋지 않은 결과를 가져오고 심지어 질병까지 야기합니다. 예컨대 아랫배를 꽉 조이는 것은 자연스럽지 않고, 가슴을 너무 높이 치켜드는 것도 자연스럽지 않습니다. 그러나 좌선 과정 중의 다리 통증, 불편함 같은 것은 부자연스럽다고 볼 수 없습니다.

심리적으로 말하면, 우리는 보통 마음에 대해 두 가지 방식으로 대응하는데, 하나는 제어이고 하나는 방임입니다. 어떤 사람들의 마음은 제어하면 할수록 더 초조해지고, 잡념이 적기를 바라면 바랄수록 잡념이 오히려 더 많아집니다. 이런 상황은 수행을 한 뒤에 비교적 쉽게 알아차릴 수 있습니다. 따라서 잡념이 많다 해도 그것은 자연적인 현상이므로 그것을 싫어하지 말고, 그렇다고 그냥 내버려두어 망상을 피우지도 마십시오. 가장 좋은 태도는 한편으로는 방법을 사용하고, 한편으로는 주의력을 방법상에 집중하는 것입니다. 그 외 다른 생각은 갖지 마십시오. 방법에 주의할 때 잡념이 일어나면 틀림없이 그것을 알아차리게 되고, 일단 잡념을 알아차리면 그것이 떠나게 됩니다. 지금 어떤 잡념이 나타난다고 해서, 하나가 가고 나면 또 하나가 오듯이 잡념이 출현한다고 해서, 겁내지 마십시오. 그렇게 한 번 생각하면 하나의 잡념이 더 생긴 것입니다. 잡념이 일어날 때 그에 상관할 필요가 없습니다. 일어난 일은 과거가 되게 하고, 아직 일어나지 않은 일은 걱정하지 마십시오. 이것이 가장 좋은 방법입니다. 그래서 정진할 때 가장 중요한 것은 실패를 두려워하지 않는 것입니다. 이미 실패했더라도 후회하지 말고, 아직 실패하지 않았다면 걱정하지 마십시오. 설사 앞으로 실패할 가능성이 있다 해도 그것은 자연스러운 일이며, 현재를 꽉 붙들고 수행을 잘 하는 것이 상책입니다.

성공하기 전에는 당연히 모두 실패합니다. 어떤 사람이 저에게 성공하지 않았느냐고 물었습니다. 저조차도 저는 지금까지 성공한 적이 없었고, 무슨 일을 하든 다 실패했다고 말했습니다. 그러나 매번 실패하는 과정은 모두 그럴 수밖에 없는 것입니다. 마치 어린아이가 태어나서 처음에는 걷지 못하다가 차츰 한 번씩 넘어지는 과정에서 결국 걷는 법을 배우는 것과 같습니다. 이 넘어지는 것은 성공입니까, 실패입니까? 사람이 태어나서 죽을 때까지, 걷는 것도 이와 같고 학문을 하는 것도 이와 같으며, 수행은 더욱 이와 같습니다. 제가 박사논문을 다 썼을 때 어떤 사람이 저에게 성공했다고 말했습니다. 저는 이 책을 쓰는 데 실패했다고 말했습니다. 왜냐하면 만약 다시 쓴다면 분명히 그때보다 더 잘 쓸 테니까요. 수행도 이와 같아서, 매번 수행할 때마다 남들은 여러분에게 성공했다고 말하지만 여러분은 결코 성공하지 못했다고 대답합니다. 해 보지 않으면 실패를 모르기 때문에, 실패한 것도 진보하고 있다는 것을 말해줍니다. 이제까지 실패하지 않았다는 것은 전혀 아무것도 하지 않았다는 것을 말합니다. 수행에서도 이와 같이 실패는 지극히 자연스러운 일입니다.

비록 실패가 자연스러운 일이기는 하나, 마음속으로 실패를 바라면 안 됩니다. '어차피 실패할 테니 차라리 하지 말자'는 생각은 절대로 갖지 마십시오. 자신의 능력에 따라서 조금씩 실천해 가는 것이 낫습니다. 매번 실패해도 상관없으니, 넘어진 곳에서 다시 일어서면 됩니다. 불법에서 말하기를, '유위법有爲法'에서는 어느 한 가지도 참으로 성공할 수 있는 것이 없다고 합니다. 이것은 성공할 수 없는 측면에서 한 이야기이고, 계속 부단히 노력하여 노력이 필요 없는 때에 도달하기만 하면 곧 성공인 것입니다. 이른바 노력이 필요 없는 때란 번뇌를 벗어나서 해탈하는 것이니, 이것이 곧 '자연스러움'입니다. "본체는 가지도 않고 머무르지도 않네"라는 것은 자연적인 본체를 이야기한 것인데, 그것을 남겨두어야 한다고 이야기한 것도 아니고 그것을 없애 버려야 한다고 이야기한 것도 아닙니다. 우리가 번뇌가 없어졌거나 해탈에 도달했을 때 자연스럽다고 말할 수 있고, 이것을 자연스럽다고 하면 무엇을 잃어버릴 것도 없고 무엇을 붙잡을 것도 없습니다. 반대로 만일 번뇌를 제거하고 보리를 붙들어야 하는 사람이라고 하면 그는 아직 깨닫지 못한 것입니다.

"성품에 맡기고 도에 합일하여, 느긋이 거닐며 번뇌를 끊네."에서 앞 구절은 일체가 그것의 자연스러운 성품에 맡겨질 때 비로소 구경究竟의 도, 즉 불도에 합치할 수 있다는 것을 말합니다. 보통 사람들이 말하는 성품에 맡긴다는 것은 자신의 개성에 따르는 것을 가리킵니다. 여기서 '성품에 맡긴다(任性)'는 것은 자성自性에 맡긴다, 불성에 맡긴다는 것을 가리키며, 또한 자성·불성에 최대한 따르고, 자성·불성이 드러나게 한다는 것입니다. 많은 사람들은 '좌선하면 깨달을 수 있고, 수행하면 성불할 수 있다'고 생각하여, 한 평생을 수행하면서 종일 자신이 깨달아 성도할 것을 생각합니다. 이런 사람들은 설사 깨달아 성도한다 할지라도, 필시 삿된 길로 들어간 것이지 진정한 불도가 아닙니다.

마찬가지로, 느긋이 거닒이 있어야만 비로소 번뇌가 없습니다. '느긋이 거닒(逍遙)'이란, 불법에서 지도하는 방법에 따라 수행하는 데만 신경 쓰지 성공을 구하거나 실패를 두려워하지 않는다는 것입니다. 성공할 것을 생각했다 하면 실은 이미 실패한 것입니다. 왜냐하면 수행인은 최후에 『반야심경』에서 말하는 "지혜도 없고 얻음도 없다(無智亦無得)"

와 같이 되어야 하기 때문입니다. 보리菩提와 열반에 도달한 것이 없으면 잘 얻은 것도 없으며, 이것이 비로소 진정한 성공입니다.

수행 과정 중에는 고생스러워서, 어떤 사람은 다리가 아프고, 등이 아프고, 머리가 아픈 등 온갖 고통이 다 있지만, 만약 마음속으로 '이것은 아주 자연스러운 일이다'라고 생각하면 자연히 고통스럽지 않게 됩니다. 만일 '느긋이 거닒'을 '수행할 필요가 없다'는 뜻으로 해석한다면, 그것은 틀린 것입니다. 수행 과정 중 발생하는 어떤 일도 다 자연스러운 것이다, 이런 마음의 태도를 지닐 수 있으면 곧 느긋이 거니는 것입니다. 수행할 때 어떤 사람이 여러분을 때리면 아픔을 느끼겠습니까, 안 느끼겠습니까? 당연히 느끼겠지요! 문제는 여러분이 괴로운가 괴롭지 않은가입니다. 사람들이 여러분을 비평하고, 누명을 씌우고, 비방하면 여러분은 어떻게 듣겠습니까? 대수행인은 맞아도 상관하지 않습니다. 왜냐하면 그의 입장에서는 "맞는 것은 사대四大이지 내가 아니고, 욕을 듣는 것은 오온五蘊이지 역시 내가 아니다."라고 말하기 때문입니다. '나'라는 것이 아예 없는데 남에게 맞는다고 한들 무슨 문제이겠습니까? 남에게 비방을 당한들 무슨 문제이겠습니까? 그래서 진정한 수행인에게는 고뇌라는 것이 없고, 고뇌가 없으므로 자연히 느긋하게 거니는 것입니다.

종종 어떤 사람이 저에게 다른 사람이 저를 비평하고 있다고 말해주면, 저는 '나조차 내가 잘못하는 것이 싫은데 하물며 다른 사람은 어떨까?' 하고 생각합니다. 그래서 저는 마음에 담아두지 않습니다. 설사 (제가 그런 말에) 이따금 화를 낸다 해도 그것은 이내 사라지고, 보복하겠다고 이런저런 궁리를 하지 않을 것입니다. 마음속에 놓아버릴 것이 아무것도 없으니, 자연히 느긋하게 거니는 일이 많습니다.

생각에 얽매이면 진리와 어긋나고 　　繋念乖眞
혼침에 빠지는 것도 좋지 않네. 　　昏沈不好

만일 마음에 반연하고 집착하는 바가 있으면 필시 불도에 어긋나고, 자연에 어긋나고, 진리에 어긋난 것입니다. 오늘 아침 제가, 여러분의 마음은 무엇을 사용하여 노력하고 있는지 물었습니다. 아직도 방법이 있다면 그것은 필시 허망한 것 가운데 있을 것입니다. 방법은 물론 거짓된 것이고 허망한 것이지만, 문제는 여러분이 방법을 사용하지 않을 때는 마음속에 과연 아무것도 없느냐는 것입니다. 혼침은 머릿속에 아무것도 생각하는 것이 없는 것인데, 여기서 '혼침'이 가리키는 것은 무거운 혼침입니다. 방법을 사용하는 것이 설사 올바르지 않다 해도 혼침은 그보다 더 잘못된 것입니다. 혼침은 아니면서 방법을 사용하지 않을 때 가령 마음이 (경계에) 반연하지 않을 수 있다면, 이때는 진리와 다를 바 없습니다. 그러나 마음이 반연하지 않는다는 이 이야기는 어떻게 설명합니까? 이것은 마음에 아무 생각이 없다는 것, 어떤 일이 일어나도 아주 또렷하게 자각한다는 것입니다. 만일 어떤 사람이 진정한 수준에 도달해 있으면, 사람을 만나고 사건을 겪고 어떤 이야기를 들어도 그에게는 모두 똑같습니다. 왜냐하면 그의 입장에서 말하면 이런 것들이 모두 존재하지 않기 때문입니다. 그가 본 진리는 필시 우리가 보는 현상은 아닐 것입니다. 그래서 사람들이 많은 곳에 있을 때도 싫어하지 않고, 홀로 있어도 적막하지 않을 수 있습니다.

진리에 머무르는 사람들이 대면하는 것이 중생들이기 때문에 그가 여전히 중생들이 보는 세계로써 이 세계에 반응하는 것이지, 머릿속이 텅 빈 공백상태인 것과는 전혀 다릅니다. 그래서 무념, '생각에 매이지 않음'은 결코 머릿속이 공백상태인 것이 아닙니다. 공백상태는 혼침과 유사하며, 진리와는 어울리지 않습니다. 그러니 여러분은 자기에게 생각이 없다고 해서 진리의 경계에 도달했다고 생각하지 마십시오. 그렇지 않으면, 휴식할 때 아무것도 생각하지 않는 것도 깨달음 아니겠습니까?

여기서 이야기하는 자연스러움, 느긋하게 거넒, 반연하지 않음은 모두 아주 편안한 것입니다. 그러나 이렇게 말한다고 해서 여러분이 정진을 놓고 어떤 방법도 다 놓아 버려서는 절대 안 됩니다! 왜냐하면 우리가 반연하지 않을 도리가 없기 때문입니다. 그래서 방법을 사용하여 반연하는 마음을 줄이고, 하나의 방법상에 집중하여 점점 반연하지 않는 지점까지 도달할 수 있어야 합니다. 즉, 방법을 사용하여 마음을 반연으로부터 불반연에 이르게 하는 것입니다. 우리의 방법은 산란한 마음을 집중심으로 바꾸고, 다시 집중심에서 통일심으로 들어간 다음에 방법을 내버릴 수 있습니다. 만일 방법을 사용할 때 마음속에서 한편으로는 방법을 쓰고 있고 한편으로는 아직 잡념이 일어난다는 것을 자각한다면, 이때는 바로 산란심을 집중심으로 바꾸어 가야 하는 단계에 있는 것이고 아직은 일심에 도달하지 못한 것입니다. 만일 도달한 뒤에 방법을 사용할 수 없고 그것을 잃어 버렸다면, 마음속에 어떤 생각도 없게 됩니다. 이때는 스스로에게 다른 방법을 주어도 됩니다. 이 한 생각을 타파하면 이 일심을 타파합니다. 이 마음 자체는 여전히 생각에 걸리기 때문에 아직은 생각이 있습니다. 이 한 생각을 다 털어 버리려면 반드시 다시 방법을 사용해야 합니다. 그래서 저는 여러분에게, 천천히 마음을 집중해 가다가 마지막에는 방법조차 모두 보이지 않게 되어 5분, 10분이 지난 뒤에, 비로소 화두를 참구하는 방법을 써서 의정을 일으키라고 권하는 것입니다. 의정이 일어난 뒤에도 그것을 잘 지켜가야만 그 의정을 타파할 수 있습니다.

여기 있는 여러분이 이미 알고 있는 것을 이야기하자면, 어떤 실패를 만나도 그것은 다 자연스러운 것이니 부단히 계속 노력하라는 것입니다. 곤란을 만났을 때는 느긋한 마음으로 대처해야 하며, 잡념을 만났을 때는 놓아 버리고 자연스럽게 그에 따라가야 합니다. 그러나 만일 진정으로 생각에 매이지 않고 반연하지 않는 수준에 도달하고 싶으면, 역시 노력하여 반연을 없애야 합니다. 노력하여 여러분의 방법을 사용하십시오. 예를 들어 (뜨개질로) 스웨터를 짤 때는 반드시 한 땀 한 땀 이어가야 하지 한 땀이라도 빠트리면 안 됩니다. 방법을 사용할 때도 그와 같습니다. 앞생각과 뒷생각 사이가 빈틈없이 이어져 어떤 잡념도 끼어들지 못하게 해야 합니다.

13. 육진六塵을 싫어하지 말라

정신을 피로하게 함은 좋지 않은데	不好勞神
왜 멀리하거나 가까이하는가?	何用疎親

「신심명」의 첫 구절에서 "지극한 도는 어렵지 않으니, 가리고 고르지만 않으면 되네."라고 합니다. 그 의미는 깨달음이 결코 어렵지 않지만, 사람 마음속에 많은 취함과 버림이 있는 것을 두려워할 뿐이라는 것입니다. 3조의 의도는 우리가 수행할 때 너무 따지거나 집착하지 말라는 것입니다. 따지고 집착하면 곧 수행의 정도에서 벗어난 것입니다.

어제 어떤 사람이 저에게 물었습니다. "수행하여 성불하지도 못한다면 왜 수행을 해야 합니까?" 석가모니 부처님 이래로 수행한다고 성불하는 것은 아니라고 말해 왔습니다. 6조 혜능 스님이 특히 그렇게 말했고, 지금까지 선종에서 이렇게 말하지 않은 사람이 없습니다. 그래서 "정신을 피로하게 함은 좋지 않다"는 의미는, 바깥을 향해 구하지 말고, 도처에서 깨달음을 찾거나 불도를 찾지 말라는 것입니다. 불도는 밖에 있지 않고 원래 드러나 있는데, 왜 굳이 고생하면서 찾습니까? 범부들로서는 어떤 번뇌를 발견하여 그 번뇌를 놓아 버리려 하고(마치 번뇌가 자기에게 존재하는 듯이), 어떤 불성을 믿으면서 그 불성을 찾아내고 싶어 합니다(마치 불성이 자기에게 존재하지 않는 듯이). 이런 식으로 한편으로는 내면을 향하여 번뇌를 놓아 버리려 하고, 한편으로는 밖에서 부처를 구하려고 들면 정말 힘든 노릇입니다.

속담에 "평소에 향을 사르지 않다가, 급하면 부처의 발을 끌어안는다"는 말이 있습니다. 이런 마음의 태도는 죽은 뒤 지옥에 떨어질 것을 두려워하여 부처님이 자신을 정토로 데려다주기를 다급히 구하는 것입니다. 이와 같이 두려워서 구하는 것은 모두 마음 밖에 있는 것들[心外之事]입니다. 사실 우리의 마음속에 천당도 있고 지옥도 있고, 부처도 있고 아귀餓鬼도 있습니다. 만일 우리가 탐심에서 자신이 부처님의 구제를 받아 정토에 왕생할 것을 바란다면, 실은 바로 이런 탐심 때문에 정토에 왕생하지 못하게 될 것입니다. 부처의 발을 끌어안고 있으면 정토에 왕생할 수 있다고 생각하는 것은 천일야화千一夜話 속의 신화나 다를 바 없습니다. 만일 부처님이 여러분에게 끌어안겨진다면 그것은 어떤 부처이겠느냐는 것입니다. 구경究竟의 정토는 일정한 장소가 없고, 진정한 부처에게는 아무 형상이 없습니다. 깨닫고 싶다면 절대로 탐심을 가지고 바깥을 향해 추구해서는 안 되고, 어떤 것을 싫어해서도 안 됩니다. 아무것도 싫어하는 것이 없고 좋아하여 추구하는 것도 없다면 어찌 편안하고 자재하지 않겠으며, 무슨 문제가 있겠습니까?

여기서 말하는 "가까이 함(親)"은 좋아함, "멀리함(疎)"은 좋아하지 않음을 가리킵니다. 좋아하는 것은 탐내어 구하고, 좋아하지 않는 것은 어떻게든 벗어나려고 합니다. 그 중에서 '시간'과 관련되는 요소는, 좋은 상황은 계속되기를 바라고 나쁜 상황은 다시 발생하지 않기를 바라는 것입니다. 가끔 저는 사람들이 좌선할 때 마치 바위같이 평온한 모습을 보는데, 오래도록 움직이지 않으면 향판으로 때려서 깨우게 됩니다. 한번은 대만에서 선칠을 하던 중, 어떤 사람이 한번 앉으면 몇 시간 동안 일어나지 않기를 연이어 몇 번이나 했습니다. 오전과 오후에도 그랬고 저녁까지 그랬습니다. 저녁이 되어 제가 향판으로 그를 때려 깨웠습니다. 처음 몇 번은 아무 반응이 없이 계속 좌선을 했는데, 다시 때리니까 저를 보면서도 여전히 반응이 없었습니다. 그가 여전히 잘 앉아 있기에 제가 다시 때렸습니다. 이번에는 그가 마침내 일어나더니 저에게 말했습니다. "스님, 제가 이렇게 잘 앉아 있는데 왜 저를 때리십니까?" 선수행은 우리에게 집착하지 말라고 가르칩니다. 만일 잘 앉아 있기 때문에 계속 앉아 있기로 하면 매번 이와 같이 아무 진보가 없고, 그가 도달하는 것도 선종의 정定이 아닙니다. 이런 사람은 거기 앉아 있으면 아주 편안하고 즐거운 느낌이어서, 그런 편안함과 즐거움에 집착합니다. 그래서 제가 때려서 그것을 없애준 것입니다.

일승으로 나아가고 싶다면 　　　　欲趣一乘
육진 경계를 싫어하지 말라. 　　　　勿惡六塵

"일승一乘"은 바로 최고의 도리, 즉 불도입니다. 불도를 깨치는 것과 부처가 되는 것은 다른데, 전자는 견성見性이고 후자는 성도聖道입니다. 어떤 사람이 바닷물이 어떤 맛인지 모른다 해도 조금 마셔 보기만 하면 압니다. 그러나 바닷물의 맛을 아는 것이 자기가 바닷물이 되는 것을 결코 대신하지는 않습니다. 깨침[開悟]과 성불의 관계도 이와 같습니다. 견성, 깨침 등은 바닷물을 조금 맛보는 것이고, 성불은 바로 바닷물이 되는 것입니다.

"육진六塵"은 현실의 환경을 가리킵니다. 이 두 구절의 의미는, 만약 불도에 도달하고 싶으면 현실의 환경을 싫어하지 말라는 것입니다. 일반인들은 환경의 영향을 받기 쉬워, 어떤 사태가 생기면 곧 동요됩니다. 뉴욕 시에서 선칠을 하면 처음 시작할 때 도로에 차들이 지나가는 소리가 또렷이 들려 마음속에 싫어하는 느낌이 들고, 건물 위층에서 사람들이 움직이고 인근에서 아이들이 놀고 울고 떠드는 소리도 지겨워, 어느 하나 싫지 않은 것이 없다고 할 수 있습니다. 그 원인은 방해 요인을 받아들이기 때문입니다. 사흘이 지나야 점점 차 소리, 아이들이 울고 떠드는 소리 등의 소음이 들리지 않게 됩니다.

제가 대각사에 있을 때 혼자 산중에 들어가 수행하는 사람을 알게 되었습니다. 그는 여름휴가 때 산에 쉬거나 놀러오는 사람들을 위해 마련해 놓은 작은 오두막에서 기거했습니다. 처음에는 도로변 오두막에 있었는데, 차를 몰고 시장 보러 가기가 편리했습니다. 그러나 도로변에 차가 너무 많아 시끄럽자, 안으로 계속 옮겨가 결국 차 소리가 들리지 않는 데로 갔습니다. 그러나 새소리가 아주 크게 들려, 할 수 없이 산중 수행을 포기했습니다. 나중에 그가 저에게 물었습니다. "스님, 스님께서는 (산중에서) 어떻게 수행하셨습니까?" 제가 대답했습니다. "저도 시끄러운 게 싫을 때가 있었지요. 새가 울 때는 귀를 틀어막으니 과연 새소리가 들리지 않았지만, 오히려 저 자신의 심장이 쿵쿵 울려 결국 전과 마찬가지로 수행을 할 수 없었습니다. 그러니 환경 속에 어떤 것이 있든 상관하지 말고 일심으로 방법에 몰두하십시오." 좌선할 때 이런 마음을 가지고 있다면, 설사 집에 불이 나고 비행기가 사고를 내어 우리 머리

위로 곤두박질친다 하더라도 그에 일체 상관하지 말아야 합니다. 이런 수준에는 도달해야 합니다. 어떤 사람은 묻겠지요. "만일 진짜로 불이 났다면 어떻게 합니까?" 지금 벌써 불날 것을 걱정한다면, 여러분이 좌선을 한들 어떻게 성공할 수 있겠습니까? 그러니 좌선하는 사람은 환경의 어떤 영향도 받지 않아야 합니다.

한번은 선칠을 하는데 어떤 사람의 옷이 매번 휘둘려져 옆자리 사람에게 스쳤습니다. 옆자리 사람은 3일 동안 자리를 바꿀까 생각했지만 스승이 책망할까 두려웠습니다. 3일이 지난 뒤에는 마음속으로 이렇게 생각했습니다. '나는 수행하러 왔다! 그의 옷이 휘둘린다는 것은 그가 좌선을 하기 위한 것이다. 그가 좌선하는 것은 나와 전혀 관계가 없다.' 이와 같이 환경에 영향을 받지 않는 마음 자세로 수행하면, 염불이든 좌선이든 어떤 방법이든 모두 좋은 결과가 나올 수 있습니다.

14. 지혜로운 이는 함이 없다

육진 경계를 싫어하지 않으면	六塵不惡
바른 깨달음과 하나가 되리.	還同正覺

'육진'은 우리의 환경(경계)을 가리킵니다. 수행인은 환경을 탐애貪愛하지도 않고 그것을 기피하지도 않습니다. 환경을 즐길 때는 수행에 생각이 미치지 않을 것이고, 환경을 기피할 때는 수행을 한다 하더라도 득력하지 못합니다. 우리의 환경에는 큰 것이 있고, 중간 것이 있고, 작은 것이 있습니다. 불법의 관점에서 말하자면 환경은 마음, 몸, 세계인데 하나가 다른 하나보다 큽니다. 선당에 들어간 첫째 날 제가 여러분에게

말씀드렸습니다. 선당 이외의 모든 상황을 잊어버리고, 전화는 하지도 말고 받지도 말며, 과거와 미래를 생각하지 말라고 말입니다. 만약 여러분이 선당 이외의 큰 환경, 예컨대 돈, 남자 친구나 여자 친구, 사업 등에 대해 좋아하거나 싫어하면서 계속 생각하고 잊지 못하면, 모두 선칠에 들어와서는 안 됩니다. 예전에 어떤 사람은 다음 주에 결혼하기로 되어 있었는데 그 기회를 이용하여 선칠에 들어오고 싶어 했습니다. 저는 그를 오지 못하게 했습니다. 또 어떤 사람은 갓 결혼하고 나서 선칠에 들어오고 싶어 했는데, 그 역시 제가 오지 못하게 했습니다. 어떤 두 사람은 여자 친구가 변심한 뒤에 선칠에 참가하겠다고 했습니다. 저는 한 사람만 참가하는 것을 허락했습니다. 거절당한 사람은 여자 친구를 사랑하기도 하고 원망하기도 했습니다. 참가 허락을 얻은 사람은 세상이 본래 그런 것이고, 여자친구가 지금 가지 않아도 죽고 나면 갈 것이며, 슬픈 것은 슬픈 것이라고 생각하여 오히려 별로 큰 집착이 없었습니다. 어떤 사람이 많은 돈을 손해보고 나서 실망과 고통 속에서 지내다가, 선칠에 참가하여 마음을 가라앉혀야겠다고 생각했습니다. 저는 그들에게 매일 어느 정도 시간을 내어 좌선을 하면 되지 선칠에 참가할 필요는 없다고 했습니다. 왜냐하면 바깥의 환경에 대해 강렬한 애착이나 원망을 가지고 있으면, 그것은 모두 큰 장애요 집착이어서 수행을 할 수 없기 때문입니다.

따라서 우리가 여기 온 뒤에는 바깥 세계를 잊어버려야 합니다. 그러면 선당 내에서는 어떻습니까? 특히 처음 참가했거나 처음 새로운 곳에 와서 선칠을 하는 사람들은 어떤 신기한 느낌이 있어서, 다른 사람들이 어떻게 하는지 보고 싶어 합니다. 그런 일들에 신경을 쓴다면 여러분이 수행을 제대로 할 수 있겠습니까? 어떤 사람은 스승의 이야기에 집착하고 스승의 몸에도 집착하여, 늘 스승이 한 이야기를 생각하고 스승의 동작에 주의합니다. 저는 종종 사람들이 이렇게 이야기하는 것을 듣습니다. "스님, 저는 지금 다른 어떤 망상도 없고, 모두 스님에 대한 망상입니다. 스님께서 말씀하신 그 많은 말씀, 그것이 저절로 떠오릅니다." 그것은 여러분이 이미 와 있는 선당 안에서 한 약간의 이야기인데, 역시 자기 바깥의 이야기입니다.

다시 안으로 범위를 축소하여 몸으로 가면 보통 두 가지가 있을 수 있습니다. 그 하나는 불편함이고 다른 하나는 편안함입니다. 몸을 잊어버리기란 역시 간단하지 않습니다. 그래서 좌선할 때 우리는 늘 자신의 몸을 놓아버리지 못해, 다리가 아프고 등이 아프고 머리가 아프거나, 여기가 쑤시고 저기가 가렵지 않으면 피로하거나 혼침이 옵니다. 다른 한 가지는 앉아 있으면 편안하여 일어나고 싶지 않은 것입니다. 사실, 앉아 있는 것이 편안하다면 그 속에 빠지지 마십시오. 앉아 있는 것이 고통스럽다면 몸이 이제 죽었다 하십시오. 그래야 비로소 더 진보하여 마음속으로 들어갑니다. 예를 들어 어떤 사람이 감기에 걸렸는데, 크게 걱정할 것은 없다고 생각하면 괴로움과 아픔에 상관하지 않게 됩니다. 여기 앉아서 바위인 것처럼 하고 죽은 사람인 것처럼 하면 그의 감기가 빨리 나을 것입니다. 온 몸에 땀을 흠뻑 내고 나면 문제가 다 해결될 것임을 제가 보증합니다. 그러나 결의가 굳건하고, 죽음을 두려워하지 않고, 통증을 겁내지 않아야 합니다.

다시 안으로 들어가 우리의 마음에 대하여 말하겠습니다. 마음의 경계 중 하나는 방법을 가리키고 하나는 망상을 가리키는데, 모두 육진과 관계됩니다. 『원각경』에서 말하기를, "육진의 환경 그림자가 자기 마음의 상이 된다(六塵緣影 爲自心相)"고 합니다. 그 의미는, 환경의 그림자가 바로 우리의 마음이고, 마음의 활동이 곧 환경의 그림자라는 것입니다. 그것을 잃어버린 뒤에야 비로소 "바른 깨달음과 하나가 된다"는 것입니다. 망상妄想·망심妄心이 없어졌을 때, 그것이 곧 바른 깨달음의 마음, 부처의 지혜, 즉 깨달음입니다.

위에서 이야기한 3가지 수준의 환경은 실은 육진일 뿐입니다. 육진 외에는 아무것도 없고, 마음조차도 육진의 그림자에 불과합니다. 그래서 육진을 잃어버리고 나면 아무것도 없게 됩니다.

지금 막 이야기한 세 가지 환경은 4개 등급으로 나누어집니다. 선당 바깥의 세계, 선당 안의 세계, 우리의 몸, 우리의 마음입니다. 지금 여러분은 몇 가지나 떨쳐버릴 수 있습니까? 어디다가 떨쳐버립니까? 이 수준을 알고 난 다음에는 최대한 안으로 범위를 축소해 나가, 최후에는 자기 마음속의 그림자도 떨쳐내십시오. 지금 방법을 떨쳐내지 못한다면 최소한 그 나머지는 다 떨쳐버려야 합니다. 제가 말했지만, 먼저 자기와 외부 환경을 고립시키고, 다시 자신의 몸을 고립시키고, 한 걸음 더 나아가 마음을 고립시켜야 합니다. 그러면 마지막으로는 마음조차도 없어집니다.

지혜로운 자는 행위함이 없으나	智者無爲
어리석은 자는 스스로 속박되네.	愚人自縛

깨달은 사람은 할 일이 없습니다. 아둔하고 어리석은 사람들만이 일이 없으면 일을 찾고, 일념으로 근심하면서 해탈하려고 하지만 그 결과는 오히려 자신을 더 단단히 묶는 것입니다. 무엇으로 자기를 묶게 됩니까? 위험한 곳에서 안전한 곳으로, 부자유에서 해탈로, 질병에서 건강으로 가기를 바라는 이런 것들은 모두 어리석은 사람이 자신을 속박하는 예입니다. '제행무상諸行無常'이라고, 세간에는 본시 참으로 평안한 곳이 없습니다.

[한번은 제가 승려인 줄 모르는 한 보험 판매원이 저에게 접근하더니 이렇게 말했습니다. "저희 보험은 아주 좋습니다. 당신께 무슨 일이 일어나도 당신의 부인과 자녀들을 보살펴줄 것입니다." 제가 물었습니다. "나에게 처자식이 없다면 어떻게 합니까?" 그러자 그는 할 말이 없었습니다. 그는 제가 죽음에 대해 아무 걱정이 없다는 것을 알았습니다. 제가 아는 한 스님은 실제로 보험에 들었습니다. 제가 그에게 물었습니다. "왜 그런 것을 하시오?" 그가 말했습니다. "제가 죽고 나면 저의 장례식과 매장에 드는 돈이 나올 것입니다." 제가 말했습니다. "승려는 어떻든 매장될 거라고 생각하지 않으시오? 설사 그렇지 않다 하더라도 결국 구더기가 시체를 분해해 줄 것이오."]

그러니 수행인은 무엇보다도 자신의 안위를 생각하면 안 됩니다. 산중의 사람 없는 곳에서 수행하면 독사나 야수도 있을 수 있고 때에 따라서는 생명의 위협을 느낄 수도 있지만, 수행하는 사람은 두려워해서는 안 됩니다. 그렇지 않으면 산속에 머무를 수 없습니다. 선칠을 할 때는 크게 한 번 죽는다[大死一番]는 마음을 가져야 합니다. 만일 안전 문제를 고려한다면 선칠에 참가하지 않는 것이 좋습니다. 그 다음으로 자유를 이야기하자면, 미국은 당연히 전 세계에서 가장 자유로운 나라로 생각되지만, 많은 동양인들은 미국에 온 이후로 미국이 불평등하고, 부자유하다고 불평합니다. 미국 사회에는 불평등, 부자유한 곳이 많습니다. 그래서 지금까지도 갖가지 운동이 벌어지고 있습니다. 저는 일찍이 그런 사람들에게 이렇게 말했습니다. "여러분은 아직 천당에 가지 않았는데, 천당에 도착하면 여러분은 하느님에게도 그와 공평하게 해 달라고 요구할까 두렵습니다. 미국에서도 불평이 이렇게 많으니, 천당에 올라가거나 극락세계에 왕생한 뒤에도 역시 불평이 많겠지요"라고 말입니다. 그래서 수행인이 자신을 위하여 아무것도 바라지 않고, 아무것도 불평하지 않기만 하면 자유를 얻을 수 있습니다. 어리석은 사람은 이것이 있어야겠다, 저것이 있어야겠다 하고 자신이 어떤 보장을 얻기를 바라지만, 그 결과는 오히려 모두 그의 부담이 되고 업장이 됩니다. 수행인이 이것도 구하지 않고 저것도 구하지 않으면서 느긋하고 자유롭게 나날을 보낼 때, 그것이 비로소 지혜 있는 사람이라 하겠습니다.

그래서 저는 늘 선칠 참가자들에게, 아무것도 가지고 돌아가기를 기대하지 말고 오히려 많은 것을 놓아 버리고 가야 한다고 권합니다. 마음속에 있는 것들을 놓아버리는 것이 많으면 많을수록 집착은 적어지고, 선칠의 성과도 더 좋습니다. 무엇을 배워 그것을 쓰고 나면 그것이 이미 자신의 일부로 변했으니 이내 놓아 버릴 수 있습니다. 쓸데없는 것은 가지고 다닐 필요가 없습니다. 그렇지 않으면 부담과 성가신 것만 헛되이 늘어납니다.

15. 한 법이 다른 법과 다르지 않다

　　한 법이 다른 법과 다르지 않거늘　　　　法無異法
　　미혹된 마음으로 스스로 애착하네.　　　　妄自愛着

상대물(相對)이 없는 것을 일러 '법法'이라고 합니다. 만약 '유'를 말하면 곧 '무'와 상대가 되고, '좋음'을 말하면 '나쁨'과 상대가 됩니다. 서양의 철학과 종교들은 모두 이것으로부터 추구하여 저것에 이르고, 좋은 것에서 나쁜 것을 보고 나쁜 것에서 좋은 것을 보며, 유한에서 추구하여 무한에 이르는 것을 이야기하는데, 이런 것들은 모두 문제가 있습니다. 불법은 상대적인 것을 이야기하지 않고, 또한 절대적인 것도 이야기하지 않습니다. 즉, 사람들에게 집착하지도 말고 부정하지도 말라고 가르칩니다. 그래서 "한 법이 다른 법과 다르지 않다"고 했습니다.

수행으로 말하면, 만일 "내가 그이고 그가 나이다"라고 하면 틀린 것입니다. 왜 그렇습니까? 일반 종교나 철학으로 말하면 이런 이야기도 이해하기 쉽지 않지만, 선과 불법에서 이야기하자면 여전히 틀린 것입니다. 왜냐하면 아직도 거기에 사물이 있기 때문입니다. 그래서 수행은 산란심에서 집중심에 이르고, 집중심이 통일심으로 되는 것입니다. 통일은 먼저 자기 심신의 통일이고, 그 다음은 내외의 통일이며, 그런 연후에는 앞생각과 뒷생각의 통일심만이 있습니다. 최후에는 통일심마저 놓아 버릴 때가 바로 무심의 깨달음 경계입니다.

어떤 사람들은 심신의 통일을 체험하게 되면 이미 심신의 대립이 없기 때문에 이것이 일체의 부담을 놓아 버린 깨달음 경계라고 생각하지만, 실은 아직 멀었습니다. 내외 통일의 체험을 얻고 나서는 정말 쉽지 않았다고 느끼는데, 그의 체험 속에는 "산하대지가 바로 나고, 내가 바로 산하대지다."가 있습니다. 이런 경계는 개인의 소아小我가 변하여 전체의 대아大我가 된 것일 뿐 아직은 무아가 아닙니다. 이런 사람은 결코 해탈한 것이 아니고, 때에 따라 번뇌가 여전히 생겨날 것입니다. 내외 통일의 그 다음 한 걸음은 바로 심념心念의 통일입니다. 즉, 한 생각 위에 멈추어 있어 앞뒤의 생각이 없습니다. 이때는 내외도 없고 심신도 없지만, 이것도 아직은 선종의 깨달음 경계가 아닙니다.

"한 법이 다른 법과 다르지 않다"는 것은 바로 마음 밖에서 법을 구하지 말고, 마음 안에서도 법을 구하지 말라는 것입니다. 왜냐하면 마음 밖이나 마음 안에는 법이 없기 때문입니다. 법이 있다는 것은 집착이 있다는 것입니다. 하나가 있으면 반드시 다른 것이 있게 마련이기 때문입니다. 많은 사람들은 견성성불 해야겠다고, 불성은 우리의 내면에 있다고 생각하는데, 그것이 틀렸습니다! 만일 어떤 불성이 그곳에 있다고 말하면 그것은 필시 불성을 본 것이 아닙니다.

많은 사람들은 깨닫고 나면 틀림없이 뭔가를 보게 될 거라고 생각합니다. 제가 여러분에게 말씀드릴 수 있는 것은, 깨닫고 난 뒤에는 아무 것도 보이지 않는다는 것입니다. 만일 보는 바가 있다면 그것은 틀림없이 문제가 있는 것입니다! 불성은 본래 공성空性인데, 어떻게 그것을 봅니까? 집착하지 않고 추구하지 않아야 비로소 공성을 체험할 수 있습니다. 그리고 깨달음이란 바로 공성을 체험하는 것입니다. 집착하는 바가 있다면 어떻게 공성을 체험하겠습니까?『금강경』에서 말하기를 "법의 형상이 없고 법의 형상이 아님도 없다(無法相 亦無非法相)"고 하여, 우리로 하여금 법의 형상과 법의 형상 아닌 것에 집착하지 말라고 합니다. 왜냐하면 유有에 집착하는 것과 무無에 집착하는 것이 모두 잘못이기 때문입니다. 물론 수행을 해 보기 전이나 수행을 시작하기 전에는 "나는 불성이 있고 성불할 수 있다"고 말하는 것이 맞지만, 수행을 하고 있을 때는 유나 무에 집착하면 안 됩니다.

| 마음으로써 마음을 닦으려 하니 | 將心用心 |
| 어찌 크게 잘못하는 일이 아니리오? | 豈非大錯 |

"마음으로써 마음을 닦는다"는 것은 수행을 시작할 때 반드시 사용해야 하는 방법, 즉 마음을 이용하는 것입니다. 앞의 망심을 이용하여 뒤의 망심에 대처하고, 한 망심을 이용하여 아직 생겨나지 않은 더 많은 망심을 줄이는 것, 즉 망심을 이용하여 망심을 대치對治하는 것입니다. 방법을 쓰지 않으면 망심을 벗어날 수 없기 때문에 방법을 써야 합니다. 비록 이 방법 자체도 망심이기는 하지만, 산란한 망심들이 일어나는 것

에 비하면 훨씬 좋습니다. 초기 선종 혹은 진정한 선 수행은 방법을 쓰지 않는 것인데, 방법이 없는 것이 가장 좋은 방법입니다. 거기 앉아서 마음 속에 아무것도 생각하지 말고, 또한 자기가 생각하지 않고 있다는 것을 명료하게 아십시오. 어떤 생각이 출현할 때는 이내 생각이 없는 상태로 다시 돌아가십시오. 만일 한두 좌선 시간 동안이라도 이런 마음 자세와 상태에 이를 수 있다면, 제가 오늘 오후에 여러분에게 어디서 왔느냐고 물을 때 아마 한 마디 대답을 할 수 있을 것입니다. 만일 제가 물을 때 여러분의 머리가 여러 바퀴 돌아가 '나는 어떻게 대답해야 하나?' 하고 궁리하면서 저에게 어떻게 대답하려고 하면, 그 대답한 말이 아무 쓸모가 없습니다. 예를 들어 제가 갑甲에게 "당신의 이름은 무엇입니까?" 하고 물으면, 그 사람은 "모르겠습니다." 하고 대답합니다. 제가 또 을乙에게 같은 질문을 합니다. 그런데 을이 대답할 때는 마음속으로 갑이 방금 대답한 질문을 생각하는데, 그러면 틀린 것입니다. 왜냐하면 을이 갑만 생각하여 자신이 을인 것은 생각하지 않고 오히려 갑을 위해 대답하거나, 아니면 '나는 어떻게 대답해야 하나' 하고 잠시 생각한 뒤에 대답하면 그 역시 틀린 것이기 때문입니다. 이때 마음속에 상대적인 것이 존재하지 않고 오직 하나의 곧은 마음, 하나의 평탄하고 곧은 마음만이 있어 또렷하고 명료하다면, 이것은 흔히 말하는 직관과는 다릅니다. 직관은 틀리는 경우가 많습니다.

그래서 "마음으로써 마음을 닦으려고 하니, 어찌 크게 잘못하는 일이 아니리오."라는 것은, 마음을 사용하지 않고 방법을 사용하지 않는 것을 말합니다. 사실 여러분에게는 마음을 사용할 수 있는 것도 괜찮습니다. 왜냐하면 과거의 선사들은 가진 것이 시간이어서 10년, 20년 줄기차게 앉을 수 있었지만, 여러분은 시간이 한정되어 있어 낮에는 출근하여 일을 하고 귀가하면 가정을 보살펴야 합니다. 옛날 선사들처럼 방법을 쓰지 않고 줄기차게 앉을 수 있는 방도가 사실상 없기 때문에, 역시 방법을 쓰는 것이 좋습니다. 그러나 여전히 방법을 쓸 수 있고 마음이 아직도 방법을 필요로 한다면, 그것은 참으로 참선을 하고 있는 것은 아니라는 것을 분명히 알아야 합니다.

미혹된 마음이 고요함과 혼란을 낳으나　　迷生寂亂
깨달음에는 좋아함도 싫어함도 없다네.　　悟無好惡

『육조단경』에서 말하기를, "자성을 깨달으면 중생이 곧 부처요, 자성을 모르고 미혹되어 있으면 부처가 곧 중생이다."라고 했습니다. '미혹됨(迷)'과 '깨달음(悟)'은 상대적입니다. 미혹된 자, 아직 깨닫지 못한 사람들로 말하자면 적정과 산란의 분별이 있고, 그래서 산란은 제거할 수 있고 열반은 추구할 수 있다고 생각합니다. 그러나 깨달은 자로 말하자면 좋아하고 싫어하는 것이 없고, 제거할 수 있는 산란함도 없고 구할 수 있는 열반도 없습니다.

어떤 사람은 '적정함(寂)'은 곧 움직이지 않는 것이고, 아무 소리도 없고 아무 현상도 아무 반응도 없는 것이라고 오해하는데, 이것은 잘못입니다. 『육조단경』에서 말하기를, "불법은 세간에 있으니 세간을 떠나지 않고 깨달으라. 세상을 떠나서 보리菩提를 찾는 것은 토끼의 뿔을 찾는 것과 같다."고 합니다. 따라서 번잡한 세간을 떠나 적정을 구하는 것은 나무에서 고기를 구하는 것[緣木求魚]과 같습니다. 진정한 수행인은 혼란을 기피하지 않고, 반드시 깊은 산에 들어가 수행하지도 않습니다. 과거의 선종 조사들은 산중에서 수행한 경우가 많지만, 그것은 그들의 절이 산속에 있었고, 그들이 손수 경작하여 밥을 먹었기 때문입니다. 그러나 어떤 선사들은 결코 산속으로 들어가지 않고 도시에서 멀리 떨어지지 않은 곳에 있었습니다.

　미혹되어 있을 때는 고요한 곳에서 수행하기를 좋아하지만, 깨달았을 때는 조용한 것을 좋아하고 시끄러운 것을 싫어한다고 할 것이 없습니다. 시절인연을 보아 어디든지 있을 수 있으면 있고, 시끌벅적한 곳이라고 싫어하여 떠나지 않으며, 혼자 있어도 적막해하지 않습니다. 이것이 바로 무분별심입니다.

제4차 선칠[1985. 6. 28~7.3]

16. 꿈, 환상, 허공의 꽃

모든 것의 두 가지 상대성은　　　　　　一切二邊
허망한 분별에서 비롯된다네.　　　　　　妄自斟酌

"두 가지 상대성", 곧 이변二邊이 무엇입니까? 좋고 나쁨이 이변이고, 너·나가 이변입니다. 중생과 부처, 번뇌와 보리가 이변입니다. 나아가 『육조단경』에서 드는 36가지 상대물도 모두 이변입니다. 일반인들은 모두 자기가 지혜로운 사람이기를 바라지 어리석은 사람이기를 바라지는 않습니다. 그래서 기를 쓰고 지혜를 추구합니다. 수행의 입장에서 이야기하자면, 지혜를 추구하고 어리석음을 싫어하는 것은 모두 수행자가 가질 태도는 아닙니다. 스스로 지혜가 있다고 여기는 것은 교만이고, 스스로 어리석다고 여기는 것은 자기비하입니다.

대혜종고 스님이 어떤 선사를 대신하여 재상을 만나러 갔습니다. 재상이 물었습니다. "젊은 스님이 이렇게 대선사 계신 곳에서 오신 걸 보니, 틀림없이 그곳에서 뭔가를 얻으셨나 보군요?" 대혜종고가 대답했습니다. "만일 제가 뭔가를 얻었다면 여기 오지를 못했을 겁니다." 사실 대혜종고는 대선사의 문하에서 아주 우수한 선 수행자였습니다. 나이는 고작 20여 세로 아직은 남의 스승이 아니었지만, 이미 스승을 대신하여 재상을 만나러 갔던 것입니다. 그러면 대혜종고는 아무것도 얻지 못했습니까? 아니면 참으로 무엇을 얻은 것입니까?

우리는 매일 조석예불 때 『심경』(『반야심경』)을 외는데, 그 중에 '무지역무득無智亦無得'이라는 구절이 있습니다. 어제 제가 여러분에게 말했습니다. 여러분이 이번에 수행하러 온 것은 깨닫기 위해서가 아니라고 말입니다. 여기에는 여러분을 깨닫게 해 줄 것이 없고, 여러분이 무엇을 얻게 해 줄 것이 없습니다. 어떤 사람은 선칠에 한 번 참가하여 곧 애벌레에서 나비로 변하기를 바라는데, 사실 그런 마음 자세와 기대를 가지면 안 됩니다. 그것은 한편으로는 얻기를 바라면서 한편으로는 잃어버리는 것이고, 모두 망상 속에 있습니다. 그러면 수행이 큰 장애를 받게 될 것입니다.

저는 선칠 중에 늘 몇 가지 방법과 수단을 사용합니다. 저는 사람을 꾸짖고, 어떤 사람을 쓸모없다거나, 장래성이 없다거나, 가장 나쁜 녀석이라고 말하기도 할 것입니다. 여러분은 이런 이야기를 마음속에 담아 두고 말없이 받아들인 다음, 스승이 꾸짖은 대로 아마 그런가 보다고 생각할지 모릅니다. 또한 그것을 받아들이기 어렵다고 느끼면서, 마음속으로 왜 스승이 나를 멸시하나 하고 생각할지도 모릅니다. 어쨌거나 이 두 가지 반응 모두 맞지 않습니다. 수행 기간에는 자존심과 열등감을 놓아 버려야 합니다. 여러분을 꾸짖어도 고통스러워하지 말고, 반항하지도 마십시오. 여러분을 칭찬해도 기뻐할 필요가 없습니다. 질책하든 칭찬하든 아랑곳하지 말고, 좋다거나 나쁘다고 생각하지도 마십시오. 그러나 때리고 욕하는 것을 참을 수 없는 사람은 제가 가서 때리거나 욕하지 않을 것입니다. 어떤 사람은 갓 싹이 튼 콩나물과 같아서 잘 보호해야지 몰아붙일 수 없습니다. 이미 성숙한 사람들은 별 관계가 없고 세게 몰아붙일수록 좋습니다. 그러나 선禪은 정해진 법이 없어, 어떤 사람은 한 번 왔어도 제가 아무 거리낌 없는 방법·수단·태도를 사용하고, 어떤 사람은 여러 번 저와 함께 했어도 제가 여전히 밝고 환한 표정으로 대합니다.

여러분이 수행하는 과정 중일 때는 자기가 무엇을 추구하러 왔다고 생각하지 말고, 무엇을 좋아하거나 무엇을 싫어하지 마십시오. 그런 것은 모두 상관하지 말고 오로지 방법에만 전념하십시오. 이것이 가장 좋은 태도입니다. 그렇지 않으면 번뇌만 생겨날 것입니다.

예를 들어 오래 앉으면 다리가 아프고 허리도 아프겠지만, 그런 것을 싫어하지 마십시오. 싫어하면 결과적으로 통증만 더 심해질 것입니다. 또 졸음이 온다고 해서 원망하지 마십시오. 졸음을 원망하면 할수록 졸음은 더 심해집니다. 왜냐하면 여러분이 에너지를 더 많이 소모하여 더 피로해지기 때문입니다. 그러니 그저 그런 것에는 상관하지 말고 일심으로 방법을 사용하십시오.

꿈, 환상, 허공의 꽃인데　　　　　　　　　夢幻空華
굳이 왜 붙잡으려 애쓰는가?　　　　　　　何勞把捉

우리의 눈앞에서 일어나는 어떤 상황도 모두 꿈과 같고 환幻과 같으며, 공중의 꽃과 같습니다. 허공에는 꽃이 있을 수 없는데 허공을 볼 때 꽃이 보인다면 틀림없이 눈에 문제가 있는 것입니다. 저의 눈은 30여 세 때부터 허공에서 꽃을 보기 시작했는데, 이것을 비문증飛蚊症이라고 합니다. 지금도 여전히 그런데, 이것은 눈에 문제가 있는 것이므로 저는 상관하지 않습니다. 만일 거기에 신경을 쓰면 쓸수록 꽃이 더 많이 보일 테니 말입니다. 무릇 일어나는 일들을 여러분은 참된 것이라고 생각합니까, 아니면 거짓된 것이라고 생각합니까? 사실 어떤 참된 상황이 일어난다 하더라도 그것은 일시적인 것일 뿐 영구적인 것이 아닙니다. 최근 어떤 보도를 보니까, 미국의 한 우주회사는 죽은 사람을 우주로 발사하여 3만 6천 년 동안 회전하게 할 수 있다고 합니다. 이것은 정말 긴 시간이지요! 그러나 3만 6천 년이 지난 뒤에는 없어질 테니 결국에는 없습니다. 지구도 언젠가는 없어질 것이고, 인류 역사도 마찬가지입니다. 그러니 그런 것이 참된 것이겠습니까? 우리가 태어나서 죽어 없어질 때까지는 그리 많은 세월이 아니고, 그 동안에 일어나는 일도 그리 많지 않습니다. 그리고 죽고 난 뒤에는 이런 일들도 다 없어집니다. 그러니 모두 참된 것은 아닙니다. '참된 것을 구한다'는 이런 관념은 모두 망상입니다. 그래서 과거에 선사들이 깨달아 대오하고 나서 어떤 사람들이 "선이 무엇입니까?" "무엇을 깨달았습니까?" "궁극적으로 무엇을 얻었습니까?" 하고 물으면, 선사들의 대답은 모두 이상하게도 "삼 서 근麻三斤이다," "내 이 옷이 좀 무겁구나" 하는 식이었습니다. 왜 그들은 "아, 나는 이미 대철대오大徹大悟했다. 성불했다. 나는 불도가 무엇인지 안다!"라고 대답하지 않습니까? 왜냐하면 그런 대단한 견해는 모두 망상이기 때문입니다. 한번은 선칠을 하는 도중 어떤 사람이 소소한 체험을 했습니다. 제가 그에게 물었습니다. "오늘은 느낌이 어떤가요?" 그가 말했습니다. "아, 오늘은 밥이 정말 맛있습니다."

어쩌면 여러분은 결국 아무 것도 얻는 것이 없다면 수행은 해서 뭐하나 하고 회의할지도 모르겠습니다. 문제는, 수행이 없고 깨달음이 없으면 자신이 추구하는 일과 지금의 생활 등이 모두 허망하다는 것을 모른다는 것입니다. 얼마간의 체험이나 깨달음이 있는 사람은 생활이 허망한 것이고 거짓된 것이며, 추구하는 모든 것이 허망한 것이고 거짓된 것임을 압니다. 깨달음이란 바로 무엇이 허망한 것이고 거짓된 것인지를 분명하게 아는 것입니다.

여러분이 들은 이 모든 이야기는 다 거짓된 것이고, 모두 허망합니다. 그것들을 참으로 허망하다고 볼 수 있습니까, 없습니까? 그렇게 보기가 불가능하지요! 왜냐하면 여러분이 여전히 집착하기 때문입니다. 만일 제가 지금 갑자기 어떤 사람을 질책하면 그는 이상하다고 느낄 것입니다. 왜 스승이 오늘은 특별히 그를 질책합니까? 수행은 바로 우리로 하여금 집착하지 않고, '자기'를 놓아 버리게 합니다. 자기가 없어진 뒤의 수행이 바로 수행이며, 자기가 수행을 해야겠다고 해서 하는 것은 수행이 아닙니다.

> 얻고 잃음과 옳고 그름을   得失是非
> 일시에 놓아 버리라.   一時放却

이 두 구절은 이해하기 쉽습니다. 즉, 득실과 시비를 놓아 버려야 한다는 것입니다. 하루 종일 좌선을 하고 나면 어떤 사람은 온몸이 쑤시고, 어떤 사람은 아주 좋은 체험을 하여 그것이 다시 오기를 바랍니다. 또 어떤 사람은 여기 있는 것이 시간과 삶의 낭비이며, 돌아가서 어떤 '의미 있는 일'을 하는 것만 못하다고 느낍니다. 이런 마음 자세가 생겨나기는 아주 쉬운데, 보통 몇 시간 앉고 나서 느낌이 좋지 않으면 이런 생각을 일으키는 경우가 많습니다. 이런 생각을 그대로 내버려두면 중도에 떠나고 싶어질 것입니다. 이런 것은 모두 망상이니 즉시 놓아 버리십시오.

눈이 잠들지 않으면 　　　　　　　　眼若不眠
모든 꿈이 저절로 사라지고 　　　　　諸夢自除

　여기서 문면상으로 이야기하는 것은 만약 눈이 잠들지 않으면 모든 꿈이 자연히 없어질 거라는 것입니다. 여기서 '눈'이 잠든다는 것은 자기가 하고 있는 일에 주의하지 않는 것, 명료히 자각하지 못하는 것을 비유합니다. '꿈'은 곧 어지러운 생각입니다. 분별심을 가지고 있으면서 놓아 버리지 않는 것입니다. 잠의 꿈속에서 나타나는 것은 왕왕 우리의 과거 경험, 미래의 기대, 상상과 관계가 있습니다. 어떤 꿈은 명료하지 못한 어지러운 꿈인데, 결국에는 과거 아니면 미래의 것이고 분명하지 않습니다. 좌선할 때 만일 주의력이 방법에서 벗어나 있으면 그것은 꿈을 꾸는 것과 마찬가지이며, 망상을 일으키게 될 것입니다. 망상은 과거의 경험이나 미래의 기대와 관계가 있습니다. 즉, 지금 사용하고 있는 방법과 무관합니다. 많은 사람들은 방법상에서 정진할 줄을 모릅니다. 정진할 때도 매일 일정 시간은 휴식해야겠다고 생각하거나 아니면 몇 십분 앉고 나서 긴장을 풀면 방법도 한 동안 휴식하는데, 이것은 잘못입니다. 정진은 타이어에 바람을 넣는 것과 같습니다. 휴식은 이완하는 것이고 충전하는 것이라고 생각하지 마십시오. 실은 그것은 바람이 빠지고 있는 것입니다. 그러면 어떻게 정진해야 합니까? 정진할 줄 모르는 사람은 체력을 쓰고, 그래서 쉽게 지칩니다. 정진할 줄 아는 사람은 체력을 쓰지 않고, 가볍게 자기가 무엇을 하고 있는지를 압니다. 그래서 충전하고 있습니다. 그러나 이것은 결코 단번에 이룰 수 있는 일이 아니고, 한 번 한 번 부단히 연습해야 하는 것입니다. 스스로 일체의 사물을 놓아 버리고 방법상에서도 가볍게 정진해야 하며, 이렇게 계속 유지해 나가면 좌선할 때뿐만 아니라 밥을 먹을 때, 일을 할 때, 길을 걸을 때

등, 어느 한 순간도 방법상에 있지 않는 때가 없게 됩니다. 이와 같이 할 수 있으면 꿈과 망상이 없을 것임을 제가 보증합니다. 그리고 방법상에 전념할 때 자신이 방법이 있는 줄 모른다 할지라도, 실제로는 방법을 떠나지 않고 있습니다.

지금 일반인들은 한 동안 수행하고 난 뒤에 잠시 여행을 떠나거나 기분전환을 합니다. 이런 자세로 수행하는 것은 타이어에 바람을 넣고 나서 도로 바람이 빠지게 하는 것과 같아서, 수행이 어느 정도까지는 이를 수 있지만 더 이상은 진보할 수 없습니다. 다만 이제까지 전혀 바람을 넣지 않은 것보다는 낫겠지요. 그래서 오늘날 미국에서 선의 방법으로 수행하여 큰 성취를 이룬 사람은 아주 드물다고 할 수 있습니다. 이 또한 어쩔 수 없는 일인데, 생활을 해야 하기 때문이지요!

17. 만법이 일여하다

마음이 분별하지 않으면	心若不異
만법이 일여하리.	萬法一如
일여함의 본체는 깊으니	一如體玄
부동인 가운데 연緣들을 잊네.	兀爾忘緣

이 몇 구절은, 마음에 분별이 없으면 일체의 사물을 볼 때 모두 똑같다는 것을 말합니다. 만일 일체의 사물이 모두 똑같다면 그 근본은 현묘하고 심오한 것이고, 이때 자연스럽게 반연심攀緣心(경계를 대상으로 삼아 일어나는 망념)도 없습니다.

어제 제가 정진이 잘 될 때는 자신의 방법이 보이지 않는다고 했더니 오늘 소참 때 어떤 사람이 저에게 묻기를, 그것은 일부러 보지 않는 것입니까 아니면 자연히 보이지 않는 것입니까 했습니다. 방법이 보이지 않는 데는 두 가지가 있을 수 있습니다. 하나는 사람이 지치고 마음의 힘이 부족하여 하나의 공백상태가 되거나 흐리멍덩한 것인데, 이럴 때 본인은 망상이 없다고 생각하지만 실은 이것은 정진하고 있는 것이 아닙니다. 또 하나는 정진하다가 방법을 쓸 수 없는 상태가 되는 것인데, 이때는 의식이 여전히 명료합니다. 예를 들면 수식을 할 때는 숫자가 없어지고, 진언 염송[念呪]을 할 때는 진언이 없어지고, 화두를 참구할 때는 화두가 없어져 버렸는데도 자신은 여전히 명료하고 또렷하게 자각하고 있는 것입니다. 이럴 때의 마음은 아직 분별을 하고 있을 수 있습니다. 분별이 없는 상태, 즉 "마음이 분별하지 않으면"의 수준에 이르게 되면 몸도 마음도 없고 안도 밖도 없어 일체의 사물이 모두 똑같고, 몸과 마음, 안과 밖이 일여一如합니다. 이것이 무분별심이지, 방법을 쓰지 않는다, 방법이 없어졌다고 해서 결코 무분별심이라고 말할 수 없습니다.

그러면 이런 정도에 도달한 것이 깨달음입니까? 아니지요! 왜냐하면 아직 마음이 존재하기 때문입니다. 우리는 그것을 '통일심' 혹은 '일심'이라고 부릅니다. 이럴 때 느끼는 것은 어떤 대아大我의 존재입니다. 이 수준에 도달한 사람은 신심이 견고하고, 소아를 놓아 버리고 대아를 완성하는 것이 가능하다고 느낍니다. 이런 체험은 아주 좋은데, 이것은 깨달음입니까, 아닙니까? 물론 억지로 그것을 깨달음이라고 불러도 되겠지만, 깨달으면 곧 지혜이고 선정인 그런 선禪은 아닙니다. 선은 그렇지 않습니다.

여기서 "만법이 일여하리" 중 '일여一如'는 통일심입니다. 그 뒤에 나오는 "일여함의 본체는 깊으니"는 선禪이 그 본체가 됨을 설명합니다.

만법일여의 현묘한 의미를 이해할 수 있을 때라면 그것을 무한이라고 할 수 있고, 이때가 바로 깨달음입니다. 바꾸어 말해서, 일여의 상태에 도달할 수 있다면 상당히 좋은 것이지만, 한 걸음 더 나아가 그 본체를 인식할 수 있을 때가 바로 선禪의 경계입니다.

앞에서도 말했지만, '하나'의 느낌이 있다면 필시 '둘'과의 대립에 떨어집니다. 예를 들어 어떤 사람이 "나는 통일되었다. 나 전체가 오직 하나뿐이다."라고 말한다면 이는 필시 둘입니다. 왜냐하면 '둘'이 있어 상대가 될 때만 '하나'가 있을 수 있기 때문입니다. 또 어떤 사람은 "나는 일체가 무無임을 지각했다"고 말하는데, 실은 이것도 필시 '둘'입니다. 왜냐하면 '무無'에는 사물이나 느낌이나 지각이 있으면 안 되기 때문에, 일체가 무無임을 지각했다는 것은 실은 ('둘'에 대립되는) '하나'입니다. 이것은 외도에서 사공정四空定에 도달할 때, 먼저 안팎의 통일과 심신의 통일을 이루고, 다시 마음의 통일에 이르고, 다시 마음이 없는 느낌에 이르는 것입니다. 그러나 "마음의 느낌조차도 없다"는 이런 느낌이 여전히 존재하고 "무심을 느꼈다"는 이런 미묘한 마음이 여전히 존재한다면, 그것은 여전히 '하나'입니다. 따라서 '무'를 느꼈다는 것은 아직 삼계 내에 있는 것입니다. 이 수준을 분명히 분간해야 합니다.

'선정[定]'의 견지에서 선禪을 보고 '활용'하려 들지 마십시오. 그러려면 일체법에 대해 집착이 없고, 자아가 없어야 합니다. '자아가 없다'는 의미는 결코 "내가 없고 중생만 있다"가 아닙니다. 그것은 여전히 '둘'입니다. 만약 내가 없으면 중생이 있다는 것은 어떻게 압니까? 그러나 "나는 중생 속에 있다. 그래서 나는 없어졌다."고 한다면 이것도 맞지 않습니다. 이것도 여전히 '하나'이기 때문에 결국은 '둘'의 대립에 떨어집니다. 진정한 선禪은 일체의 일을 보고 일체의 일을 하되, 일반적인 생활 방식을 따릅니다. 그러나 마음이 과거·현재·미래에 반연

攀緣하지 않습니다. 즉, 『심경』에서 말하듯이 '마음에 걸림이 없다(心無罣碍)'는 것입니다. '걸림이 없음'이 곧 선禪입니다. 선은 결코 현실 생활을 떠나지 않으며, 생활이 현실 속에 있으되 마음에 걸림이 없는 것입니다. 이것은 '둘'입니까, 아니면 '하나' 입니까? 그것은 둘이라고 할 것도 없고 하나라고 할 것도 없습니다. 그러면 없는 것은 무엇입니까? 없는 것이 곧 없는 것입니다.

오늘 어떤 사람이 좀 일찍 소참을 원했습니다. 그가 말하기를, 자기는 아주 좋은 체험을 했는데, 그것을 능히 유지할 수 있어서 그것이 오기를 원하면 금방 왔으면 좋겠다고 했습니다. 또 말하기를, 상태가 좋을 때 가장 좋은 방법은 일을 하지 않는 것이라고 했습니다. 왜냐하면 일단 일을 하면 그 상태가 변해 버려 수행을 많이 방해한다는 것이었습니다. 제가 그에게 말했습니다. 어제 얻고 잃음의 마음[得失心]을 갖지 말라고 이야기했는데, 어떻게 지금 약간의 체험을 얻었다고 해서 그것이 오기를 원하면 금방 오기를 바라는가, 그것은 어떤 마음인가? 그래서는 안 된다고 말입니다. 아주 자연스럽게 오면 오는 것이지, 다음에 또 오라고 해서는 안 됩니다. 선 수행은 일반의 수행과 달라서, 선정에 들려고 하는 것이 아니라 생활 속에서 일체를 능히 놓아 버리고 몸과 마음이 자재하려는 것입니다. 수련하여 이런 수준에 도달해야 합니다. 좌선을 할 때는 잘 하다가 일을 하면 방해를 받는다면 그것이 선의 훈련입니까? 어떤 단련 방식은 여러분이 좋은 상황에 있을 때는 나빠지게 하는데, 나빠진 뒤에 다시 노력하면 좋아집니다. 그러면 여러분은 때에 따라 그것이 좋다고 말해도 무방합니다. 그래서 선칠 기간 중에 저는 가끔 사람들이 너무 잘 앉아 있는 것을 보면, 즉 몇 시간 동안 일어나지 않고 잘 앉아 있으면서 거기서 정적인 경계를 즐기고 있으면, 향판으로 그를 때려서 일어나게 할 것입니다. 그렇지 않으면 그는 그 속에 빠져서 진보가 없습니다. 그러나 저도 사정을 보아서, 어떤 사람들의 상태가 좋아 앉아 있으면서 밥도 먹지 않거나 일어나서 조서 예불에 참여하지 않아도 상관하지 않습니다. 그에게 계속 그런 체험을 하게 내버려두는 것도 좋습니다. 그러나 만약 그것에 집착하면 향판을 맞아야 합니다. 여하튼 단계적인 선정[次第定]은 선禪이 아니고, 선禪도 단계적인 선정이 아닙니다. 사람들이 흔히 말하는 선정은 선禪과 아무 관계가 없습니다. 그래서 선칠 중에 우리는 선정에 드는 것을 수행의 목표로 삼지 않고, 선중禪衆이 선정에 드는 것을 바라지도 않습니다.

제가 선적인 방법을 써서 직접 무無에 도달할 수 있다고 했더니 어떤 사람이 물었습니다. "선정으로부터 선禪의 방법을 거치지 않고 무에 도달할 수는 없습니까?" 할 수 있지요! 다만 어떤 지도법을 썼는지 보아야 합니다. 방법이 올바르지 않으면 무에 도달할 수 없습니다. 선정 중에는 어떤 것이 진정한 무인지 모르기 때문에, 어쩌면 그는 자기가 체험한 것이 바로 무라고 생각할지 모릅니다. 설사 수행하여 '4무색정四無色定'의 '무소유처無所有處'나 '비유상비무상처非有想非無想處'에 도달한다 할지라도 여전히 삼계三界의 생사 범위를 벗어나지 못합니다. 그래서 흔히 선정을 전문적으로 닦는 사람들은 '공空'과 '무無'를 이야기하지만, 그것은 문제가 있습니다.

만법을 평등히 관하면	萬法齊觀
있는 그대로의 상태로 돌아가리.	歸復自然

여기서는 두 가지 수준을 이야기합니다. "만법을 평등히 관하라"는 대아大我에 도달하고 일심에 도달하고 통일에 도달하는 것이고, "있는 그대로의 상태로 돌아가리라"는 죽고 나서 다시 사는 것입니다. "만법

을 평등히 관하는" 경계는 소아小我가 죽고 나서 대아大我가 아직 존재하는 것입니다. 이와 같이 다시 진일보하면 당연히 그 사람의 대아도 녹고, 그런 다음 자연으로 돌아가 살아납니다. 선 수행에서는 두 번 죽어야 합니다. 작은 죽음, 큰 죽음 이후에야 큰 살아남[大活]이 가능하고, 일상생활로 돌아갑니다. 이른바 '작은 죽음'이란 밥을 먹어도 먹는 줄 모르고, 잠을 자도 자는 줄 모르는 것이고, '큰 죽음'은 통일적인 나를 분쇄하고 무아의 경계에 도달하는 것인데, 이것이 바로 깨달아서 성품을 보는 것[開悟見性]입니다. 큰 죽음 이후에는 다시 생활 가운데로 돌아가 생활 속에서 활용할 수 있어야 합니다. 정상적인 생활세계에 들어가서 자연스러움을 회복하는 것을 또한 '살아남[活]'이라고도 합니다. 큰 죽음과 큰 살아남은 한 묶음이어서, 크게 죽을 수 있으면 반드시 크게 살아날 수 있습니다. 그래서 여기에는 두 가지 죽는 법이 있습니다. 작게 죽고 살아나지 못하는 것과, 크게 죽고 크게 사는 것입니다.

한번은 제가 작은 죽음, 큰 죽음에 대해서 이야기했더니, 어떤 사람이 선당에서 제가 보는 가운데 죽어 보이고 싶다고 했습니다. 그가 말했습니다. "스님께서 죽음을 말씀하시니 저는 선당에서 죽겠습니다. 여기는 여러분들이 수행하고 있으니 저는 공덕을 짓겠지요." 제가 말했습니다. "당신이 그렇게 죽으면 지옥에 떨어질 것입니다. 당신이 여기서 죽으면 날씨가 이렇게 더워 시체 썩는 냄새가 진동할 것이고, 여러분들의 수행을 방해하게 됩니다." 큰 죽음은 아주 어렵고, 작은 죽음도 간단하지 않습니다. 이런 죽음들은 신체적인 죽음과 다릅니다. 자살을 저에게 보여주는 것이 큰 죽음이 아니라, 정신상의 자아중심이 죽는 것이 큰 죽음입니다. 신체적 죽음 뒤에는 여전히 생사 속을 흘러 다니게 되지만, 정신상의 자아중심이 소아에서 대아의 죽음에까지 이르는 것은, 육체의 죽음을 백 번 천 번 하는 것과 아무 상관이 없습니다.

| 주체가 사라져 없어지면 | 泯其所以 |
| 가늠하거나 비교할 수가 없네. | 不可方比 |

    행위하고 생각하는 일체의 대상을 전부 놓아 버리면 무엇을 붙잡고 무엇에 의지하고 싶은 것이 모두 간 곳이 없어, 자연히 일종의 무심한 상태에 머무르게 됩니다. 대상을 놓아 버리기만 하면 자기가 없고, 당연히 자기가 붙들 수 있는 것도 없습니다. 어떤 사람이 저에게 물었습니다. "어떻게 하면 '나'를 떨쳐 버립니까?" 제가 말했습니다. "'나'는 떨쳐지는 것이 아닙니다." 많은 사람들이 '나'가 무엇인지 분명히 이해하지 못합니다. 몸뚱이가 나입니까? 사상이 나입니까? 모두 아니지요! 생각이 나입니까? 조금 가까워졌습니다. '나의 대상들이 나'라고 해야 합니다. 사실 '나'는 안에 있지 않습니다. 우리의 안에는 원래 '나'가 없고, ('나'라는 것은) 나의 대상들입니다. 그러나 '나의 대상들'이란 무엇입니까?

    보통의 수행은 반드시 여러분이 의지하는 어떤 것이 있습니다. 강을 건널 때 필요한 배나 다리 같은 것 말입니다. 선禪으로 말하면, '방법이 없는 것이 곧 방법'입니다. 즉, '법 없음을 법으로 한다(以無法爲法)'는 것입니다. 이것은 여러분에게 배도 주지 않고 다리도 주지 않는 것입니다. 왜냐하면 본시 강이 없기 때문입니다. 미혹되어 있을 때는 강이 있지만 깨달았을 때는 강이 없습니다. 그래서 배나 다리가 필요하지 않고, 잠깐이면 건너갑니다. 이것이 바로 선의 방법입니다. 반연심을 놓을 수 있으면 대상들을 놓게 되는데, 바로 이 순간 이 법을 쓸 수 있으면 대철대오한 사람입니다! 임제종의 방법이냐 조동종의 방법이냐를 따질 필요도 없습니다.

    제가 여러 해 전에 뉴욕 롱아일랜드의 보리정사菩提精舍에 있을 때 이런 비유를 들었던 적이 있습니다. 즉, 수행은 일종의 어리석은 행위지만 이런 행위는 반드시 있어야 하는 것인데, 이것은 마치 유리산琉璃山이 하나 있고 산 위에는 온통 미끄러운 기름이 발라져 있는 것과 같아서, 우리가 몇 걸음 오르면 미끄러져 내려간다는 것입니다. 그래도 계속 오르다 보면 마침내 기진맥진하고, 그래서 산이 과연 있나 하고 자문할 때, 뜻밖에도 산이 보이지 않게 됩니다. 혹은 여러분이 원래 산을 오르기 전부터 자기가 이미 산꼭대기에 있었다는 것을 갑자기 발견하게 됩니다. 여러분의 원래 위치가 산꼭대기였던 거지요! 그렇다면 산은 왜 오릅니까? 이것은 다릅니다. 오르기 전에는 산 밑에 있었지만, 지금 오른 이후에는 비록 제자리에 있다 하더라도 산꼭대기에 있습니다. 자기가 산꼭대기에 있는 것을 발견하는 것과 자기가 원래 산 밑에 있다고 느끼는 것은 다릅니다. 여러분, 산을 오르는 것은 고생스럽습니다. 기름이 발라져 있는 유리산을 올라가는 것은 바보 같은 정신이 아니면 더욱 불가능합니다. 만일 여러분이 바보가 되고 싶다면, 올라가십시오!

18. 바른 믿음이 반듯하게 서다

움직임을 멈추면 움직임이 없고　　　止動無動
움직임이 멎을 때 휴식도 없네.　　　動止無止
둘이 성립할 수 없는데　　　　　　　兩旣不成
하나인들 어찌 있으리오?　　　　　　一何有爾

이 네 구절의 의미는, 세간에서는 '멈춤'과 '움직임'을 두 가지 상대적인 개념으로 보고, 그래서 '멈춤'을 닦는 사람은 움직이는 마음을 정지시켜 그것을 부동으로 만들려고 한다는 것입니다. 선禪은 그렇지 않으며, '무심'의 수준에 도달하면 일체의 움직임이 자연히 정지하고 절대적으로 정지합니다. 이때 '멈춤'이라는 이런 개념도 원래 존재하지 않았던 것으로 됩니다. 그래서 선의 입장에서 보면 '멈춤'과 '움직임' 둘 다 성립하지 않습니다. '움직임'이 없으면 '멈춤'도 없고 아무것도 없습니다. 그렇다면 '하나'인들 어떻게 있겠습니까! 당연히 없지요. 일반 종교들은 '하나'에 도달하면 신아神我, 대아大我에 도달한다고 이야기하는데, 이런 이야기는 모두 문제가 있습니다. 그러나 선의 깨달음은 무無를 이야기합니다. '하나'가 있으면 반드시 '둘'이 있기 때문입니다. 그래서 선의 깨달음에서는 '하나'조차도 없습니다.

여러분은 이곳에 와서 7일간의 단련을 받는데, 7일 동안 괴로움을 겪으니 마땅히 '고칠苦七'이라고 해야지 '선칠'이라고 하면 안 되겠지요. 왜냐하면 선은 방법을 쓰지 않는데, 여기서는 제가 여러분에게 방법을 사용하라고 가르치기 때문입니다. 그것은 방법을 써서 망념을 대체하는 것이지만, 방법 그 자체도 망념입니다. 통일되고 규율이 있는 망념으로써 어지럽고 규율이 없는 망념을 대체합니다. 방법을 써서 그런 움직임을 멈추게 하지만, 실은 방법 자체가 움직임입니다. 이때 움직임이 있으면 멈춤이 있어 이 둘이 대립하는데, 이것은 선이 아닙니다. 반면에 같은 하나의 생각 위에 멈추어 움직이지 않는 것을 '멈춤'이라고 부릅니다. 생각이 아주 느리게 움직일 때, 여러분은 마치 그것이 움직이지 않는 것처럼 느끼지만 이것은 상대적인 멈춤입니다. 만일 생각이 아주 빨리 움직이면 이때도 움직이지 않는 것처럼 느낄 수 있는데, 그것도 상대적인 멈춤입니다.

어떤 사람들은 초급 수준의 선정에 들어가면 마음이 이미 '멈춤'에 도달했다고 생각합니다. 그런 일은 없지요! 사실 마음이 설사 '비상비

비상처천非想非非想處天'에 도달했다 하더라도 아직은 절대적인 멈춤에 이른 것이 아닙니다. 다시 말해서 최고의 선정도 아직은 절대적 멈춤에 도달한 것이 아니고, 마음이 (미세하게나마) 줄곧 움직이고 있습니다.

느린 멈춤은 사람들이 더러 체험하고 이해하기도 쉽습니다. 빠른 멈춤에 관해서는 두 가지 예로써 설명할 수 있습니다. 만일 2시간짜리 녹음테이프를 1분짜리 테이프에 옮겨 놓았다면, 다시 틀었을 때는 단조로운 '찌-' 하는 소리만 나고 아무것도 알아듣지 못할 것입니다. 또 일곱 가지 색의 스펙트럼을 바른 그림판을 아주 빨리 돌리면 일곱 가지 색은 보이지 않고 흰색만 보입니다.

> 마지막까지 나아간 궁극에서는 　　　究竟窮極
> 정해진 규칙과 기준이 존재하지 않네. 　　不存軌則

이 두 구절은 수행이 최후에 도달한 뒤에는 일정한 규칙이 없고, 세간의 도덕이나 윤리로써 그것을 가늠할 수 없고 그럴 필요도 없다는 것을 이야기합니다. 그것은 일체의 사물에 대해 가장 자연스럽게 반응하며, 중생의 서로 다른 필요에 대해서도 자연히 서로 다르게 상응하는 도道를 낳습니다. 일반인으로 말하면 인간의 지식·윤리·도덕의 규칙에 의거하지 않으면 안 되지만, 큰 지혜를 갖춘 사람들에게는 규칙이 아무 소용없습니다. 만일 규칙에 의하여 행위한다면 여전히 하나와 둘이 있고 움직임과 멈춤이 있으며, 여전히 부자유하고 부자재한 것입니다.

만일 이 구절을 오해하여, 선은 자유로운 것이고 규칙을 준수하지 않는 것이며, 선 수행자는 무슨 일이나 할 수 있다고 생각한다면 그것은 큰일입니다! 미국 서부에 있는 어느 선사의 제자는 스승이 해탈자재를 설하는 것을 듣고 나서 자기가 해탈자재하다고 생각하고, 남들이 잠을 잘 때 그는 옥외에서 자고 남들이 밥을 먹을 때 그는 똥을 식탁 위에 올려놓았는데, 나중에 스승에게 쫓겨났습니다. 이 사람은 저도 본 적이 있습니다. 그가 뉴욕에 왔을 때 우리는 함께 밥을 먹은 적이 있는데, 다만 그날은 그가 식탁에 똥을 올려놓지 않았습니다. 또 어떤 사람들은 깨닫지 못한 채 "정해진 규칙과 기준이 없다"를 배우면, 자기가 깨닫지는 못했지만 배울 수는 있으므로 그렇게 점차 연습하면 깨달은 것과 같이 될 수 있다고 생각합니다. 이런 사람들은 생활이 제멋대로이고 수행인의 규칙을 지키지 않아 사람들의 눈살을 찌푸리게 합니다. 1960년대의 히피들이 전통에 반항하고 사회에 반항했듯이, 어떤 사람들은 히피가 선학禪學에서 왔다고 생각합니다. 절대 그렇지 않습니다! 선禪의 경계가 만약 그런 정도였다고 하면, 히피가 지금 없어졌으니 선禪도 벌써 없어지지 않았겠습니까?

1960년대의 히피가 선禪에 가져다 준 것은 아주 나쁜 명성이었습니다. 그러나 그들 가운데서도 어떤 무리는 선에 대해 아주 진지한 사람들이었고, 더러 중요한 책들을 저술하여 상당히 큰 영향을 주기도 했습니다. 예를 들면 한산寒山의 시를 영어 독자들에게 소개하기도 했습니다. 만약 이런 사람들이 없었다면 지금 선종이 미국에서 받아들여지는 정도가 많이 낮았을 것입니다. 그래서 저는 그들이 당시 선종에 대해 좀 오해하기는 했지만, 결코 공헌이 없지는 않다고 말합니다.

허운 노화상은 머리를 깎지 않았습니다. 그러나 그분의 제자들은 한 사람도 삭발하지 않은 사람이 없었습니다. 그 자신이 삭발을 하지 않았던 것은 수행기간 동안 삭발할 시간이 없었고, 나중에는 그것이 습관이 되었기 때문입니다. 어떤 사람들은 허운 노화상이 머리를 깎지 않은 것은 아마 일부러 미친 척한 것일 거라고 말합니다. 실은 그분의 생활은 아주 엄격했고, 결코 규칙을 지키지 않는 분이 아니었습니다. 어떤 사람이 물었습니다. "선종은 시원스럽게 자유롭습니까?" 저는 그렇지 않다고 말했습니다. 반드시 견실하고 엄격한 기초가 있어야만 시원스럽게 자유로울 수 있고 정해진 규칙과 기준 없이 (자신을) 표현할 수 있지, 그렇지 않으면 자신에게도 해롭고 남도 해롭게 하는 사람이 됩니다.

    평등한 마음을 계발하면   啓心平等
    행한 것들이 모두 쉬어지리.   所作俱息

'계啓'는 '계발하라'는 것이지 '일으키라'는 뜻이 아닙니다. '계심평등啓心平等'은 평등심, 곧 이변二邊이 없고 분별이 없는 마음을 계발해 내라는 것입니다. 마음이 평등한 경지에 이르면 어떤 일을 해도 함이 없는 것과 같습니다. 마음속에 집착이 없고, 걱정이 없고, 좋고 나쁨이 없고, 안팎이 없고, 나와 남이 없는데 무슨 '작위'가 있겠습니까? 그래서 "행한 것들이 모두 쉬어진다"는 것은 곧 아라한의 '모든 일이 이미 이루어져 있다(諸事已辦)'*나, 『육조단경』에서 이야기하는 "미움과 사랑에 관심 두지 않고, 두 발을 뻗고 눕는다(憎愛不關心 長伸兩脚臥)"와 같습니다. 이것은 결코 일을 하지 않는다는 뜻이 아니라, 무슨 일을 해도 근본적으로 무심하다는 뜻입니다. 혹자는, 비록 마음을 쓰기는 하나 쓰는 것은 결코 자아중심의 집착심이 아니라 단지 중생심에 반응하는 것일 뿐이라고 말합니다.

    이런저런 의심들이 말끔히 씻겨지고   狐疑盡淨

---

*(역주) 아라한은 다음 네 가지 덕을 갖추고 있다고 이야기된다. 1) 청정한 행이 이미 확립되었음(梵行已立), 2) 모든 일(즉, 수행과 해탈)을 이미 끝냈음(諸事已辦), 3) 미혹된 업이 이미 다했음(惑業已盡), 4) 다음 생을 받지 않음(不受後有).

바른 믿음이 반듯하게 서네.　　　　　正信調直

　이런 수준에 도달하면 마음속에 더 이상 어떤 회의나 혼동도 없습니다. 여기서 "이런저런 의심들"은 보통 사람의 회의를 가리키는 것이 아닙니다. 보통 사람의 회의는 불신이고, 믿는다 하더라도 아직은 직접 체험이 없는 것으로, 이것은 여전히 '이런저런 의심'의 상태에 있습니다. 불성을 직접 체험한 사람만이 "바른 믿음"에 도달할 수 있습니다. 마음이 평등무이平等無二하다는 것을 믿을 뿐 아니라, 절대적으로 정직합니다. "반듯하게 서네"는 이제부터는 더 이상 왜곡된 상황이 발생하지 않으며, 그릇된 판단이나 잘못하는 일이 없다는 것입니다. 불법으로 이야기하자면, 다시 불법에 위배되는 일을 하지는 않을 거라는 것입니다. 범부는 분별심으로 상황을 처리하므로 정확하지 않은 것이 대부분이지만, 철저히 깨달은 사람은 어떤 상황도 절대적으로 정확히 처리합니다.
　믿음은 미신, 앙신仰信, 증신證信의 세 가지로 나누어집니다. 미신은 완전히 뭘 모르는 맹목적인 믿음이고, 앙신은 다른 사람이 믿고 이것이 좋다더라 하면 경앙敬仰하는 마음이 생겨서 따라 믿는 것입니다. 증신은 자기가 직접 분명하게 깨닫는 것입니다. 미신과 앙신에는 공히 의심이 있고, 증신에 도달해야 비로소 '이런저런 의심들'이 없어집니다. 그래서 증신은 쉬운 것이 아닙니다.
　오늘 우리는 절하기와 빨리 걷기 두 가지 방법을 사용했는데, 저는 모두 세 가지 수준으로 설명하겠습니다. 먼저 '나는 내 몸이 움직이는 데 주의하고 그것을 지휘한다,' 둘째로, '나는 아무것도 하지 않고 다만 내 몸이 움직이고 있는 것을 본다,' 셋째로, '내가 있음을 알지 못하고 다만 몸이 움직이고 있다' 입니다. 첫 번째 수준은, 명료하게 의식하지만 평등심은 아니고 분별심입니다. 둘째 수준의 상황도 여전히 대립적이어서, 자기는 행위하지 않고 몸이 행위하는 것을 보고 있습니다. 셋째 수준은 자기가 볼 때는 '자기'라는 것이 없는 것 같지만, 여전히 어떤 동작이 이루어지고 있음을 아는 것입니다. 이것은 자기가 희미해져서 잊혀지는 것으로, 자기를 아주 담담하게 보지만 아직은 그것이 존재합니다. 자기가 보기에는 통일되고 오직 하나가 있는데, 그것이 거기서 움직이고 있으나 '나'는 없는 것같이 보입니다. 그러나 실은 아직 '나'와 그것의 대립이 있습니다. 이것은 방법을 닦는 것이 있을 때입니다. 만일 진일보하여 방법조차도 없어지면 통일에 도달할 수 있습니다. 통일은 선정일 수도 있고 아닐 수도 있는데, 오늘의 노력은 여러분이 마음을 '통일'하는 것을 목표로 하여 노력하라는 것입니다. 어떻게 하면 그 '하나'마저 존재하지 않게 되느냐고 한다면, 화두를 참구하는 것이 가장 좋은 방법입니다. 만일 여러분이 '하나'의 느낌에 도달할 수 있게 되면, 저는 참선의 방법으로써 여러분에게 화두를 참구하라고 가르칩니다.

이기적인 사람은 자아를 놓아 버리지 않아 깨닫기가 불가능합니다. 그래서 수행을 일단 시작하면 곧 위없는 보리심을 발해야 하지만, 사홍서원의 첫 번째 원願은 바로 널리 중생을 제도하겠다는 것입니다. 그러나 겨우 발원만 해 놓고 나 몰라라 한 채 다른 일을 아무것도 하지 않는다면 그것은 '빈 원'입니다. '원'은 목표이므로 한 걸음 한 걸음 실천하여, 깨닫기 전이라도 남들을 돕고 중생을 제도해야 합니다.

어떤 사람이 묻기를, 마음이 변하여 하나가 되면 그것은 의식적인 마음과 잠재의식적인 마음의 통일을 뜻하는 것 아니냐고 했습니다. 또 하나의 복잡한 문제는, 불교는 잠재의식적인 마음을 인정하느냐 않느냐 하는 것입니다. 불교에는 잠재의식이라는 이런 용어가 없습니다. 무릇 의식 작용은 모두 제6식인데, 그것이 출현했다고 하면 그것이 바로 생각입니다. 이 문제는 수행과 상관이 없지만, 단지 여러분이 지식으로라도 알아두라는 것입니다.

19. 텅 비어 밝고 자연스럽다

일체가 남아 있지 않고	一切不留
기억할 수 있는 것도 없네.	無可記憶
텅 비어 밝고 자연스러우니	虛明自然
마음의 힘을 쓸 것도 없어	不勞心力

세간의 어떤 일도 모두 공중을 나는 새의 자취와 같고, 거울에 비친 영상影像과 같습니다. 작은 새가 한 그루 나무에서 다른 나무로 날아가면 공중에 무엇을 남깁니까? 여러분이 거울 앞에 서서 자신의 모습을 보고 나서 떠나면 거울에는 무엇이 남아 있습니까? 마음도 이와 같아야 합니다. 어떤 일이 일어났든 마음속에 흔적을 남기지 않아야 합니다. 우리는 새가 확실히 날아갔고, 거울이 확실히 영상을 비추었다는 것을 압니다. 그러나 새가 자취를 남기지 않기 때문에 다른 새들이 자유자재로 날 수 있고, 여러분의 영상이 거울에 남지 않기 때문에 다른 사람들이 거울에 각자의 영상을 비추어 볼 수 있는 것입니다. 만일 새의 자취가 공중에 남는다면, 허공을 볼 때 과연 지금처럼 텅 비어 광활하게 보이겠습니까? 만일 사람의 영상이 거울에 남는다면 거울이 과연 비출 수 있겠습니까?

마찬가지로, 사람이 수행하고 있을 때는 이미 가지고 있는 지식과 경험을 내버리지 않으면 장애를 증가시킬 뿐입니다. 비유하여 말하면, 이제까지 다른 선생에게서 배운 어떤 것도 새의 자취나 거울의 영상과 같습니다. 선칠을 할 때 만일 이런 것들이 마음속에 남아 있다면, 제가 가르치는 것을 흡수할 수 없습니다. 왜냐하면 이런 영상이나 자취가 방해와 장애가 되기 때문입니다. 첫째 날 저녁에 제가 여러분에게 과거에 일어난 일체를 잊어버리고, 이번 선칠 중에 일어나는 일과 이전의 경험을 비교하지 말라고 했습니다.

"기억할 수 있는 것이 없다"는 결코 목석과 같다는 의미가 아닙니다. 사실 마음은 여전히 명료하게 지각합니다. 다만 이런 기억들을 끄집어내어 비교와 판단을 하지 않을 뿐입니다. 앙산 혜적仰山慧寂(807~883)이 위산 영우潙山靈佑(771~853)에게 물었습니다. "백 천 만 가지 경계가 일시에 현전하면 어떻게 합니까?" 위산이 말했습니다. "푸른 것은 누르지 않고 긴 것은 짧지 않으며, 제법諸法은 각기 자기 위치에 있으니 내가 상관할 일이 아니다." 새가 확실히 날아갔고 거울이 확실히 비추었지만 여러분과는 무관합니다. 현상들은 변하겠지만 마음은 동요되지 않습니다. 이런 정도라면 "텅 비어 밝고 자연스러우며, 마음의 힘을 쓸 것이 없다."고 할 수 있겠지요. 우리는 아직 이런 경지를 직접 체험하지 못했지만, 이미 도리가 이러함을 알았습니다. 그러니 마음속에서 다시 어떤 사물이 반응하여 출현하면, 모두 놓아 버리고 마음속에 무엇을 남겨두지 마십시오.

어느 선칠에서 어떤 사람은 선당이 너무 덥다고 느꼈습니다. 그래서 옷을 하나하나 벗었습니다. 그러나 주위를 돌아보니 다른 사람들은 마치 더위를 느끼지 않는 것처럼 보였습니다. 결국 그는 견디지 못하고 저에게 달려와 너무 덥다고 하면서, 밖에 나가 바람을 좀 쏘이는 것을 허락해 달라고 했습니다. 제가 말했습니다. "당신이 그렇게 덥게 느끼는 것은 마음속으로 날씨가 덥다고 생각하기 때문입니다. 그렇게 생각하면 할수록 더 덥게 느껴집니다. 마음을 방법상에 놓아두면 더운 줄을 모르게 될 것입니다." 그는 제 이야기를 들었고, 과연 효과가 있었습니다. 이것은 마음에서 생겨난 번뇌입니다. 환경이 얼마간의 번뇌를 만들어낼 수도 있겠지만, 여러분의 마음이 거기에 협력하지 않으면 문제가 되지 않을 것입니다.

  생각으로 미칠 수 있는 곳이 아니고   非思量處
  이성과 감정으로 헤아리기 어렵네.   識情難測

  마음에 한 물건도 없는 경계는 해석이 불가능합니다. 지난 며칠 저녁에 걸쳐 제가 줄곧 무심을 이야기해 왔는데, 어떤 사람이 저에게 물었습니다. "스님께서 말씀하시는 무심이 도대체 무엇입니까?" 제가 말했습니다. "무심이 곧 무심입니다. 설사 당신에게 일러주어도 당신은 알지 못할 것입니다. 추리나 지식을 가지고 그것을 사량思量할 수가 없고, 오직 개인의 경험에 의지하여 체험적으로 이해할 수 있을 뿐입니다."
  제가 열 몇 살 때, 어떤 사람이 저에게 자기 귀가 울린다고 했습니다. 그의 귀 속에서 어떤 소리가 울리고 있었던 것입니다. 제가 그것을 묘사해 보라고 하자, 그는 마치 곤충이 '지지-' 하고 우는 것 같다고 했습니다. 저는 그래도 그것이 어떤 것인지 잘 이해되지 않았습니다. 제가 마흔 몇 살 때 과로한 탓에 귀 울림을 겪으면서, 그것을 직접 체험했습니다. 생리적인 경험도 묘사하기가 쉽지 않다면 선禪은 더욱 묘사하기 어렵겠지요. 왜냐하면 선은 일체의 일상적 경험을 초월해 있기 때문입니다.

  진여의 법계에서는   眞如法界
  타인도 없고 자기도 없네.   無他無自

"진여"의 의미는 참으로 그 모습으로 보인다는 것으로, 만물이 본래 그대로여서 영원하고 독립되고 불변인 존재는 없다는 것을 가리킵니다. 어떤 사람은 진여가 모종의 영원한 것, 파악할 수 있는 것이라고 생각하지만 실은 그런 것은 결코 존재하지 않습니다. 이른바 '진여법계'는 공空이자 무아無我입니다. 많은 수행자들은 자성을 발견해야겠다고 생각하면서, 자성을 불성·진여와 같은 것으로 간주합니다. 이것이 모종의 존재를 암시한다고 보고, 깨달음의 결과는 번뇌가 보이지 않고 진여·불성이 출현하는 것이라고 생각하는 것입니다. 마치 어떤 '나'가 진여 불성을 증득하는 것처럼 말입니다. 이것은 큰 착각입니다. 사실 진여를 직접 체험할 때는 이미 자기가 없고 타인도 없습니다.

어떤 사람이 저에게 말했습니다. "저는 제가 익히 아는 자아가 가짜라는 것을 압니다. 저는 진정한 자아를 찾고 싶습니다." 제가 대답했습니다. "당신이 지금 가지고 있는 자아는 가짜입니다. 그러나 앞으로 찾아내는 진정한 자아도 가짜입니다. 그러나 당신은 그것을 찾아내려는 시도를 해야 합니다. 만일 찾지 않으면 그것이 가짜라는 것을 영원히 알지 못합니다."

그에 상응하는 것이 긴요하니	要急相應
오직 '둘 아님'을 말하라.	唯言不二
'둘 아님' 속에서 모든 것이 하나가 되니	不二皆同
포용하지 못하는 것이 없네.	無不包容

그 의미는, 진여가 중요한 것은 그에 상응하는 본질에 있다는 것입니다. 예를 들면 부처와 중생이 상응하고 중생과 중생이 상응하며, 천지만물이 모두 서로 상호작용 하는 관계를 필요로 하는 것 등입니다. 피차

상통할 수 있으면 '둘'이 아니지만 또한 '하나'도 아니어서, "둘 아님(不二)"이라고 칭할 수밖에 없습니다. 예를 들어 한 남자와 한 여자가 서로 사랑하여 결혼하면 하나의 가정을 이룹니다. 이것은 둘에서 하나가 나온 것이지만, 남편과 아내 쌍방의 개별적 인격은 여전히 별개입니다. 이러한 상관관계를 우리는 '둘 아님'이라고 부릅니다. 그리하여 유무가 둘이 아니고, 자타가 둘이 아니고, 음양이 둘이 아닙니다. 이런 의미로 만법을 설명하면 만법이 모두 '둘 아님' 가운데 있습니다. '둘 아님'은 무심인 마음, 또한 깨달은 이후의 지혜를 나타냅니다. 여기에 무엇이 있다고 해도 틀리고 여기에 무엇이 없다고 틀리기 때문에, '둘이 아니'라고만 하는 것이 가장 좋습니다.

『육조단경』에서는 '번뇌가 곧 보리'라고 합니다. 그러나 뒤집어서 '보리가 곧 번뇌'라고 이야기할 수 있습니까, 없습니까? 그것은 상황을 보아서 결정해야 합니다. '번뇌가 곧 보리'를 지금 수행하고 있는 사람에게 이야기하는 것은 맞는 말입니다. 그러면 그 사람으로 하여금 용감하게 번뇌와 맞서되 번뇌를 혐오하지 않게 할 수 있습니다. '보리가 곧 번뇌'를 지금 수행하고 있는 사람에게 이야기하는 것은 맞지 않습니다. 그러면 그가 수행을 하지 않을 것이기 때문입니다. 그러나 이미 수행을 완성한 사람에게는 맞는 말입니다. 왜냐하면 그는 이미, 근본적으로 보리라고 하는 것이 없다는 것을 증득했기 때문입니다. 있는 것은 중생의 번뇌인데, 그 중생의 번뇌로 인해 보리가 나타나는 것입니다. 여러분은 모두 지금 수행을 하고 있는 사람들이고, 며칠 지났으니 분명히 자신의 업장이 두터움을 특별히 느끼고 온종일 번뇌와 뺑뺑이를 돌면서 번뇌에 겹겹으로 포위당해 있을 것입니다. 지금 이런 이해를 얻고 나면, 다시는 번뇌를 혐오하지 말고 오직 열심히 수행만 하는 것이 좋습니다. 번뇌를 떠나면 어디 가서 보리를 찾겠습니까? 따라서 번뇌를 보는 것은 보리를 본 것과 같습니다. 이것이야말로 올바른 수행의 태도입니다.

20. 믿음과 마음은 둘이 아니다

시방의 지혜로운 이들이	十方智者
모두 이 근본 도리로 들어갔네.	皆入此宗
근본 도리는 급하지도 느리지도 않아	宗非促延
한 생각이 만년이고	一念萬年

"시방의 지혜로운 이들"은 도처에 있는 모든 지혜로운 사람입니다. 불경에서의 지혜는 반야般若라고 하는데, 일반인이 말하는 지혜와는 다릅니다. 반야는 세 가지로 나누어집니다. 하나는 세간지世間智, 하나는 세출세간지世出世間智, 하나는 출세간지出世間智입니다. 세 가지 중에서 세출세간지가 최상승最上乘의 지혜이고, 그래서 모든 지혜로운 일들은 이 문으로 들어갑니다. "근본 도리(宗)"는 목표나 종점, 즉 진여법계眞如法界를 가리키는 것으로 해석할 수 있습니다.

"근본 도리"는 시간으로 말하면 짧지도 않고 길지도 않습니다. 만일 짧다고 하면 '단견斷見'에 떨어지고, 영원하다고 하면 '상견常見'에 떨어집니다. 둘 다 변견邊見(극단에 치우친 견해)이고 외도의 견해입니다. 불법은 시간상으로 길고 짧음의 문제가 없어, '시작이 없음'도 이야기하고 '끝이 없음'도 이야기합니다. '시작이 없고 끝이 없음'은 '상常'입니까, 아닙니까? 이것은 이야기하기 아주 어렵습니다. 어째서 '상常'이라고 부릅니까? 영원하다는 것입니까? 아마 아니겠지요. 왜냐하면 세상의 모든 것은 다 변하고 있고, 따라서 어떤 것이 영원하다고 말할 수 없기 때문입니다. 그러면 그것이 영원하지 않다는 것입니까? 그러나 '변한다'는 이 원칙은 오히려 영원불변입니다. 그래서 "한 생각이 만 년이고"도 한 생각 위에 줄곧 머무르고 있는 것을 가리킵니다. 그러면 이것은 '상常'입니까, 아닙니까?

앞에서 말했지만, 얕은 선정 중에는 물론 생각이 움직입니다. 깊은 선정에 도달하면 생각이 있기만 해도 바로 움직입니다. 그래서 일반인들은 '멈춤', '선정'을 이야기하거나 "내 마음은 움직이지 않는다"고 말하는데, 실은 그런 일은 없습니다. 왜냐하면 이것은 모두 상대적이고, 자기가 움직이지 않는다고 생각하는 것에 지나지 않기 때문입니다. 불경에서 말하기를, 깊은 선정에 이른 사람만이 생각의 생멸 현상을 명료하게 알 수 있다고 합니다. 선정의 힘이 깊으면 깊을수록 지각이 더 미세해지고, 자기 생각의 동태動態에 대해 더 명료하게 알게 됩니다. 선정에 들지 못한 사람은 생각이 움직이는 상황을 모릅니다. 그러나 선정에 들고 난 뒤에는 선정이 깊어질수록 그 앞 수준에서 마음이 움직인 정도를 지각할 수 있습니다. 그러나 현재의 마음은 결코 알지 못한 채 현재의 마음이 선정이라고 생각합니다. 한층 더 깊은 선정에 든 뒤에야 다시 그 앞 단계의 움직임을 발견합니다. 그래서 깊은 선정에 든 사람은 생각이 한 찰나에 60번 생멸하는 것을 발견할 수 있지만, 일반인들은 전혀 발견할 수 없습니다. 더욱이 깊은 선정 중에는 생각의 생멸에 대해 '관찰'하는 것이 아니라 '아는' 것입니다. 앞서의 선정이 얕은 선정이었고, 생각도 참으로 멈추지는 못했음을 압니다. 이것이 세간적인 선정[世間定]의 상황입니다. 그래서 "한 생각이 만 년"이라는 것은 결코 보통의 선정이 아니라 무념입니다. 그러나 '만 년'은 1만 년의 시간을 가리키는 것 아닙니까? 사실 이미 '무념'이면 무시간입니다. 그래서 '만 년'이라는 말로써 시간의 한계가 없음을, 즉 무념의 상태에 있음을 형용한 것입니다. 무념은 곧 무한이고, 일순간이 곧 만 년입니다. 그래서 이 두 구절에 대해서는 두 가지 해석이 있습니다. 하나는 마음이 움직이지 않는다는 것이고, 하나는 무심이라는 것입니다.

세간적 선정에 든 마음은 움직이는 것입니다. 그러나 무념은 출세간의 선정이라 할 수 있고, 당연히 아라한의 '멸수상정滅受想定'(느낌과 생각이 사라진 선정) 혹은 선종의 무주無住, 무상無相, 무념無念에 해당합니다. 아라한의 정력定力이 '무생법인無生法忍'에 도달하면, 어떤 경전은 이것이 초지보살初地菩薩에 상당하다고 말하고, 어떤 경전은 8지보살八地菩薩에 상당하다고 말합니다. 선종에서는 이상과 같은 해석을 하지 않습니다. 한때 이러한 상황이 나타나기만 해도 좋은 것이고, 그것이 '만 년'이기도 합니다.

앞에 나온 소위 '근본 도리'는 '영원'하지 않습니다. 왜냐하면 불법은 영원불변한 현상을 근본적으로 받아들이지 않기 때문입니다. 그러나 '영원하지 않은' 것도 아닙니다. 예를 들면, '변화'와 '근본 도리'의 관계는 어떤 것입니까? '변화'는 현상, '근본 도리'는 그것의 근본입니다. 영원한 현상은 없다는 것을 이해하면 '근본 도리'를 이해한 것입니다.

있는 곳도 없고 있지 않은 곳도 없네.	無在不在
시방이 그대의 목전에 있고	十方目前

여기서 이야기하는 것도 여전히 '근본 도리', 곧 진여법계입니다. 그것이 있다고 말하는 것도 틀리고, 있지 않다고 말하는 것도 틀립니다. 진여는 법계에 두루하며, 딱히 '이것'이 진여라고 말할 수가 없습니다. 왜냐하면 그것은 결코 진여를 나타낼 수 없기 때문입니다. 그러면서도 진여를 떠남이 없습니다. "있는 곳도 없고 있지 않은 곳도 없네"는 존재

하면서 존재하지 않음을 이야기합니다. "시방이 그대의 목전에 있고"는 그것의 존재를 긍정하는데, 더욱이 그것의 존재는 목전에 있는 사물의 존재만이 아닙니다. 시방의 일체가 여기에 존재하는 것이기도 합니다.

"시방삼세의 모든 부처님이 터럭 하나의 끝에서 대법륜大法輪을 굴린다(十方三世諸佛 於一毫端轉大法輪)"*는 것도 같은 의미입니다. 문장의 의미를 가지고 말하면, 마치 터럭 하나로 온몸을 끌어당기는 것과 같이, 목전을 장악하면 시방을 장악할 수 있다는 것입니다. 그러나 정말 그렇습니까? 여기서 깨달음 경계의 깊고 얕음을 볼 수 있습니다. 해탈이 어느 정도에 이르렀고, 깨달음 경계가 어느 정도에 이르렀으며, 시공時空, 장단長短, 대소大小의 자유는 어느 정도에 이르렀는가 하는 것입니다.

원칙적으로 말하면, 범부도 시방이 곧 목전이고 목전이 곧 시방이라고 말할 수 있습니다. 그러나 설혹 의미를 이해했다 하더라도 여전히 안개 속에서 꽃을 보는 것입니다. 그러나 체험, 수증修證(수행과 깨달음)으로써 말한다면, 깨달은 사람, 특히 철저히 깨달은 사람이 이 두 구절을 보면 이것이 과연 그렇다는 것을 이해합니다.

아주 작은 것이 아주 큰 것과 같고	極小同大
망상이 끊어진 경계라네.	妄絶境界
아주 큰 것이 아주 작은 것과 같아	極大同小
바깥 경계가 보이지 않네.	不見邊表

"아주 작은 것이 큰 것과 같고" "아주 큰 것이 아주 작은 것과 같다"

---

* (역주) 이 말은 『화엄경』, 『능엄경』 등에 나오는 표현들을 종합한 것이다. 『화엄경』 '普賢菩薩行願品'에 유사한 표현들이 있고, 『능엄경』(卷四)에서는 "於一毛端 現王寶刹, 坐微塵裏 轉大法輪"이라 했다.

는 이해하기 쉽습니다. '시방'이 '목전'이라면 반대로 '목전'도 '시방'입니다. 이때는 시공·장단·대소의 대립이 이미 소멸해 있고, 당연히 허망한 것이 완전히 없어진 진여법계이며, 또한 더 이상 테두리나 표면의 한계도 없습니다.

그래서 어떤 사람이 물었습니다. "성불한 뒤에 이 몸은 결국 어디에 있습니까?" 부처에게는 세 가지 몸, 즉 화신·보신·법신이 있습니다. 화신化身은 부처가 성불한 뒤에 아직 인간 세상에 있을 때입니다. 보신報身은 부처가 성자의 지위에 있는 보살들[聖位菩薩]을 제도하기 위해 출현하며, 그래서 시공의 제한도 있습니다. 법신法身은 부처가 어떠한 시공의 제한도 받지 않는 것으로, 크게는 무한대에 이를 수 있고 작게는 무한소에 이를 수 있습니다. 무아無我이기 때문에, 일체중생이 곧 그이고 모든 곳이 그입니다. 무릇 마음을 밝혀 성품을 보고[明心見性] 불성을 깨달은 사람은, 언제 어디서나 부처의 법신을 대면할 수 있습니다.

있음이 곧 없음[비어 있음]이고	有卽是無
없음[비어 있음]이 곧 있음이네.	無卽是有
만약 이와 같지 않다면	若不如是
그런 것은 붙들고 있으면 안 되네.	必不須守

'없음'은 집착이 없고, '나'가 없고, 고정된 형상이 없는 것입니다. '있음'은 존재하고 있는 일체의 인연법因緣法, 인과법因果法입니다. 법신불은 곧 진여실상眞如實相, 진여법계이고, 즉 선禪입니다. 그것은 없는 곳이 없으며, 수행 수준이 여기에 도달하기만 하면 곧 체험할 수 있습니다. 그래서 '있음'입니다. 그러나 또한 그것에 집착하면 안 되는 것이 '있음'입니다. '무無'가 어떻게 '유有'가 됩니까? '진여'가 곧 '법계'이

고 시방세계 일체가 진여를 떠나지 않기 때문에, '없다'고 말할 수 없는 것입니다. 옛날 선종의 조사들은 제자들이 묻는 것에 대답했는데, 어떤 조사는 오로지 '유有'를 이야기했고 어떤 선사는 오로지 '무無'를 이야기했습니다. 또 어떤 선사는 때로는 '유'를, 때로는 '무'를 이야기했습니다. 서로 다른 대상과 시기에 따라 서로 다른 표현을 한 것입니다. 사실 유를 이야기하든 무를 이야기하든 모두 같은 것입니다.

어느 스님이 저에게 말했습니다. "선사들은 미친 사람입니다. 스님께서는 유를 말씀하시는데 다른 분은 무를 말씀하십니다. 스님께서 무를 말씀하시는데 다른 분은 유를 말씀하십니다." 제가 그에게 물었습니다. "그러면 당신의 견해는 어떻습니까? 결국 유입니까, 무입니까?" 그가 말했습니다. "부처님께서는 말할 수 없다, 불가사의하다고 말씀하셨습니다." 제가 말했습니다. "그러면 좋지요! 말할 수 없고 불가사의하다면, (당신이) 유를 말하고 무를 말하는 것은 다 집착 아닙니까?"

"만약 이와 같지 않다면, 그런 것은 붙들고 있으면 안 된다"는 것은 수행인들에게 정중히 촉구하는 것입니다. 만일 이런 상황(무가 유이고 유가 무인 상황)이 아니라고 하면 그것은 잘못된 것이니 반드시 그런 것들을 놓아버려야 합니다. 예컨대 아집我執('나'에 대한 집착), 법집法執(대상, 특히 어떤 경계에 대한 집착), 유有나 무無에 대한 집착, 크고 작음에 대한 집착, 상견[常]과 단견[斷]의 집착이 그것입니다.

하나가 곧 일체이고	一卽一切
일체가 곧 하나이네.	一切卽一
만일 이와 같을 수 있다면	但能如是
마치지 못할까 왜 근심하리오?	何慮不畢

앞에서 큰 것이 작은 것과 같고 작은 것이 큰 것과 같다는 것은 범위를 가리키는데, 여기서 "하나가 곧 일체이고, 일체가 곧 하나"라는 것은 수량을 가리킵니다. 즉, 개별적 존재와 전체의 통일입니다. 개별적 수량을 모두 합치면 그것을 일체라고 하지만, 실제로는 하나를 떠남이 없습니다. 주의해야 할 것은 "하나가 곧 일체이다"와 "일체가 곧 하나이다"는 반드시 두 구절을 함께 이야기해야지 "하나가 곧 일체이다"나 "일체가 곧 하나이다"의 한 가지만 따로 이야기하면 안 된다는 것입니다. 만일 "하나가 곧 일체이다"만 이야기하면 하나를 붙잡게 되면 일체를 붙잡는 것이 되어, 내가 어떤 사람을 붙잡으면 곧 모든 사람을 붙잡는 것이고, 내가 어떤 사람을 제도하여 성불하게 하면 곧 모든 사람을 제도하여 성불하게 한 것이 되며, 갑이 오늘 좋은 경험을 하게 되면 모든 사람이 다 좋은 경험을 하는 것으로 됩니다. 이것은 물론 말이 되지 않습니다. "일체가 곧 하나이다"만 말하게 되면, 모든 중생이 전부 성불한 뒤라야만 그 중의 한 중생이 비로소 성불한 셈이 되어 세간에서 먼저 성불하는 중생이 있을 수 없게 되는데, 이것도 사실에 부합하지 않습니다. 그래서 "하나가 곧 일체이고, 일체가 곧 하나이다"는 한데 합쳐 이야기해야만 올바릅니다.

"만일 이와 같을 수 있다면, 미치지 못할까 왜 근심하리오." 앞에서 말한 수준에 도달할 수 있기만 하면, 하고도 이루지 못하는 일이 있을까 어찌 근심하겠습니까? 선 수행도 마찬가지입니다. 위에서 이야기한 바에 도달할 수만 있으면 이미 선의 세계에 진입한 것입니다.

믿음과 마음은 둘이 아니고	信心不二
둘 아님이 곧 마음을 믿는 것이네.	不二信心

"마음을 믿는 것"은 이 마음을 믿는 것입니다. 이 마음이 바로 '무심'의 저 마음입니다. 여러분은 자신의 이 마음과 믿어지는 저 마음이 같은 것이지 '믿음'과 '마음'을 나눈 두 가지가 아니라는 것을 믿습니다. 그래서 「신심명」의 의미는 오직 하나의 마음밖에 없고 다른 것은 없다는 것입니다. 그래도 역시 신앙의 '믿음'으로 시작해야 합니다.

무엇을 신앙합니까? 우리에게 어떤 평등심, 진여의 무차별심, 혹은 무심의 저 마음이 있다는 것을 믿어야 합니다. 분별심을 떠나기만 하면 신앙하는 범부심이 곧 (신앙의 대상인) 진여심眞如心인 것입니다. 믿는 마음信心에서 시작하지 않으면 착수할 곳이 없습니다. 반드시 「신심명」에서 말하는 한 구절 한 구절을 믿고 (그것으로 자신을) 비추면서 해 나가면, 무심의 저 마음을 실제로 체험할 수 있을 것입니다.

> 언어의 길이 끊어지고   言語道斷
> 과거도 미래도 현재도 아니라네.   非去來今

마지막에 이르면 아예 방법을 말할 것이 없어집니다. 왜냐하면 "믿음과 마음이 둘이 아닌" 수준에 도달하면 말로써 표현할 필요가 없고, 시간으로 말하더라도 과거·현재·미래가 없습니다.

선칠을 시작할 때 저는 여러분에게 과거도 생각하지 말고 미래도 생각하지 말고 오로지 주의력을 현재 순간에 두고 공부하라고 요구했지만, 현재는 있습니까, 없습니까? '현재'라는 이 느낌은 마음이 느끼고 있는데, 마음의 생각 하나하나가 미끄러지는 것을 '현재'라고 부릅니다. 생각이 움직이지 않으면 마음은 어느 한 점에 머무르지 않고, 당연히 현재도 없습니다. 우리의 방법이 보이지 않게 되면 생각이 미끄러지지 않고 정지 상태에 들어간 것입니다. 즉, 마음에 망념이 없고 마음이 움직이지 않을 때, 이때가 바로 현재, 진정한 현재입니다.

그래서 여기서 세 가지 수준을 나눌 수 있습니다. 첫째, 우리는 현재에서 정진하는데, 방법을 사용하여 수행하면서 과거·미래를 놓아 버리고 오직 현재에 머무릅니다. 이것은 방법이 있는 것이고, 이때 시간은 방법상에 있습니다. 둘째, 선정에 든 뒤에 방법이 보이지 않으면, 현재를 떠나지 않았지만 느낌상으로는 현재가 없습니다. 셋째, 깨달은 뒤에는 아예 무심이고, 당연히 현재가 없습니다.

수행 과정 중에는 과거·현재·미래가 있지만, 철저히 깨달은 뒤에는 과거·현재·미래가 없습니다. 수행 과정 중에는 마치 우리가 선칠 중에 「신심명」을 사용하여 선 수행을 지도하듯이 언어의 도움을 빌려야 합니다. 그러나 "믿음과 마음이 둘이 아님"을 실제로 체험하고 나면 아예 언어가 필요 없고 「신심명」도 필요 없으며, 당연히 「신심명」을 주해할 필요는 더욱 없습니다.

머리말

석두 희천이 지은 「참동계」와 동산 양개가 쓴 「보경삼매가」는 선불교 조동종曹洞宗에서 가장 중요한 두 편의 저작이다. 조동종의 원류는 직접적으로는 석두 희천石頭希遷(700~790)으로 소급할 수 있고, 간접적으로는 그의 스승의 스승인 6조 혜능六祖惠能(638~713)으로 소급할 수 있지만, 조동종이라는 명칭은 이 종파에서 가장 유명한 두 조사인 동산 양개洞山良价 선사(807~869)와 조산 본적曹山本寂 선사(840~901)에게서 유래한다.

석두 선사에게는 많은 제자가 있었는데, 이를테면 약산 유엄藥山惟儼 선사(745~828)와 천황 도오天皇道悟 선사(754~807)가 있다. 석두 선사와 마찬가지로 약산 유엄도 선법禪法을 많은 법제자들에게 전했다. 그 중에는 두 분의 중요한 선사인 운암 담성雲巖曇晟(780~841)과 투자 대동投子大同(819~914)이 있다. 운암 담성은 이어서 동산 양개에게 법을 전했다. 따라서 조동종이 선종을 전승해 내려온 종파임은 확실하고 이것은 의심의 여지가 없다.

「참동계」는 조동종에서 극히 중요한 지위를 점한다. 조동종의 조사들은 석두 선사의 저작에 담긴 지혜를 광범위하게 원용했을 뿐만 아니라, 후인後人들이 「참동계」를 충분히 이해할 수 있도록 힘썼다. 일본의 불교 총서에서는 조동종의 교리를 소개할 때 「참동계」와 「보경삼매가」를 왕왕 함께 묶어 소개한다. 그러나 나는 지금까지 「참동계」를 명료하게 해

설한 어떤 책도 발견하지 못했다.

오늘날 대만에서도 이 두 편의 불교 저작에 담긴 가르침을 강해히는 사람은 거의 없다. 나는 조동종의 법제자[法子]이므로 조동선법曹洞禪法을 나의 수련생과 제자들에게 전해주어야겠다는 책임을 느끼는데, 이 전법의 책임에는 이 중요한 경전 가르침을 강해講解하는 것도 포함된다. 나는 미국의 동초선사東初禪寺(Chan Meditation Center)에서 매주 수요일 법문 가운데 이 두 편의 불교 저작을 소개하였다. 나는 보통 참선 정진 중에는 선 수행의 방법만 강조하고 불법의 철리哲理는 강해하지 않지만, 수요일 법문에서는 불교의 이법도 강해하고 수행방법도 강해했다. 이러한 법문에서 「참동계」와 「보경삼매가」는 이상적인 교재였다.

사실상 이 두 편의 저작을 이루는 한문 원문은 아주 이해하기 어려워, 그것을 영어로 번역하는 것도 힘든 작업이었다. 이 두 편의 저작과 작자의 생애는 『깨달음의 시게詩偈』(Poetry of Enlightenment)라는 책에서 간략히 소개한 바 있다. 지금 이 책에서는 두 편의 저작에 대해 심도 있는 해설을 했는데, 나의 주해는 이들 작품과 그 작자에 대한 나의 이해, 그리고 그들의 수행방법에 대해 내가 체험한 것에 근거한 것이다. 그러나 나는 석두 선사도 아니고 동산 선사도 아니므로, 내가 이 두 대사의 저작에 내포된 깊은 뜻을 완전하고 분명하게 해석할 수는 없다. 이 두 편의 시게는 깊이 이해하기가 어려워, 이들 저작을 번역하고 해석하고 심지어 편집하는 과정에서 문제가 계속 나타났다. 그러나 내가 해석해야 할 문제가 많으면 많을수록 이 시게에 내포된 뜻은 더욱 분명해졌다. 기쁘게도 이 작업이 완성되었다.

내가 알기로 조동종의 전적典籍들은 아직 영문으로 주석된 것이 없다. 「보경삼매가」도 다른 영문 번역본이 없다고 믿는다. 「참동계」는 영문 번역본이 하나 있는 것 같으나, 물론 내가 잘못 기억할 수도 있다. 나는 이 책으로 말미암아 더 많은 영문 독자들이 이 중요한 불교 저작들을 알게 되고, 불교 수행자들이 더 깊은 이해를 얻게 되기를 바라며, 또한 불교도들이 조동선曹洞禪의 수행방법과 원리를 더 잘 이해하기를 기대한다. 많은 사람들에게 이것은 조동종의 가르침에 대한 최초의 개론서일지도 모른다.

내가 강조하고 싶은 것은, 이 주석이 학술논문은 아니라는 것이다. 이런 가르침들은 진지한 불교도들을 위해 설한 것이다. 수행방법의 해설은 사람들의 수행을 고무하고 격려하기 위한 것이지 연구를 위한 것이 아니다. 연구하고 학술논문을 쓰는 것은 나도 경험해 보았지만, 학술적인 것은 아무래도 다른 사람들이 쓰게 하는 것이 좋을 듯하다. 이 작은 책을 계기로, 앞으로 더 좋은 책들이 나와서 이 주제를 토론해 주기를 바란다.

감사의 말

나는 이 책이 빨리 출간되도록 힘써 준 사람들에게 진심으로 감사한다. 왕밍이王明怡와 리페이광李佩光은 두서없는 강설 내용을 영어로 통역했다. 도로시 와이너와 낸시 맥소는 번거로움을 마다하지 않고 강설 원고를 글로 옮겨주었다. 크리스 머라노는 이 책의 편집을 주관하면서 효율적이고도 부지런하게 준비 작업을 해 주었다. 해리 밀러는 크리스를 힘껏 도와 독자들이 간명하게 이해할 수 있도록 했다. 스튜어트 랙스는 이 책의 많은 개념과 전체적인 풍격風格에 대해 가치 있는 비평과 의견을 내 주었다. 조너선 바딘과 낸시 맥소는 교열과 원고 마무리를 맡아주었고, 페이지 사이먼은 내지와 표지를 디자인했으며, 트리쉬 잉은 모든 작업 과정을 감독했다. 나는 또한 수요일 법문반의 모든 성원成員들에도 감사드린다. 그들이 없었으면 이 책은 나올 수 없었을 것이다.

聖嚴

제1부
참동계 강해

참동계(參同契)

천축의 큰 선인의 마음은　　　　　　　竺土大仙心　　1
서에서 동으로 은밀히 전해졌네.　　　　東西密相付

The mind of the great Indian immortal
Was esoterically transmitted from West to East.

사람들의 근기에는 예리함과 둔함이 있으나　人根有利鈍
도에는 남북의 조사祖師가 따로 있지 않네.　道無南北相
신령스런 근원은 밝고 깨끗하여　　　　靈源明皎潔
갈래를 지으며 숨어 흐르네.　　　　　　枝派暗流注

The capacity of people may be dull or sharp,
But there are no Northern and Southern Patriarchs in the Tao.
The spiritual source is bright and pure,
Branching out and secretly flowing forth.

현상에 집착하면 본시 미혹되거니와　　執事元是迷　　2
이치에 계합해도 깨달음은 아니네.　　　契理亦非悟
모든 (법의) 문은 일체의 경계를 포함하니　門門一切境　　3
서로 어울리기도 하고 어울리지 않기도 하네.　廻互不廻互

Attachment to phenomenon has always been confusion,
Yet union with principle is not enlightenment.
Every (Dharma) door includes all realms,
Some mutually interact, others do not.

어울리면 서로 더 관계하게 되고	廻而更相涉	4
한 곳에 머무름에 의지하면 안 되네.	不爾依位住	
색의 근본에서 형상과 모습이 나오고	色本殊質象	
소리 근원에서 즐거움과 괴로움이 나오네.	聲元異樂苦	

Reaction increases mutual involvement;
There should be no reliance on abiding in one place.
From original form comes shapes and images;
From primal sound comes pleasures and pains.

흐릿한 속에 위와 중간의 말들이 합하고	暗合上中言	5
밝음 속에서 맑고 탁한 표현이 분명하네.	明明淸濁句	
사대가 자신의 성품으로 돌아가니	四大性自復	6
마치 아이가 엄마를 찾은 것 같네.	如子得其母	

In obscurity, words of the high and middle (paths) are in accord;
In lucidity, expression of purity and muddiness are apparent.
The four great elements return to their own nature
As a child finds its mother.

불은 뜨겁고 바람은 움직이며 흔들리고	火熱風動搖
물은 젖고 흙은 단단하네.	水濕地堅固

눈에는 형상, 귀에는 소리   眼色耳音聲
코에는 냄새, 혀에는 짜고 신 맛   鼻香舌鹹醋

Fire burns, wind moves and shakes,
Water moistens, earth solidifies.
Eyes — forms, ears — sounds,
Nose — odors, tongue — salt and sour.

하나하나의 법에 따라서   然依一一法
뿌리에 의거하여 잎들이 생겨나네.   依根葉分布
뿌리와 가지는 근본으로 돌아가야 하고   本末須歸宗
존귀함과 비천함은 말이 다른 것뿐이네.   尊卑用其語

In accordance with each dharma,
The root gives rise to separate leaves.
Roots and branches must return to basic principle;
'Honorable' and 'lowly' are merely words.

밝음 속에 어둠이 있으니   當明中有暗   7
어둠을 어둠으로 여기지 말고,   勿以暗相遇
어둠 속에 밝음이 있으니   當暗中有明
밝음을 밝음으로 여기지 말라.   勿以明相覩
밝음과 어둠이 각기 서로 상대하니   明暗各相對
앞걸음에 뒷걸음이 따르는 듯하네.   比如前後步

In the midst of brightness there is darkness;
Do not take darkness as darkness.
In the midst of darkness there is brightness;

Do not take brightness as brightness.
Brightness and darkness correspond,
Like one step following another.

만물은 각기 작용이 있으니 　　　　　萬物自有功
그 용도와 장소가 다를 뿐이네. 　　　　當言用及處
현상은 보존하고 봉하고 덮고 합치며 　事存函蓋合　　8
이치는 화살, 칼날, 지팡이에 순응하네. 理應箭鋒拄

All things have their own function
Depending on their use and location.
Phenomenon stores, seals, covers, combines.
Principle yields to the arrow, the sword's edge, the stick.

들은 말은 근본 이치에 맞아야 하니 　承言須會宗
자기 나름대로 규칙을 세우지 말라. 　勿自立規矩
눈으로 보면서도 길을 못 찾는데 　　觸目不會道
발을 놀린들 어떻게 길을 알리오? 　　運足焉知路

Received teachings must be reconciled with basic principle;
Do not establish your own rules
Using your eyes, the path is lost.
Using your feet, how can you know the road?

나아가면 가깝지도 멀지도 않으나 　　　進步非近遠　　9
미혹되면 산과 강이 가로막네. 　　　　迷隔山河固
부디 이르노니, 현묘함을 찾는 이들이여 謹白參玄人

시간을 헛되이 보내지 말라.　　　　　光陰莫虛度

Moving forward there is no near or far;
Confusion creates mountains and rivers of obstructions.
I implore those who investigate the mysterious:
Do not waste your time!

참동계 소개

「참동계」의 강해에 들어가기 전에, 석두 희천의 생애와 성취를 간단히 소개하고자 한다. 그는 당나라 때 사람으로, 13세에 출가하여 처음에는 6조 혜능을 따라 선禪을 배웠으나 6조가 원적圓寂하자 6조 혜능의 중요한 제자 중 한 사람인 청원 행사靑原行思(660~740) 밑으로 가서 배웠다. 조동종은「참동계」를 매우 중시하며 그 원류를 석두 희천에까지 소급하지만, 조동종을 개창한 것은 석두 선사가 아니라 다른 두 분의 법손들이다.

석두 희천의 법맥 전승은 약산 유엄藥山惟儼, 운암 담성雲巖曇晟, 동산 양개洞山良价, 조산 본적曹山本寂으로 이어지는데, 동산 양개와 조산 본적이 조동종의 개창자로 공인되고 있다. 사실 조동종이라는 이름은 이 두 조사의 이름 첫 글자를 딴 것이다.

석두 희천의 이 저작은 제목이「참동계」인데, 이 이름이 처음 출현한 것은 동한東漢 시대로 원래는 도사道士인 위백양魏伯陽이 지은 다른 책의 이름이었다. 이 도가의 책은 연단술煉丹術을 묘사하여 사람이 장생불로하거나 신선이 되게 하려는 것이었다. 그런데 석두 선사는 왜 이 도가 책의 제목을 자신의 선시禪詩 제목으로 했을까? 불교가 처음 중국에 전해질 당시 석가모니불은 '대각금선大覺金仙'으로 불렸다. 이것은 도가의 용어로, 그 목적은 불법을 도가와 관련짓기 위함이었다. 석두 선사는 도가의 책 이름을 차용함으로써 신선이 되는 것과 부처가 되는 것 사이에 유사한 관계가 있음을 보이려고 하였다. 그는 세상 사람들에게 수행을 하면 부처가 되거나 '대각금선'을 이룰 수 있다고 가르치려 한 것이다. 그 밖에도 이 이름은, 성불하기 위한 선 수행이 도가의 어떤 수련방식과 매우 유사하다는 것을 암시한다.

이 저작의 명칭은 세 개의 한자로 이루어져 있다. 그 중에서 '계契'는 본래 '계약'을 뜻한다. 두 사람이 하나의 목표를 이루기 위해 어떤 협정을 할 때 이 협정을 '계'라고 하는 것이다. 예를 들어 법원에서 공증결혼公證結婚(혼인신고만으로 하는 결혼)을 하는 사람들은 쌍방의 혼약을 선서 확인해야 하는데, 이러한 확인이 곧 '계'이다.

'동同'은 '공동共同'을 뜻하는데, 이 시詩에서 '동'은 시방삼세十方三世의 모든 부처님을 가리킨다. '동계同契'라는 하나의 단어가 가리키는 '확인'은 두 사람 간의 협의뿐만 아니라 여러 부처님의 공동 확인도 의미한다. 성불하기 위해서는 우리가 이 시가詩歌에서 가리키는 도道의 길을 좇아 수행해야 한다는 것이다.

'참參'은 '노력' 혹은 '참구參究'로 번역된다. 우리는 사물의 의미를 힘써 탐구해야 한다. 이 시가의 이름이 갖는 의미는 '동계'를 탐구한다는 것이다. 곧, 무엇이 여러 부처님이 공동으로 인가하는 것인지를 탐구한다는 뜻이다. 이것은 공안·화두를 참구할 때 대면하는 문제와 같은 성격의 것이다. 사실상 많은 공안은 「참동계」와 조동종의 가르침에서 유래한다. 예를 들어 유명한 공안 하나는 이런 것이다. "달마조사가 서쪽에서 오신 뜻은 무엇인가?" 물론 여러분은 보리달마菩提達摩가 인도를 떠나 중국으로 와서 불법을 전했다고 대답할 수는 없다. 왜냐하면 그런 대답은 이성적인 사고와 추론에 근거해서 나오는 것이지만, 이 문제의 배후에 잠재되어 있는 핵심은 언어 문자로써 해석할 수 없기 때문이다. 우리가 이 공안을 참구할 때는 사실 여러 부처님이 공히 인정하는 일을 밝히려고 노력하는데, 이것이 바로 「참동계」의 한 모범 사례인 것이다.

이 시에는 아주 중요한 두 개의 용어가 있다. 명明과 암暗이 그것인데, 그 문자적 의미는 '밝음'과 '어둠'이다. 조동종의 후기 저작들은 상대적인 개념들을 제시한다. 이를테면 '중中과 편偏', '군君과 신臣' 같은 것이다. 이런 상대적 개념들 중의 하나인 '명明', '중中', '군君'은 사물의 양상[事相] 중에서 주도적인 것을 나타내고, 다른 하나인 '암暗', '편偏', '신臣'은 사물의 양상 중에서 보조적인 것 혹은 협력적인 것을 나타낸다. 조동종 선사들은 수행 체험의 해석을 돕기 위해 이런 상대적인 단어들을 사용한다. 예컨대 그들은 깨달음의 체험을 5가지 수준으로 나누고 상대적인 단어를 이용하여 이 5가지 수준의 깨달음 경계[悟境]를 해석하는 방법을 돕는다. 이것은 모두 석두 희천의 '명암'이라는 이 용어에서 유래한다.

석두 희천이 선종, 특히 조동종에 끼친 영향은 심대하다. 「참동계」 속에 그의 근본사상이 들어 있기 때문에, 이 저작은 연구하고 토론해 볼 가치가 있다. 그러나 「참동계」의 내용은 이해하기 매우 어려울 뿐 아니라, 지금까지 이 시의 영문 주석조차 없다. 나는 이 책이 장차 더 좋은 「참동계」 주석서가 많이 출현하는 계기가 되기를 바라며, 이 주석이 독자들에게 도움이 되기를 바란다.

참동계 강해

1. 부처 마음 깨닫는 길로 매진하라

천축의 큰 선인의 마음은 竺土大仙心
서에서 동으로 은밀히 전해졌네. 東西密相付

"천축의 큰 선인"은 석가모니 부처님을 가리킵니다. 석가모니 부처님은 결코 불법을 서방에서 동방으로 전하지 않았습니다. 역사적으로 불법이(여기서는 선불교가) 동쪽으로 전파되어 중국에 이르게 된 공로는 보리달마에게 있지만, 이 두 구절은 보리달마를 가리키는 것도 아닙니다. 이 시게에서 말하는 것은 부처 마음[佛心]이지 부처님 자신이 아닙니다. 서역西域에서 중국으로 은밀히 전해진 이 마음은 완전한 깨달음을 얻은 자의 지혜를 가리키며, 불교용어로는 '심지법문心地法門'이라고 합니다.

석가모니 부처님은 보리수 아래 앉아 맹세하기를, 완전한 깨달음을 얻기 전에는 자리에서 일어나지 않겠다고 했습니다. 전하는 말로는 그분의 참된 본성이 현전했을 때 마음이 환하게 빛났다고 합니다. 번뇌가 남김없이 소멸되면 마음이 밝고 깨끗합니다. 만일 수행자가 이런 경계에 도달하면 제법諸法의 참된 본성을 보게 됩니다. 이 참된 본성에는 많은 명칭이 있는데, 때로는 법성法性이라고 하고, 깨닫기 전에는 불성佛性이라고도 하며, 깨달은 뒤에는 부처의 지혜라고 합니다. 중생이 깨닫기 전에는 부처 마음이 어떤 물건인지, 어디에 있는지 모릅니다. 자신의 본성을 깊이 관찰하는 사람만이 참 마음을 지각할 수 있습니다. 그래서 시중에서 말하기를, 부처 '마음' 혹은 부처의 지혜는 "은밀히 전해졌다"고 했습니다. 즉, 비전秘傳되었다고 할 수 있습니다.

깨닫지 못한 사람은 이 마음을 보지 못하고, 부처님도 이 마음을 그들에게 보여줄 수 없습니다. 수행자는 자기 스스로 그것을 체득해야 합니다. 부처님은 불법을 제공해 줄 수 있을 뿐 사람들을 부처로 만들어 주지는 못합니다. 부처님들도 우리에게 이 마음을 보여주지 못하는데, 부처님 이후의 조사들이 어찌 그렇게 할 수 있겠습니까? 깨달음은 수행인 자신의 노력에 의해서만 이룰 수 있습니다.

비록 모순처럼 보이기는 하지만 깨달은 사람들은 부처님이 이 지혜를 명확하고 완전하게 그들에게 전해 주었다는 것을 이해합니다. 바꾸어 말해서 부처님은 완전히 깨달은 사람들 앞에 당신의 마음을 드러내고, 완전히 깨달은 사람들도 역대 조사가 이 마음을 서역에서 동쪽으로 전해주었다는 것을 분명히 인식한다는 것입니다. 석두 희천은 '조사'라는 말로써, 이 마음을 철저히 본 완전히 깨달은 사람을 형용합니다.

이 참 마음을 '정법안장正法眼藏'(올바른 법의 눈의 저장고)이라고도 합니다. 일체의 법은 이 저장고에서 나오지만, 법안法眼을 이미 뜬 깨달은 자만이 이 법의 저장고法藏를 볼 수 있습니다. 이 마음이 역대 조사들에게 전승되는데, 이것을 때로는 '법을 전한다傳法'거나 '법을 넘겨준다付法'고 말합니다. 그러나 정식으로는 '법장을 넘겨준다付法藏'고

합니다. 마찬가지로, 역대 조사의 법통 기록에는 하나의 특별한 명칭이 있는데, 『부법장인연전付法藏因緣傳』이라는 것입니다.

물론 역대 조사 간에 법장을 전승하는 것은 결코 비밀이 아닙니다. 전법자와 수법자受法者에게는 법장의 전달이 공개적이고 투명한 것이지만, 아직 깨닫지 못한 중생들은 바로 목전에서 일어나는 전법에 대해 전혀 알지 못합니다. 깨닫지 못한 사람에게는 '법장을 넘겨주는' 일이 비밀이고, 그들이 깨닫기 전에는 계속 수수께끼로 남습니다.

사람들의 근기에는 예리함과 둔함이 있으나   人根有利鈍
도에는 남북의 조사祖師가 따로 있지 않네.   道無南北相

깨닫지 못한 중생들의 근기는 서로 다르지만, 조사들은 동서남북 어디서 왔든 전혀 차별이 없습니다.

사람들의 근기에는 확실히 차이가 있습니다. 만약 여러분이 불법을 배우고 닦을 수 있으면, 설사 자신의 수행이 많이 부족하다고 느낀다 해도 모두 기뻐해야 합니다. 불법을 만나서 능히 그것을 받아들이고 수행할 수 있다는 것은 희유한 일이며, 여러분이 불법과 맺은 인연이 깊다는 것을 말해줍니다. 그렇기는 하나 법 인연[法緣]이 깊고 두터움이 근기의 예리하고 둔함과 같지는 않습니다. 불법을 만난 사람들이 같은 정도의 법 인연을 갖추고 있다고 해도, 그 중의 어떤 사람은 근기가 예리하고 어떤 사람은 근기가 둔합니다. 근기가 예리한 사람들은 둔한 사람들보다 더 빨리 번뇌를 끊어 버릴 수 있습니다.

쇠공이 하나 있다고 합시다. 그것이 무겁기는 하지만 예리하지는 않기 때문에 종이 봉지를 뚫지 못하고, 그래서 여전히 봉지 속에 감추어져 있습니다. 근기가 깊지만 둔한 수행자는 비유하자면 봉지 속에 든 쇠공과 같습니다. 법 인연은 깊지만 수행능력은 둔하고, 그래서 번뇌를 빨리 타파하지 못합니다. 반대로 근기가 예리한 수행인은 한 자루의 쇠검과 같아서, 조금만 힘을 주면 이 검은 봉지를 뚫을 수 있습니다.

 오랫동안 수행하고도 아직 자신의 참된 본성을 보지 못한 사람들은 자신이 근기가 둔한 사람임을 인정해야 합니다. 그러나 그 때문에 절망해서는 안 됩니다. 이런 사람들은 근기는 비록 둔하지만 법 인연은 깊습니다. 이와 같은 사람들은 꾸준히 계속 수행해 나가면서 그들의 '쇠공'을 부단히 탁마하고 단련해야 합니다. 그러다 보면 예리한 칼날을 만들어내어 업장의 벽을 뚫고 나갑니다. 그럴 때 비로소 검이 나타납니다.

 이런 고사가 있습니다. 전하는 말로 석가모니 부처님의 아들인 라훌라는 야쇼다라(부처님이 출가하기 전의 부인)의 태중에서 6년을 있었다고 합니다. 석가모니가 아직 황궁을 떠나기 전에 이미 야쇼다라는 잉태하고 있었는데, 석가모니께서 완전한 깨달음에 이르자 라훌라가 비로소 모태를 나왔습니다. 왕실 사람들은 야쇼다라가 다른 사람과 간통했다고 비난했을 뿐 아니라, 그녀에게 사형 판결을 내렸습니다. 이 판결에 대해 야쇼다라가 말했습니다. "저는 자신이 결백하다는 것을 압니다. 이것을 증명하기 위해 제가 한 가지 시험을 받고 싶습니다. 물속에 바위를 하나 던진 다음 저와 아이가 그 바위에 서 있겠습니다. 만일 저희들이 가라앉으면 저에게 죄가 있는 것이고, 저희들이 물에 빠져 죽어도 마땅하겠지요. 만일 저희들이 물 위에 떠 있으면 그것은 저에게 죄가 없다는 것을 말해줄 것입니다." 물론 야쇼다라와 라훌라 모자 그리고 바위는 가라앉지 않았고, 그녀는 자신의 결백을 증명했습니다.

 라훌라는 어떻게 해서 모태에 그렇게 오래 머물러 있었을까요? 석가모니 부처님은 이 일의 인연을 이렇게 설명했습니다. 과거생에 라훌라는 뱀 한 마리가 굴속으로 들어가는 것을 보고 그 입구를 틀어막아 뱀을 굴속에 가두었다가, 6일이 지난 뒤에야 입구의 돌멩이를 치워 뱀이 나올 수 있게 했습니다. 이 행위의 과보로 라훌라는 어머니의 모태에 6년을 있게 되었다는 것입니다.

　이 고사에서 부처님은 라훌라의 과거세過去世 중 한 가지 행위만 말씀하셨을 뿐입니다. 무량한 세월 이래로 우리가 다른 중생들에게 저지른 갖가지 악행으로 인해 쌓은 모든 악업은 하나하나 추적할 수도 없습니다. 과거세의 악업이 금생에는 수행 도상의 장애를 이루게 됩니다. 마치 라훌라가 모태를 벗어날 수 없었듯이, 우리의 지혜도 자신의 업장을 돌파하지 못하는 것입니다. 과거의 행위로 인한 장애를 만나기만 하면, 법 인연이 얼마나 깊든 관계없이 우리의 근기는 여전히 둔한 것입니다.

　진보해야겠다고 생각하면 자신의 업장을 담담하게 대면하고 과거세에 저지른 업보를 받아들여야 하는 것은 물론이고, 금생부터는 세세생생世世生生 도심道心을 굳게 지녀 부단히 수행해야 합니다.

　근기가 둔한 것을 자각하는 사람들은 절망할 필요가 없고, 근기가 예리한 사람을 부러워할 필요도 없습니다. 어떤 사람들은 법 인연이 깊고 근기도 예리한데, 이런 사람들은 수행 도상에서 아주 빨리 진보할 뿐 아니라 퇴보하지도 않을 것입니다. 그들은 깊은 깨달음의 체험을 가지며, 한번 깨달으면 모든 번뇌를 바로 끊어 버리고 완전한 깨달음에 이릅니다. 그러나 이런 사람은 봉황의 털이나 기린의 뿔[鳳毛麟角]처럼 극히 드뭅니다. 흔히 수행하여 빨리 진보하는 사람들은(왜냐하면 그들은 업장이 두텁지 않으므로) 법 인연이 깊지 않습니다. 그들은 근기가 아주 예리하여, 수행하고 오래 되지 않아 자성을 봅니다. 그러나 깊은 법 인연이 없기 때문에 깨달음에서 얻는 이익이 박약하고, 그것을 오래 유지하지 못합니다. 그들은 그 체험에서 지속력을 산출하지 못하고, 계속 부지런히 수행하지 않기 때문에 앞서 얻었던 이익이 금방 사라지고 맙니다.

선사들이 늘 하는 말이지만, 깨닫기 전에는 우리가 '부모상을 당한 듯이' 부지런히 수행해야 합니다. 그러나 깨달은 뒤에 정진을 배가하여 수행해야 하고, 마음 자세도 마치 '부모상을 또 당한 듯이' 더 엄숙하고 진지해야 합니다. 왜 그렇습니까? 깨닫기 전에는 여러분이 아주 가련한 존재이기 때문입니다. 자기가 어디서 왔는지도 모르고 어디로 갈지도 모르며, 자기가 누구인지도 모릅니다. 이런 문제의 답을 찾고 싶다면 죽어라 하고 열심히 수행하는 것 외에는 다른 방법이 없습니다.

깨달은 사람들로 말하면, 그들은 자기가 어디서 왔는지, 어디로 갈지를 압니다. 그러나 자성을 보았으나 법 인연이 깊지 않은 사람들은 세심하고 신중해야 합니다. 왜냐하면 이런 사람들은 퇴전退轉하거나 아니면 올바른 수행에서 벗어나기 쉽기 때문입니다. 마치 좁고 험한 길을 갈 때 조금만 조심하지 않아도 길을 잃고 다시 낯선 곳으로 가기 쉬운 것과 같습니다. 깨달음의 체험을 가진 수행인은, 넓고 안전한 큰 길에 이를 때까지 계속 부지런히 수행해야 합니다.

석두 희천이 이 두 구절에서 이야기하는 '도道'는 부처 마음을 가리키며, 또한 부처 마음을 향해 매진하는 길을 가리킵니다. 깨닫지 못한 사람들은 자기 몸이 어디 있는지 몰라 아무 데로나 갑니다. 이런 사람들에게 '도'의 의미는 성불의 길입니다. 수행인이 자성을 본 뒤에는 자기 눈앞의 위치를 알고, 미래의 목표가 어디에 있는지도 압니다. 그러나 그들은 아직 수행 도상에서 계속 전진해야 합니다. 그래서 아직은 '도'를 이야기할 필요가 있습니다. 성불해야만 '도'를 이야기할 필요가 없게 됩니다. 어떤 때는 우리가 '도'를 성불도라고 하지만, 이것은 아직 성불하지 못한 중생들의 이익을 위해서 그런 용어를 필요로 하는 것뿐입니다. 부처님에게는 아무 불도가 없습니다.

우리는 자성을 보거나 깨달음의 경계를 체험하는 것이 반드시 영원한 깨달음을 의미하지는 않는다는 것을 알아야 합니다. 우리가 자신의 참된 본성을 보았을 때, 즉 무아의 공성空性을 보았을 때, 그 깨달음의 경계는 신령스러운 빛이 갑자기 나타나는 것과 같이 한 번 번쩍하고는 곧 사라집니다. 선종사의 기록에 의하면 어떤 선사들은 깨달음의 경계를 한 번 체험하자마자 곧 크게 깨달았다고 합니다. 당나라 때의 위산 영우 선사와 앙산 혜적 선사가 바로 그런 경우인데, 그들은 최고 경지의 선사들입니다.

그러나 이런 예는 많지 않고, 보통은 수행인들이 한 번 깨닫는 것으로는 충분하지 않고 여러 번 깨달음을 체험해야 합니다. 어떤 때는 그 깨달음의 경계가 얕고 어떤 때는 깊습니다. 예를 들어 송나라 때의 한 선사는 평생에 큰 깨달음이 30여 회, 작은 깨달음은 부지기수였다고 합니다. 지혜로운 선사는 제자가 처음 깨닫고 나서 곧 남을 가르치도록 허락하는 일이 좀처럼 없습니다. 왜냐하면 그들은 여전히 계속 힘써 수행해야 하기 때문입니다.

조동종에서는 불도를 수행하는 데 5가지 수준이 있다고 하고, 훗날 명대明代의 여러 선사들은 선 수행의 삼관三關을 이야기했습니다. 첫 번째 관문인 '초관初關'을 통과하는 것은 깨달음을 처음 체험하는 것에 해당하며, 문턱을 한 번 넘는 것과 같습니다. 어떤 선사는 여러분의 이런 체험을 인증하고 인가할지도 모르지만, 여러분에게 남을 지도하는 것은 허락하지 않을 가능성이 큽니다. 왜냐하면 여러분이 아직 많은 공부가 되지 않았기 때문입니다.

두 번째 관문은 '중관重關'(겹겹의 관문)이라고 합니다. 이 수준에서는 수행인이 여러 번의 깨달음 경계를 체험하게 되는데, 보통 그 경계는 회를 거듭할수록 강해질 것이고 깨달음의 경계에서 오는 힘도 비교적 오래 지속될 것입니다. 제가 말하는 힘과 이익은 번뇌가 사라지는 양과 힘을 가리킵니다. 깨달음의 경계는 한 찰나 동안만 유지될 수도 있는데, 그 찰나 동안에 수행인은 자기 번뇌의 허망한 본질을 이해할 것이고, 탐貪・진瞋・치癡・만慢・의疑*에서 생겨나는 번뇌와 집착도 잠시 사라질 것입니다. 수행인의 번뇌는 금방 회복될 수도 있고 비교적 오랜 시간이 지난 뒤에 회복될 수도 있는데, 이것은 깨달은 경계의 심천深淺과 강약에 따라 정해집니다. 대철대오해야 번뇌가 영원히 끊어집니다.

세 번째 관문은 '뇌관牢關'이라고 합니다. 이 관문을 타파한 수행인은 생사윤회의 속박을 타파한 것입니다. 이런 사람은 이미 해탈을 이루어 대철대오하고 일체의 번뇌를 끊었습니다. 그러나 이것도 아직은 더 이상 수행할 필요가 없는 것을 의미하지는 않습니다. 해탈한 한 사람의 수행자는 한편으로 다른 사람을 지도할 수 있고, 동시에 한편으로는 수행하면서 더 많은 지혜와 공덕을 쌓을 수 있습니다. 이 수준은 선종 '십우도十牛圖'의 열 번째 그림에 해당합니다.

수행인이 첫 깨달음에서 뇌관을 타파할 수도 있지만, 보통은 중관을 먼저 타파해야 됩니다. 한번 깨달으면서 삼관을 타파하는 사람은 심후하고 예리한 근기를 가진 사람이며, 마치 예리한 쇠검을 몸에 지닌 것과 같습니다. 선종의 발전 초기에는 출가인들이 아직 뇌관을 타파하기 전에는 다른 사람을 가르치는 것을 허락하지 않았습니다. 그러나 지금은 여건이 그렇지 못해서, 어떤 수행자는 아직 제2관에 있는데도, 심지어는 제1관에 도달했을 뿐인데도 남을 가르치는 것을 허락받기도 합니다.

이미 깨달음의 체험을 가진 사람들은, 자신이 완전히 대철대오한 것이 아니며, 스승의 지도를 구하거나 경전 공부를 더 해야 한다는 것을 이해해야 합니다. 지도해 줄 스승을 찾지 못한다면 그들이 남을 가르칠

---

* (역주) 탐욕, 성냄, 어리석음, 자만, 의심의 다섯 가지 번뇌. '5개五蓋'라고도 한다.

수도 있겠지만, 그래도 신중해야 합니다. 그들은 자신이 아직 많은 문제를 극복해야 한다는 것을 알아야 합니다. 그들 자신의 체험은 아직 얕고, 따라서 따르는 사람들을 오도하지 않도록 조심해야 합니다. 그들 자신의 깨달음 경계가 깊지 않다는 것을 그 제자들이 알아야 하며, 만일 제자들이 스승을 대철대오한 사람으로 잘못 생각하면 훗날 스승의 언행에 대해 실망을 느낄 수도 있습니다. 이것은 제자들에게 공평하지 않을 뿐 아니라 불법에도 공평하지 않습니다. 처음 깨달음을 체험한 스승들은 겸허해야 하며, 가장 중요한 것은 계속 수행해야 한다는 것입니다.

이러한 스승은 코치와 비슷합니다. 코치는 걸출한 운동선수가 아닐 수도 있지만, 다른 사람을 걸출한 운동선수로 만들어낼 능력은 있습니다. 저는 늘 제가 다리가 하나뿐인 사람에 지나지 않은데, 제 주위에 한 무리의 다리 없는 제자들이 에워싸고 있다고 말합니다. 저는 빨리 걷지 못하지만, 최소한 사방 어디든지 다닐 수는 있습니다. 저는 다리가 하나뿐이면 충분히 완벽하지는 않다는 것을 알고, 또한 자신이 두 다리를 가질 수 있다는 것도 압니다. 이런 앎이 있기에, 저는 그런 다리 없는 제자들에게 두 다리가 나도록 가르칠 수가 있습니다.

종종 사람들이 저에게 묻습니다. 깨달음의 경계가 사라져서 수행자가 자신의 체험을 잃어버리고 다시 수행하지 않게 될 수도 있느냐고 말입니다. 사실 잃어버린 것은 신령스러운 빛이 돌연 나타난 깨달음의 체험이 아니라, 깨달음의 경계에서 오는 힘입니다. 만일 참으로 깨닫게 되면 자신의 참된 본성을 명료하게 보게 되고, 배전의 노력으로 수행하게 될 것입니다. 왜냐하면 수행의 신심과 힘이 모두 증가하기 때문입니다. 만일 어떤 사람이 자칭 깨달았다고 하면, 여러분은 경각심을 가져야 합니다. 그가 더 이상 수행을 계속하지 않고 행동도 부주의하다면, 그는 진정한 깨달음을 체험하지 못했을 가능성이 큽니다. 물론 어떤 업보 인연 때문에 그 수행자가 깨달은 뒤에 계속 수행하지 못할 수도 있겠지만, 이것은 예외적인 경우입니다.

더욱이, 수행에서 얻은 힘은 결코 마법이 아닙니다. 그것은 그 사람을 계속 수행해 나가도록 밀어주는 실체 혹은 힘입니다. 수행의 힘은 탐貪·진瞋·치癡·만慢·의疑가 사라지는 데서 나오는데, 이 힘이 사라지면 이러한 번뇌들이 다시 출현할 것입니다. 그러나 이것은 그 수행자로 하여금 계속 수행하도록 충분히 몰아줄 수 있습니다. 왜냐하면 일단 번뇌가 없는 삶을 경험해 본 사람은, 비록 그것이 한 찰나에 지나지 않았다 하더라도, 번뇌가 마침내 줄어들어 영원히 사라질 때까지 수행을 계속해 나갈 만한 신심과 결의를 갖게 될 것이기 때문입니다.

2. 사람마다 신령스런 근원을 가지고 있다

신령스런 근원은 밝고 깨끗하여　　　　　靈源明皎潔
갈래를 지으며 숨어 흐르네.　　　　　　　枝派暗流注

"신령스런 근원"은 성불의 잠재력, 혹은 우리 각자가 내면에 모두 가지고 있는 성불의 씨앗을 가리킵니다. 그것을 보통 불성이라고 하는데, 우리 각자가 내면에 본래 가지고 있는 청정무염清淨無染한 주인으로 묘사할 수도 있습니다.

"신령스런 근원"으로 번역되는 영원靈源이라는 말에는 다른 함의도 있는데, 그것은 모종의 자유로우면서도 부드러운, 하나의 온화하고 장애 없는 등불 같은 것으로서 일체를 두루 비추는 힘을 갖춘 것을 암시합니다. 이 두 글자는 어떤 때는 달빛을 묘사하는 데도 쓰입니다. 사람들은 일반적으로 달빛을 부드럽고 아주 맑은 것으로 생각합니다. 따라서 신령스런 근원은 장애를 전혀 받지 않고, 그러면서도 밝고, 맑고, 깨끗합니다.

깨달은 자의 안목에서 보자면, 신령스런 근원은 청정하고 여여부동如如不動합니다. 그것은 어떠한 힘도 갖추고 있지 않습니다. 왜냐하면 힘이 필요 없기 때문입니다. 그 본성(여여함)만 있습니다. 그러나 보통의 중생들에게는 이 신령스런 근원이 밝게 비추는 힘을 갖추고 있습니다. 왜냐하면 그들은 무명無明의 어둠 속에 있기 때문에 광명의 힘이 있어야 그 어둠에서 벗어날 수 있기 때문입니다. 신령스런 근원이 밝게 비추는 힘을 드러낼 때를 지혜라고 합니다.

신령스런 근원은 중생들 각자의 마음속에 존재하고, 일체 중생에게 공통됩니다. 다만 깨닫기 전에는 중생들이 무명에 덮이고 가려져 있고, 신령스런 근원도 번뇌에 덮여 있습니다. 사실 어떤 중생도 모두 유일무이합니다. 우리는 중생 누구나가, 이 모든 것에 공통되는 신령스런 근원에서 나온 흐름의 각기 다른 갈래라고 말할 수 있습니다.

부처의 관점에서 보자면, 모든 사람이 신령스런 근원을 가지고 있습니다. 바꾸어 말해서 청정무염한 불성의 빛은 처처에서 모두 동일합니다. 그러나 중생이 깨닫지 못하여, 자기가 어둠 속에 빠져 있고 그 신령한 근원과는 멀리 떨어져 있다고 볼 뿐입니다. 그들은 신령한 근원의 빛을 지혜로 보고, 자기 주변의 어둠을 번뇌로 여깁니다. 사람들은 저마다 자신의 번뇌를 가지고 있고, 그래서 모두 유일무이한 존재입니다. 중생들은 자기가 번뇌에 빠져 있는 정도에 따라 갖가지 서로 다른 수준의 어둠을 봅니다. 부처님에게는 지혜와 번뇌가 결코 다르지 않습니다. 그렇기는 하나, 부처님은 중생들의 필요에 무조건적으로 즉각 반응합니다.

중생들은 이 공통의 신령스런 근원에서 갈라져 나올 때 무수히 다른 방향으로 구불구불 흘러가는데, 각자의 번뇌와 업보에 따라 갖가지 서로 다른 길의 각개 지점으로 흘러나가고 흘러들면서, 생사윤회의 끝없는 육도六道를 가득 채웁니다.

이 두 구절의 시에서 첫째 구절은 '명明'을, 둘째 구절은 '암暗'을 이야기합니다. '명'은 깨달음을 나타내고 '암'은 번뇌, 혹은 중생들이 깨닫기 전의 상태를 나타냅니다. 이 두 구절의 시 중에서 명과 암은 서로 별개이고 피차 다릅니다. 밝음은 밝음이고 어둠은 어둠이어서 구분이 분명합니다. 그러나 명과 암의 구분은 불법의 한 방편설입니다. 이것을 이용하여 범부중생을 가르쳐 그들에게 이익을 얻게 하기 위한 것입니다.

현상에 집착하면 본시 미혹되거니와　　執事元是迷
이치에 계합해도 깨달음은 아니네.　　契理亦非悟

이 두 구절은 앞의 두 구절에 호응합니다. 저는 방금 명과 암이 서로 별개이고 피차 다르다고 말했지만, 이런 설명은 불교의 어떤 종파의 가르침에서 유래하는 것이지 결코 최고 수준의 불법은 아닙니다. 여기서 이 두 구절은, 명과 암을 서로 다른 실체로 보는 것은 결코 구경의 불법이 아님을 상기시킵니다.

만일 밝음과 어둠, 번뇌와 지혜, 생사와 열반을 구별한다면 그것은 분별심입니다. 분별심은 무명에서 나옵니다. 여러분이 분별한다면—즉, 갖가지 현상 간의 다름에 집착하고 그러면서 집착심으로 더 한층 구분한다면—여러분은 깨닫지 못한 것이고, 여전히 어리석은 것이며, 어떤 견해에 집착하는 것입니다. 이런 특징들은 범부 중생의 것이지 깨달은 자의 것은 아닙니다.

여기서 첫째 구절은, 만일 여러분이 명암에서 생겨나는 온갖 현상들에 집착한다면 여전히 어리석고 미혹되어 있다는 것을 말해줍니다. 둘째 구절은 이치에 계합하는 것도 깨달음은 아니라고 우리에게 경고합니다. 여기서 "이치(理)"는 명과 암을 같은 하나로, 둘이 없고 구분할 수 없는 것으로 보는 것을 가리킵니다. 만일 사람이 명과 암을 분별하지 않으면 '이치'와 상응하고 '이치'와 계합하지만, 이것도 깨달음은 아닙니다.

왜 "이치에 계합해도" 깨달음이 아닙니까? 이치에 계합하는 것은 세간적인 깨침으로 볼 수 있는데, 그것을 통일심이라고 합니다. 이런 체험도 힘 있고 귀중한 것이기는 하나, 불교에서는 결코 깨달음으로 볼 수 없습니다. 왜냐하면 거기에는 여전히 자아가 있기 때문입니다. 우리는 그것을 '대아大我' 혹은 '신아神我(atman)'라고 부르며, 곧 석두 선사가 '이치'라고 한 것입니다. 그러나 그것은 깨달음이 아니며, 결코 사람을 생사윤회에서 해탈하게 해 주지 않습니다.

이러한 '이치'를 구경의 진리로 삼아 꽉 붙들고 놓지 않는 사람들은, 실재하고 불변하며 영구적인 본성이 존재한다고 믿기 십상입니다. 그러나 불교의 근본 가르침은, 불변의 영구적인 자성自性은 없으며, 우주만유宇宙萬有의 기초는 공성空性이라는 점을 분명히 말하고 있습니다. 사실 하나의 영구적이고 보편적이고 불변하는 이치에 집착하는 것은 대아에 집착하는 것입니다.

3. 만법은 하나에 포함된다

모든 (법의) 문은 일체의 경계를 포함하니 　　門門一切境

서로 작용하기도 하고 작용하지 않기도 하네.　　　廻互不廻互

우리는 태극음양도太極陰陽圖, 즉 반은 흰색이고 반은 검은색인 원을 잘 알고 있습니다. 한편으로 음·양은 서로 떨어져 있고 별개이지만, 다른 한편으로 음·양은 하나의 원을 이루는 일부분입니다. 석두 선사가 태극도를 이야기하지는 않지만, 그도 비슷한 방법으로 명과 암이라는 이런 기호를 사용합니다. 음과 양, 명과 암은 서로 대립하거나 상반되는 요소이면서도 피차 상호작용 합니다.

이 시구를 계속 설명하기 전에 먼저 불교용어 두 가지, 즉 '법法'과 '성性'을 해석하겠습니다. 왜냐하면 이 용어들은 제가 이제부터 논의하려고 하는 내용 대부분을 분명히 하는 데 도움이 되기 때문입니다. '성'이라는 불교용어에는 아주 많은 뜻이 있습니다. 어떤 때는 사물의 본래적인 모양을 가리키는데, '자성'이라는 말에서 쓰일 때와 같습니다. 우리는 늘 '자성을 찾는다'고 이야기하지만 실은 '자성'이라는 것은 없습니다. 실제로 자성이란 곧 법입니다. '법'은 신체적인 것이든 심리적인 것이든 모두 영구불변의 실체가 없고, 따라서 근본적으로 자성이 없습니다. 다른 한편에서 이야기하자면, 제법諸法이 인연에서 생겨날 때는 확실히 제각기 특유의 '성품'을 가지고 있습니다. 여기서의 '성품'은 특성을 가리킵니다.

신체적인 것이든 심리적인 것이든, 어떤 한 법도 다 그 특질, 위치 및 그것이 따라가는(생멸하는) 궤적이 있습니다. 각각의 법은 자신의 영역에 안주합니다. 독특한 성질, 궤적과 영역이 있는 제법의 상호작용이 우주(법계法界)를 구성합니다. 나아가 우리는 두 가지 '법', 즉 영어로 Dharma와 dharma의 차이를 구분해야 합니다. 대문자로 시작하는 Dharma는 불교의 가르침·원리·방법 등의 주요 부분을 가리키고, 소

문자로 시작하는 dharma는 모든 현상을 가리킵니다. 분명히 지적해 두어야 할 것은, 불법(Dharma)은 사실 얼마간의 현상들(dharmas)이 모인 조합이라는 것입니다.

이 두 구절의 영역문英譯文을 보면, 첫 구절이 '문門'을 강조하면서 '법'을 괄호에 넣고 있는 것을 발견할 것입니다. 사실 '법'을 강조해야지 '문'을 언급할 필요는 없습니다. 하나하나의 법이 다 "일체의 경계," 즉 모든 영역을 포함합니다. 본질상 하나하나의 법이 다 나머지 모든 법의 일부분이고, 서로 연결되어 있습니다. 이것은 어떤 의미입니까?

조동종에서는 종종 『역경易經』의 용어와 기호를 차용합니다. 『역경』에는 중간이 끊어진 선은 음陰 혹은 암暗을, 연속적인 선은 양陽 혹은 명明을 나타냅니다. 이런 선 기호를 '효爻'라고 하는데, 6효六爻가 하나의 괘卦를 구성합니다. 『역경』에 의하면 도합 64가지 효의 조합이 가능하며, 이 64괘가 일체의 현상을 나타내고 또한 모든 현상을 해석하는 데 이용됩니다. 우리가 지금 토론하는 것은 불법이지 도가나 『역경』이 아니지만, 이 세 가지에는 하나의 공통점이 있습니다. 즉, 하나하나의 법 혹은 현상은 크건 작건 상관없이 모두 제법諸法의 일부분이고, 서로 연결되어 있다는 것입니다.

저는 제법, 곧 모든 현상이 모두 일체법一切法의 일부분이면서 일체법과 서로 연결되어 있고, 일체의 법은 모두 음양이 상징하는 상대적인 요소들 간의 상호작용에 의해 생겨난다고 말했습니다. 제법은 인연因緣에서 생겨나고, 이러한 인연들은 그 자체 부단히 변화하고 상호 의존합니다. 사실 인·연이 없으면 음·양의 상호작용도 없고, 제법이 생겨날 수 없습니다. 어떤 사물은 존재하지 않는 다른 어떤 사물과 대조, 비교할 때만 존재할 수 있습니다. '무'에 상대적인 것으로만 '유'를 확인할 수 있습니다. 나아가 유·무의 비교가 바로 음·양의 상호작용입니다.

상대적인 요소들이 한데 모인다는 것은 결코 그것들이 한 곳에 정지한다는 것을 의미하지 않습니다. 우리가 태극음양도에서 받는 인상은 흘러 움직이며 부단히 변해 가는 것이 본질이라는 것입니다. 삼라만상은 인연에 따라 부단히 변천하면서 생겨나고, 변하고, 사라집니다. 또한 연이어 생겨나고 다른 현상들과 접촉합니다. 그렇기는 하나 얼마나 많은 변화와 상호작용이 일어나든, 일체 현상은 모두 음양 혹은 유무가 상징하는 전체에 속합니다. 본질상 만물은 모두 변하고 있지만, 전체적으로 보면 아무것도 움직이지 않습니다. 음양은 여전히 같은 하나의 원圓에 속하고, 하나하나의 법은 모두 다른 어떤 법과 상호작용 하면서 또한 다른 모든 법을 포함합니다. 하나하나의 법은 모두 음양이 대표하는 전체를 포함하고, 그러면서 동시에 음양의 상호작용 가운데서 일어납니다.

우리는 하나하나의 법을 각기 고립적인 사건으로, 곧 상대적인 요소들의 고립된 상호작용으로 볼 수 없습니다. 『역경』에서는 음양의 상호작용이 무량무변한 현상들을 파생시킨다는 것을 강조합니다. 하나하나의 법은 음양의 상호작용 가운데서 일어나는데, 음양에서 생기는 다른 제법들과 상호작용 하며, 이 각 법들 간의 상호작용도 음양에서 생겨납니다. 하나하나의 법은 다른 모든 법과 서로 연결되어 있을 뿐 아니라, 동시에 일체 제법을 포함하고 일체 경계境界(세계)를 포함하며, 모든 전체를 포함합니다. 『화엄경華嚴經』에서 말하기를, "모래 티끌 하나하나가 무량한 경전을 포함하고, 모래 티끌 하나하나에 일체의 불법이 들어 있다(一沙一塵皆含無量經典 一沙一塵都有一切佛法)"고 합니다.

불교에서는 제법이 인연에서 생겨난다고 말합니다. 제법이 인연에서 생기므로 불변의 자성이 없고, 따라서 제법은 공합니다. 바로 제법이 인연에서 생기기 때문에 우리가 제법의 공성을 인식할 수 있습니다. 뒤집어 말하면, 바로 공성 때문에 제법이 인연에서 생겨날 수 있는 것입니다. 만약 제법이 본질상 공하지 않다면 그것들은 고정적이고 항상적이고 불변일 것이고, 그러면 그것들은 갖가지 인연의 모임에 따라 생멸하지 않을 것입니다. 사실상 (인연에서 생겨나는) 제법과 공성은 상호의존하며, 서로 원인과 결과가 됩니다.

'명明'은 공성, 즉 '신령스런 근원'을 대표합니다. '암暗'은 인연에서 생겨나는 제법을 대표합니다. 왜냐하면 제법에는 장애가 있기 때문입니다. 제법은 '유'의 영역 안에 있고, 장애와 집착은 '유'의 일부분입니다. 공성은 밝은 것인데, 왜냐하면 어떤 집착이나 장애도 없기 때문입니다. 공성을 '이치(理)'라고도 하며, 인연에서 생기는 제법은 '현상(事)'이라고 합니다.

저는 조금 전에 하나하나의 법은 음·양을 포함한다고 말했는데, 만일 석두 희천의 가르침을 원용하면 하나하나의 법은 모두 명과 암, 혹은 공과 유를 포함합니다. 일반 중생은 '유'에 집착하여 제법의 '유'적인 측면밖에 보지 못합니다. 우리는 제법 곧 갖가지 현상만을 볼 뿐 현상들 배후의 인연은 보지 못합니다. 그러나 깨달은 자는 둘 다를, 즉 제법도 보고 제법을 생겨나게 하는 공성도 봅니다. 따라서 그들은 현상에 집착하지 않습니다.

일반 중생들은 하나하나의 법이 일체의 경계나 영역을 포함한다는 것을 체험할 수 없지만, 깨달은 자들은 제법이 인연에서 생겨나는 것을 봅니다. 깨달은 자는 제법이 공성에서 생기는 것을 보기 때문에, 그들은 하나하나의 법이 다른 일체의 제법을 포함하고, 하나하나의 법이 다른 일체의 제법에 포함되는 것을 봅니다.

이 시게의 두 번째 구절에서는 제법이 "서로 작용하기도 하고 작용하지 않기도 한다"고 말합니다. "서로 작용한다(廻互)"는 것은 현상들 간에 서로 관련이 있다는 것을 뜻합니다. 예를 들어 같은 방 안의 사람들은 서로가 내쉰 공기를 들이마시고, 그래서 피차 서로 관련됩니다. 이것은 우리 한 사람 한 사람이 모든 공기를 다 들이마신다는 이야기는 아니지만, 시간이 오래 경과하면 그렇게 될 수 있습니다. 이런 비유를 확대하면, 한 사람 한 사람이 법계 전부, 즉 전체 우주와 관계된다고 말할 수 있습니다. 여러분은 이런 점을 이해하거나 받아들이기 어려울 수도 있지만, 일체 제법은 서로 상관되고 상호작용 합니다. 그러나 이런 관계의 드러남이나 효과는 여러 겁劫이 지나도록 여전히 숨겨진 채 드러나지 않을 수도 있습니다. 여러분과 저는 지금 이야기를 하고 있습니다. 우리들 간의 상호작용은 곧 효과를 낳을 것같이 보입니다. 동시에 여러분은 우주의 다른 제법과도 상호작용 하고 있지만, 이것은 오랜 시간이 지나도록 분명하게 드러나지 않거나 영원히 드러나지 않을 수도 있습니다. 이것이 바로 여기서 "(어떤 법들은) 서로 작용한다"고 하는 의미입니다.

이 시계에서는 또한 "(다른 제법들은) 서로 작용하지 않는다"고 하는데, 이것은 무슨 뜻입니까? 이것은 두 가지 수준으로 나누어 이해할 수 있습니다. 첫째 수준은 '일심'에 도달한 상태의 사람으로, 이런 사람들에게는 어떤 상호작용도 없습니다. 오고 감이 없고 여여부동如如不動합니다. 만법이 '하나'에 포함됩니다. 일체가 다 '하나' 안에 포함되므로 실제로는 어떤 일도 일어나지 않습니다.

두 번째 수준은 이미 '무아'의 경계를 증득證得한 사람입니다. 깨달은 사람들은 모든 변화, 상호관계와 작용을 다 분명하게 자각합니다. 그러나 그에게는 이미 자아가 없기 때문에 어떤 것에도 전혀 집착하지 않고, 털끝만큼도 동요하지 않습니다.

4. 제법諸法은 인연에서 생긴다

어울리면 서로 더 관계하게 되고 　　　廻而更相涉
한 곳에 머무름에 의지하면 안 되네. 　　　不爾依位住

　제법은 현재 순간에 상호작용 할 뿐만 아니라, 계속 부단히 상호작용하여 끝없이 확대되고 발전합니다. 한 법이 다른 무수한 제법과 상호작용 하면 다른 제법도 제각기 이 한 법과 상호작용 합니다. 그래서 "한 법이 일체법을 낳는다(혹은 이끈다)"는 말이 있습니다. 바꾸어 말해서, 한 법이 일체 제법을 포함한다는 것입니다. 이것은 결코 어느 한 가지가 최초의 법이고 그것이 다른 모든 법이 생겨나는 근원이라는 의미는 아닙니다. 비록 한 법이 일체 제법을 포함하기는 하나 여러분은 이 한 법도 꽉 붙들지 못하고, 다른 제법도 잊어버립니다.
　"서로 관계한다"는 말은 일체 제법을 가리킵니다. 한 법이 다른 제법을 생겨나게 하지만, 이와 동시에 다른 제법도 하나하나 역으로 처음의 한 법을 이끕니다. 처음의 한 법이나 특별한 어떤 법이란 아예 없고, 하나하나의 법이 일체 제법을 포함하고 일체 제법을 유발합니다. 만약 그렇지 않다면 우리는 무한한 제법이 한 법에서 일어난다고 말할 수 없겠지요.
　만일 여러분이 수행할 때 어떤 방법(혹은 법문)을 사용하여 깨달음의 경계에 들어간다고 하면, 실은 일체의 법문에 들어가는 것입니다. 그러나 여러분은 한 가지 법문만 필요하고 나머지 법문들은 상관없다고 말할 수 없습니다. 예를 들어 선당으로 들어오는 문이 네 개라고 할 때, 제가 어느 문을 선택하든 선당에 들어올 수 있지만, 그렇다고 해서 한 문만 필요하다고 말할 수는 없습니다. 네 문 모두 이 건물에 들어올 수 있는 경로이고, 그래서 이 네 문 모두 필요합니다. 각기 방위는 다르지만 서로 관련되어 있습니다.

본질적으로는 한 법이 다른 일체 제법을 포함하지만, 하나하나의 법이 모두 "한 곳에 머무름에 의지(依位住)"합니다. 즉, 자신의 위치가 있습니다. 제가 임의로 한 법을 끄집어내어 그것이 일체 제법을 포함한다고 말할 때, 이것은 결코 다른 모든 법들이 그것과 같은 시공의 점에 위치한다는 뜻은 아닙니다. 하나하나의 법은 모두 그 자신의 위치, 관점, 견해를 가지고 있습니다. 따라서 융합은 갖가지 현상이나 제법 간에 아무 차이가 없다는 것이 아니라, 하나하나의 법 가운데 모든 차이가 포함되어 있다는 것을 뜻합니다. 깨달은 사람만이 이런 관념을 참으로 이해할 수 있고, 하나하나의 제법을 분별과 집착 없이 있는 그대로 볼 수 있습니다. 하나의 법은 다른 어떤 법과도 다르지 않고, 그래서 깨달은 사람은 한 법을 볼 때 일체 제법을 봅니다. 다만 그는 하나하나의 법이 그 자신의 위치를 가지고 있다는 것도 봅니다.

한번은 앙산 혜적이 그의 스승인 위산 영우 선사에게 물었습니다. "백 천 만 가지 경계가 일시에 현전하면 어떻게 합니까?" 위산 선사가 대답했습니다. "푸른 것은 누르지 않고 긴 것은 짧지 않으며, 제법이 각기 자기 위치에 있으니 내가 상관할 일이 아니지." 무량한 제법이 존재하고 있는데, 각기 독특한 위치와 특징을 가지고 있습니다. 그러나 깨달은 자는 털끝만큼도 영향을 받지 않습니다. 바꾸어 말해서 깨달은 이는 자연스럽게, 인위적 개입 없이 제법과 상호작용 하지만 법에 집착하지 않습니다. 그도 병이 나고 언젠가 죽겠지만 병과 죽음의 고통에 집착하지 않습니다. 그는 걸림 없이 자유롭게 세간을 유력遊歷하면서 중생 및 환경과 더불어 상호작용 하지만, 무엇에도 구애받지 않습니다.

깨닫지 못한 사람들은 "(제법이) 어울리면 서로 더 관계하게 되고"라는 구절의 참된 뜻을 막연하게만 이해합니다. 왜냐하면 그들이 사용하는 것은 지성이고, 따라서 불법의 본질을 오해하기 때문입니다. 예를 들어, 저는 하나의 법이 일체법을 포함한다고 말했지만, 만일 여러분이 논리적 사고를 동원하여 하나하나의 모든 법 가운데 다른 어떤 한 법이 생겨날 수 있는 가능성이 있다고 생각하면 그것은 이 대목의 가르침을 오해한 것입니다. 사실 한 법은 현재의 매 순간 이미 일체 제법을 포함하고 있습니다. 선종에 이런 말이 있습니다. "한 생각에 10법계가 갖추어져 있다(一念具足十法界)." 여러분이 이런 이야기를 읽으면 마음속으로 이렇게 생각합니다. '내가 이것을 생각할 수 있으니까 저것도 생각할 수 있고, 그 다음에는 또 다른 것을 생각할 수 있다. 이렇게 계속해 나간다면 결국 10법계도 이해할 수 있을 것이다.' 이렇게 되면 여러분은 이 말을 또 오해한 것입니다. 사실 현재 순간 여러분의 이 한 생각이 바로 10법계를 포함하고 있고, 한 생각이 바로 여러분, 여러분의 자성自性, 이 방 안의 모든 사람과 여러분의 모든 기억, 몽상, 외부 환경과 전체 우주를 포함하고 있습니다.

제가 한 법이 일체법을 포함하고 있다고 말할 때, 여러분은 '포함'이라는 이 말이 비유적인 의미일 거라고 생각할지 모릅니다. 사실 제가 말하는 것은 문자적인 의미입니다. 한 생각이 아무리 미세하다 해도 그것은 시간, 공간 상으로 10법계를 다 갖추고 있는데, 이것은 참된 성품 혹은 불성이 일체 중생, 일체 세계, 천계, 지옥 그리고 일체 제불諸佛에게 모두 동일하기 때문입니다.

따라서 심법心法(의식)이든 색법色法(형상)이든, 한 법은 모두 일체법을 포함합니다.

『화엄경』에서 말하기를, "시방삼세의 모든 부처님은 터럭 하나의 끝에서 대법륜大法輪을 굴린다"고 했는데, 이것은 상징적인 이야기가 아니라 적확한 사실이며 어떤 과장이나 부풀림도 없습니다. 만일 제가 지금 입고 있는 이 승복 두루마기의 실 한 오라기를 붙잡으면 사실상 승복 두루마기 전체를 다 붙잡은 것입니다. 마찬가지로, 일체법이 같은 본질을 갖추고 있으므로 한 법을 장악하면 곧 일체 제법을 장악한 것입니다. 이것은 처음의 이 한 법을 장악했다고 해서 다른 모든 법에 하나하나 다 통달하게 된다는 뜻은 결코 아닙니다. 이것은 눈덩이가 산비탈을 굴러 내릴 때 구르면 구를수록 커지는 것과는 다릅니다. 내가 한 법을 장악한 것을 가지고 일체법을 쌓아올리는 것이 아니라, 이 한 법을 붙잡는 것과 동시에 일체법을 장악하게 된다는 것입니다.

제법은 인연에서 생기고, 인연을 통해서 한 법이 다른 일체법과 서로 연관됩니다. 따라서 만일 여러분이 한 법을 붙들면 곧 나머지 제법과 접촉하게 됩니다.

> 색의 근본에서 형상과 모습이 나오고   色本殊質象
> 소리 근원에서 즐거움과 괴로움이 나오네.   聲元異樂苦

앞에서 말했지만, 세간의 갖가지 현상들은 음·양 혹은 명·암 간의 상호작용으로 소급될 수 있습니다. 모든 현상은 다 색色의 일부분이고 색과 떨어져 있지 않습니다. "색色"은 모든 물질 현상을 가리킵니다. 하나하나의 색이 모두 독특한 형태와 모습을 갖추고 있고, 모두 그 나름의 특성을 가지고 있습니다. 이 시계의 첫째 구절은 고대 인도철학의 일파인 수론학파數論學派(Kapila School)를 암암리에 가리킵니다. 이 학파는 모든 현상이 숫자의 결합과 상호작용에서 나온다고 주장했습니다. 그들의 주장에 의하면 숫자는 '색의 근본(色本)', 즉 우주의 모든 색법과 현상의 근본 기초입니다.

두 번째 구절은 인도철학의 다른 일파인 문법학파文法學派(Vyakarana School)를 가리키는데, 이 학파는 '소리 근원(聲元)'을 주장합니다. 우주의 기초는 소리이고, 우주의 근원은 소리에서 나오며, 결국에는 소리로 다시 돌아간다는 것입니다. 사람들이 서로 다르기 때문에 자연히 다른 소리들을 듣게 되고, 이러한 소리들은 이어서 쾌락과 고통의 느낌을 유발합니다. 더욱이 소리가 발전하면 언어가 되고, 언어 가운데서 더 복잡한 느낌과 인식이 생겨납니다. 쾌락은 아부와 칭찬에서, 고통은 비판과 질책에서 나옵니다.

처음에는 통일적인 것이지만 이 통일적인 것에서 차별이 나옵니다. 시게의 첫째 구절은 형태와 모습의 차별을 가리킵니다. 둘째 구절은 소리의 차별을 말합니다.

석두 희천은 이론적인 각도에서 근원적인 형상과 소리를 담론하는 것이 아니라 직접적인 마음 경계의 체험을 가지고 이야기합니다. 표면적으로는 중생이 제각기 특성을 가지고 있기 때문에 사람들이 서로 다른 소리를 듣고, 이런 소리들이 이어서 괴롭거나 즐거운 느낌들을 유발한다고 말할 수 있습니다. 이러한 관념들은 모두 참됩니다. 그러나 더 깊고 직접적인 체험이 있는데, 그것은 삼매(samadhi)의 체험에 상당합니다.

선종에서는 때로 네 가지 단계의 깨달음 경계를 이야기합니다. 제1단계는 '광음무한光音無限'이라고 합니다. '광光'은 곧 '색'입니다. 이 단계의 깨달음 경계에서 이런 무한한 빛은 보통 사람이 보는 그런 빛이 결코 아니며, 우주의 혼돈混沌이 분화되기 이전에 존재하는 빛입니다. 이런 빛에는 털끝만한 장애도 없습니다. 그러나 우리가 보는 빛은 다양하게 차별화된 삼라만상의 빛이고, 그 범위도 상당히 제한되어 있습니다. 삼매의 상태에서 듣는 소리 역시 보통 사람들이 들을 수 없는 소리입니다. 우리가 듣는다고 생각하는 소리는 일종의 환의 경계[幻境]에 지나지 않으며, 천지의 혼돈이 분화되기 전에 존재하는 무한한 소리와는 아주 다릅니다.

이러한 불변의 통일적인 태초의 빛과 소리로부터 일체의 형체, 모양, 소리 등 서로 다른 갖가지 현상들이 파생됩니다. 그러나 이것을 이해하려면 제1단계의 깨달음 경계에 있어야 합니다. 이 두 구절을 쓸 당시 석두 희천은 빛과 소리의 관점에서 현상과 실상實相을 이야기하는 모든 철학 학파와 영적인 학파들의 이론을 한데 모았습니다. 위에서 말한 두 가지 인도철학 학파뿐만 아니라 진언, 이름, 숫자에 의지하는 모든 수행 실천을 포괄했습니다. 석두 희천은 이런 전통들의 가르침을 결코 논박하거나 배척하지 않고, 이런 수행에서 얻는 이익을 긍정하고 있습니다. 그는 '차별은 하나에서 나오고 다시 하나로 돌아간다'는 것을 결코 부정한 적이 없습니다. 그러나 선禪의 체험은 이러한 방법들이 도달하는 수준을 넘어서 있습니다.

만일 여러분이 이러한 빛과 소리의 무한한 경계 속에 멈추어 있으면 여전히 집착을 가지고 있는 것이고, 아직은 색계色界 안에 머물러 있는 것입니다. 무색계無色界조차도 선이 아닙니다. 아주 깊은 선정禪定인 무색계에 안주하고 있을 때에도 여전히 '공성에 머물러 있다'는 관념에 대한 미세한 집착이 있고, 자아의식이 여전히 존재합니다. 무색계 선정의 공空과 선종의 공空은 다릅니다.

5. 마음이 고요하면 지혜가 생긴다

흐릿한 속에 위와 중간의 말들이 합하고　　　暗合上中言

밝음 속에서 맑고 탁한 표현이 분명하네.　明明淸濁句

'암暗'이라는 이 글자는 때로는 '숨겨짐'(감추어짐)으로 번역되는데, 무엇에 덮여 가려진 지혜를 가리킵니다. '명明'은 때로는 '드러남'(나타남)이 되는데, 지혜가 밝게 나투는 것을 가리킵니다. 일반 중생에게는 지혜가 번뇌에 덮여 있거나 가로막혀 있습니다. 비록 지혜가 가로막혀 있기는 하나, 그것은 결코 "위와 중간의 말(上中言)"에서 분리되었던 적이 없습니다. "위와 중간의 말"은 대승大乘(보살도菩薩道)과 성문승聲聞乘(해탈도解脫道)의 가르침을 말합니다. 여기서 언급하지 않고 있는 낮은 길[下土道]은 인간계와 천상계를 포괄합니다. 바꾸어 말해서, 사람이 아직 깨닫지 못했을 때는 지혜가 여전히 덮여 있기는 하나 이 지혜는 처음부터 대승도와 성문도의 깨달음 경계와 떨어져 있지 않다는 것입니다.

이 시게의 두 번째 구절은, 지혜가 드러나는 것은 집착 없이 맑음과 탁함을 구분하기 위한 것임을 설명합니다. 암暗과 명明, 은隱과 현顯, 사事와 이理, 음陰과 양陽, 유有와 공空 등 짝을 이루는 반대어들은 조동종 선사들이 깨달은 경계와 깨닫지 못한 경계를 구별하기 위해 널리 활용한 것입니다. 이 두 구절이 시게에서 '암暗'은 '유有'를, '명明'은 '공空'을 가리킵니다. 그러나 앞에서 제가 설명했듯이 공과 유는 결코 서로 떨어져 있고 분리된 것이 아닙니다.

지혜가 은폐되어 있는 것은 중생이 바깥 경계인 갖가지 현상에 끄달리거나 빨려들기 때문입니다. 이러한 현상들 자체는 부동이지만, 마음이 움직이기 때문에 바깥 경계도 그에 따라 움직입니다. 마음이 일단 움직이면 지혜는 은폐됩니다. 마음이 움직이지 않으면 만법이 정지靜止합니다. 『육조단경』에 있는 유명한 이야기가 이런 관념을 설명해 줄 수 있습니다. 두 스님이 바람에 나부끼는 깃발 하나를 놓고 쟁론하고 있었습니다. 한 스님은 깃발이 움직인다고 했고, 다른 스님은 바람이 움직인다고 했습니다. 마침 6조가 지나가다가 듣고 그들의 마음이 움직이는 것이라고 말해주었습니다. 우리의 마음이 움직이기 때문에 바깥 경계도 그에 따라 움직입니다.

『원각경圓覺經』에서도 같은 관념을 설명하지만, 수준이 더 얕아서 이성적인 사고로도 비교적 쉽게 이해됩니다. 이 경전에서 말하기를, 구름이 밤하늘을 이동할 때 마치 달이 움직이고 구름은 가만히 있는 듯이 보이고, 우리가 배를 타고 강을 따라 내려갈 때는 마치 강둑이 움직이고 배는 움직이지 않는 것처럼 보인다고 합니다. 이런 비유들은 이미 요동하고 있는 마음이, 허망하고 실답지 않은 현상들로 인해 더 미혹되는 것을 묘사합니다. 더 깊은 수준에서 말하면, 번뇌심은 새로운 업을 창조하고 그 결과 다시 현상들의 요동을 유발합니다. 하나하나의 현상이 다 우리 내심의 요동이 만드는 것이고, 따라서 현상들의 존재는 우리의 내심이 만들어내는 것에 지나지 않습니다. 여러분은 객관적으로 존재하는 사물이 분명히 있다는 것을 이해해야 합니다. 예를 들어 제가 앉아 있는 이 의자는 결코 제 마음이 움직였기 때문에 난데없이 나타난 것이 아닙니다. 그러나 요동치는 저의 마음이 이 물질 덩어리를 보고 갖가지 심적인 조작을 첨가합니다. 그것을 보고, 그것을 인식하고, 그것을 해석하고, 그것에다 의미를 부여합니다.

'암暗'은 번뇌를 나타내고, 아직 깨닫지 못한 중생을 나타냅니다. 이런 중생들이 수행을 하든 않든 관계없이 말입니다. '암'의 상태를 일러 '여래장如來藏(Tathagatagarbha)', 즉 '여래의 창고'라고 합니다. '여래'란 '진여본성眞如本性'이라는 뜻입니다. 비록 중생들이 번뇌 속에 빠져 있기는 하나, 그들의 내면에는 여래가 함장含藏되어 있습니다. 따라서 모든 중생은 아라한, 보살, 부처가 될 잠재력을 가지고 있습니다.

우리는 아직 중생이기 때문에 '숨겨진' 상태에 있습니다. 그러나 우리는 본래 여래장, 곧 불성을 갖추고 있습니다. 이것은 우리가 지금 부처라거나 이미 성불해 있다는 의미는 결코 아니고, 우리가 자신의 불성을 개발할 잠재력을 가지고 있다는 의미입니다. 우리가 생사윤회의 범주 내에 있을 때는 그것을 여래장이라고 하는데, 왜냐하면 불성이 아직 드러나지 않았기 때문입니다. 깨달은 뒤에는, 즉 윤회를 일단 벗어나면 우리는 그것을 진여眞如라고 말합니다. 일체 중생이 모두 여래장을 가지고 있으므로, 그들은 결코 대승도와 성문도의 깨달은 존재들과 떨어져 있지 않습니다.

낮은 길, 중간의 길(성문승 혹은 해탈도), 높은 길(대승도 혹은 보살도)의 세 가지는 어떻게 다릅니까? 어떤 사람은 보살도를 수행하기를 발원하지만 결과적으로는 해탈도를 걷거나 심지어는 더 낮은 인천人天(인간계와 천상계)의 길을 걷기도 합니다. 낮은 길에서는 여전히 자아의식이 있습니다. 계戒·정定·혜慧의 어느 것을 닦든 관계없이 '나'가 그 안에 아직 남아 있으면 여전히 낮은 길에 있는 것입니다. 가령 어떤 사람이 부처나 보살, 혹은 조사가 되기 위해 수행하면 이 사람은 여전히 자아의식에 집착하고 있습니다. 이런 것은 모두 낮은 길의 중생이 갖는 어리석고 미혹된 관념입니다.

낮은 길도 괜찮습니다. 그것은 자아의식이 여전히 존재하는 각각의 수준들, 즉 위로는 천상계에서 아래로는 지옥까지, 살인범에서 성자까지, 아직 불법을 들어보지 못한 사람에서 일심一心을 증득한 사람까지를 포괄합니다. 이러한 중생들은 모두 자아가 있고, 그래서 다 '암暗'에 머물러 있지만 그 정도가 다를 뿐입니다. 그러나 낮은 길이 비록 번뇌에 덮여 있기는 하나 중간 길 및 높은 길의 청명한 상태와 분리되어 있지 않습니다.

보살도와 해탈도는 어떻게 다릅니까? 어떤 사람들은 열반이 부처의 지위에 도달했을 때 시작되고, 끝없이 영원히 계속된다고 생각합니다. 그들은 또한 생사윤회가 시작 없는 옛적부터 존재해 왔고, 성불할 때 비로소 그친다고 생각합니다. 바꾸어 말해, 생사윤회는 시작은 없으나 끝이 있고, 열반은 시작이 있으나 끝이 없다는 것입니다. 이것은 해탈도나 성문도의 견해입니다.

이러한 오해는 이해할 만합니다. 왜냐하면 불교는 종종 수행의 길을 이런 식으로 묘사하기 때문입니다. 즉, 수행인이 생사를 벗어나 열반에 들어간다고 말입니다. 이렇게 이야기하면 마치 생사와 열반이 별개이고, 이 두 가지는 분명하게 다른 상태나 장소인 것처럼 보입니다. 보살도 곧 대승의 길은 우리에게, 열반과 생사가 다 시작도 끝도 없다고 말해 줍니다. 생사와 열반은 실은 완전히 똑같은 것이며, '생사를 벗어나 열반에 든다'는 것은 일종의 방편설입니다. 실은 생사가 곧 열반이고 번뇌가 곧 보리입니다. 사실은 이른바 생사와 열반이란 것이 없고, 이른바 번뇌와 보리도 없습니다.

'명明' 혹은 '드러남'은 완전한 적정寂靜, 완전한 광명을 나타냅니다. 이런 이야기에서 '적정'은 열반을 나타냅니다. 수행인이 어느 것에도 끄달리지 않는 상태에 도달하여 완전히 정지하고 완전히 공空이 된 것입니다. 이것이 십우도의 제8도인 저 아무것도 없는 원으로 묘사된 경계입니다. '광명'은 지혜를 나타내는데, 내심이 적정하기만 하면 곧 지혜가 일어날 것입니다. 지혜는 중생들에 대한 반응으로 나타납니다. 지혜는 번뇌와 번뇌에서 벗어난 것을 분간하는 힘을 갖추고 있습니다. 그러나 그것은 깨달은 사람들을 위해 나타나는 것이 아니라 깨닫지 못한 사람들의 필요에 부응하여 자연스럽게 자발적으로 나타납니다. 지혜의 광명이 없는 상태는 완전한 공입니다. 가령 어떤 사람이 완전히 적정하고 지혜가 없는 상태에 있다면, 이 사람은 세간에서 어떤 작용을 할 수 없습니다. 이런 사람은 이미 열반에 들어갔고, 성문승聲聞乘의 대아라한 大阿羅漢과 같습니다.

이러한 길들은 서로 다른 수준의 '명明' 혹은 지혜를 나타냅니다. 그러나 이성적 사고와 논리적 분석은 참된 지혜가 아닙니다. 마찬가지로 낮은 길의 어떤 체험이나 이해도 참된 지혜가 아닙니다. 여전히 낮은 길을 가는 사람들은 신통神通을 이룰 수도 있겠지만 그것은 지혜의 산물이 아닙니다. 반대로, 중간의 길 혹은 높은 길의 수행자가 신통을 얻는다면 그것은 지혜가 발휘하는 작용입니다. 사실 신통은 원래 직역하면 '명明'인데, 경전에서는 세 가지 '명明'을 이야기합니다. 첫째는 '천안명天眼明'으로 끝없는 미래를 통찰해 아는 능력입니다. 두 번째 명은 깨달은 사람이 끝없는 과거세를 볼 수 있는 능력인 숙명명宿命明입니다. 세 번째 명은 더 이상 '누漏', 즉 번뇌가 없는 능력인 누진명漏盡明입니다. 부처님만이 이 세 가지 명明을 다 갖추고 있습니다.

성문승을 수행하여 얻는 지혜는 일종의 작은 명明이고, 대승의 깨달음이 갖는 대지혜가 아닙니다. 성문승의 깨달은 자는 깨끗함[淨]과 깨끗지 못함[不淨] 간의 차이를 명료히 보며, 열반과 생사를 구별합니다. 그들은 탐·진·치에서 이미 벗어나 있기는 하나 여전히 분별을 일으킵니다. 대승 수행인은 다릅니다. 그들이 수행을 빌려 계발하는 지혜도 깨끗함과 깨끗지 못함을 분간할 수 있기는 하지만, 대승의 깨달은 자는 자신을 위해 분별을 일으키지 않습니다. 그들이 하는 갖가지 분별은 일반 중생들이 큰 깨달음[大徹大悟]의 길을 걷도록 인도하기 위한 것입니다.

6. 움직이는 가운데서 움직이지 않음을 보라

> 사대가 자신의 성품으로 돌아가니　　四大性自復
> 마치 아이가 엄마를 찾은 것 같네.　　如子得其母

'사대四大'가 지·수·화·풍임은 우리가 아는데, '성품'은 무슨 의미입니까? 여기서 우리는 두 가지 관점에서 이 글자를 이해할 수 있습니다. 철학적 관점에서 우리는 세상의 모든 법이 그것의 자성을 가지고 있다, 혹은 자신의 특질을 가지고 있다고 말할 수 있습니다. 예를 들어 물은 습한 특성, 불은 따뜻한 특성, 바람은 움직이는 특성, 땅은 견고한 특성을 가지고 있습니다. 불법의 관점에서 '성품'은 제법의 자성 혹은 본성을 나타냅니다. 제법의 자성은 공성空性입니다. 바꾸어 말해, 불법에 따르면 참된 자성이 없습니다.

다음 게송은 불교 중관학파에서 나온 것입니다. "제법은 인연에서 나오므로 있다고 할 수 없고, 제법은 인연에서 나오므로 없다고 할 수 없다(諸法因緣生 不得言有, 諸法因緣生 不得言無)."

일반 중생의 관점에서는 현상이 존재하고, 각기 자신의 성품이 있습니다. 불법에서는 제법이 무상無常하고, 인연에서 나오므로 실체가 없다고 합니다. 세속적 지혜는, 사대가 존재하고 이것이 모든 현상의 기본 요소라고 합니다. 불법에서는, 사대가 인연에서 나온 것이므로 사대와 사대가 만들어낸 현상들도 모두 공하다고 합니다.

사대와 자성의 관계는 마치 모자母子 관계와 같이 친밀합니다. 우리가 사대만 보고 그것들의 자성을 도외시하거나, 자성만 보고 사대를 도외시하기는 불가능합니다. 자식이 없으면 소위 어머니도 없고, 어머니가 없으면 자식도 존재할 수 없습니다.

영적인 훈련이나 철학적 훈련을 받아 보지 않은 사람은 사대가 상호 작용 하는 겉모습만 볼 수 있습니다. 그래서 비수행인들의 이러한 범부심凡夫心은 종종 외면적 현상에 동요됩니다. 선정을 닦거나 다른 영적인 혹은 철학적인 훈련을 받아 본 사람들은 더러 세간을 더 깊이 관찰합니다. 그들은 사대가 모든 현상의 기초임을 분명히 봅니다. 이런 사람들은 일심이나 부동심의 상태를 체험할 수 있습니다. 이런 마음 경계에서 그들은 자신과 삼라만상이 일체一體임을 느끼게 될 것입니다. 지각하는 자와 지각 대상을 떼어 놓는 허망하고 실답지 않은 장애나 분별심은 줄어들거나 완전히 제거될 것입니다. 유가儒家의 한 어구가 이런 지견知見을 가진 사람을 묘사하는 데 적절합니다. "남이 굶주리면 나도 굶주리고, 남이 물에 빠지면 나도 물에 빠진다(人飢己飢 人溺己溺)."* 기독교도 분명 이런 태도입니다. 이것은 선禪은 아니지만, 그래도 가치 있고 깊이 있는 경험입니다.

유명한 승조僧肇 스님(384~414)의 저술에 『유마힐경주維摩詰經註』가 있는데, 그 책에서 『유마힐경』을 이렇게 인용하고 있습니다. "제가 여래를 관하건대, 과거에 오시지도 않았고 미래에 가시지도 않으며, ……육입六入을 뒤로 하셨고 ……삼계三界를 초월하셨습니다." 이 경전 구절이 선의 체험을 묘사합니다. 즉, 깨달은 자는 사대四大를 명료히 지각하면서도 사대가 전혀 실재하지 않는다는 것을 압니다.

'육입六入'은 안이비설신의眼耳鼻舌身意를 뜻하고, '삼계三界'는 오온五蘊과 같습니다. "육입을 뒤로 하고 삼계를 초월했다(六入無積 不在三界)"는 것은, 더 이상 육근·오온을 실재하는 것으로 보지 않는다는 뜻

---

* 이 말은 박애정신을 표현하는 중국의 관용구로, 어원은 『孟子』, 離婁下에 나오는 "禹思天下有溺者, 由己溺之也, 稷思天下有飢者 由己飢之也"라는 구절이다.

입니다. 그러나 육근·오온이 공하다는 것을 이해하는 것이, 결코 그것들을 내버리거나 무시해야 한다는 것을 뜻하지는 않습니다. 참으로 깨달은 사람들은 생사를 떠나지 않고 세간에 머무르면서 중생들을 돕겠지만, 마음속에 '제도해야 할 중생들이 있다'는 생각은 없을 것입니다. 이것은 위없이 높은 법이며, 다른 전통들과 다릅니다. 왜냐하면 위없는 법[無上法]을 수행하는 사람들은 현상과 사대四大 배후의 공성을 직접 증득하고, 공성空性과 공성에서 생겨나는 현상들이 불가분이고 다르지 않다는 것을 명료히 이해하기 때문입니다. 『심경』에서 말하듯이, "색불이공 공불이색, 색즉시공 공즉시색(色不異空 空不異色 色卽是空 空卽是色)"인 것입니다.

깨달은 사람들은 현상의 유무를 동시에 봅니다. 즉, 그들은 모든 현상이 영원히 변하고 움직이는 것을 보며, 동시에 그것들이 움직이지 않는다는 것도 봅니다. 승조는 그의 저작인 「물불천론物不遷論」에서 이렇게 말합니다.

> 큰 바람이 산을 무너뜨린다 해도 늘 고요하고,
> 강들이 다투어 달려간다 해도 흐르는 것이 아니며,
> 아지랑이가 나부끼며 올라간다 해도 움직이는 것이 아니고,
> 해와 달이 하늘을 지나간다 해도 도는 것이 아니다.
> 旋嵐偃嶽而常靜, 江河競注而不流,
> 野馬飄鼓而不動, 日月歷天而不周.*

---

* (역주) 「물불천론」은 승조 스님의 『조론肇論』을 구성하는 네 편의 논문 중 하나이다. 첫 구절의 '큰 바람(旋嵐)'은 우주가 무너지는 괴겁壞劫에 부는 바람이라고 한다.

여기서 묘사하는 운동은 사대에서 옵니다. 깨달은 선 수행자들은 사대의 움직임을 부인하지 않습니다. 다만 그들은 움직이는 것 가운데서 움직이지 않는 것을 봅니다.

선종에 이런 말이 있습니다. "동산에 비가 내리니 서산이 젖는다(東山下雨西山濕)." 이것은 일심과 무심의 두 가지 관점에서 이해할 수 있습니다. 일심의 상태에서는 아무 분별이 없어 동산을 보나 서산을 보나 똑같습니다. 따라서 동쪽 산에 비가 내릴 때 서쪽 산이 젖습니다. 무심 혹은 선의 상태에서는 동산과 서산에 아무 자성이 없어, 동산이니 서산이니 비니 하는 사물들이 없고, 어디에 비가 내리고 어디가 젖든 아무 다를 것이 없습니다. 어떤 수준에서는 여러분이 제법을 구분하여 '이것은 무엇이다,' '저것은 무엇이다' 라고 말할 수 있겠지요. 현상과 사대는 확실히 존재하니까 말입니다. 그러나 본질적으로는 그것들에게 참된 존재성이 없습니다.

현상을 보는 데는 세 가지 수준이 있습니다. 첫째 수준은 현상에 미혹되는 보통의 중생들입니다. 그들은 자기를 이해하지 못하고 자신을 제어하지 못하며, 현상들의 움직임에 의해 제약 받습니다. 두 번째 수준은 비교적 현상을 장악할 줄 아는 수행인들인데, 그들은 바깥 경계와 하나가 됩니다. 세 번째 수준은 깨달은 사람들이며, 그들은 이미 현상계에서 벗어났지만 현상의 존재를 부인하지 않습니다.

실제로는 다른 수준이 하나 더 있습니다. 성문의 아라한들도 현상에서 벗어나 있지만, 그들은 더 이상 세간에 머무르지 않고 대공大空, 곧 열반으로 들어갑니다. 대승의 체험이나 선의 체험은 성문승의 수준과 다릅니다. 완전히 깨달은 사람들은 여전히 현상계 속에 머무르고 있지만, 현상은 그들을 건드리지 못합니다.

다시 승조의 다른 구절을 인용하여 이러한 선의 관념을 설명하겠습니다. "사물들은 움직이지만 항상 고요하고, 고요하지만 움직임을 떠나지 않는다(雖動而常靜, 雖靜而不離動)." 바꾸어 말해서, 비록 현상들은 움직이고 있고 변하고 있고 상호작용 하고 있지만, 본질적으로는 공하고 움직이지 않고 변함이 없다는 것입니다. 이 글귀의 후반부를 다시 말하면, 하나의 사물도 영구불변인 것이 없고 모든 현상은 부단히 생멸한다는 것입니다.

선 수행 방법의 하나로 '묵조默照'가 있는데(묵조는 일본의 선 수행 법문인 '지관타좌只管打坐'가 아닙니다), 굉지 정각宏智正覺(1091~1157) 선사가 창시한 것입니다. 묵조에서는 움직임과 움직이지 않음을 결합했습니다. '조照'는 일종의 관조적 과정이고, 따라서 움직임의 상태입니다. 관조의 대상도 마찬가지로 움직임의 상태에 있습니다. '묵默'은 정지하여 움직이지 않는 상태입니다. 그 사람이 '묵' 혹은 부동의 상태에 있어야만 참으로 현상들의 변하는 참된 본성을 관조할 수 있습니다. 굉지 정각은 움직임과 정지를 결합하여 실제로 수행 가능한 하나의 방법을 이루어냈습니다. 다음 몇 구절의 게송은 이해하기 어렵지 않습니다.

불은 뜨겁고 바람은 움직이고 흔들리며　　火熱風動搖
물은 젖고 흙은 단단하네.　　　　　　　　水濕地堅固
눈에는 형상, 귀에는 소리　　　　　　　　眼色耳音聲
코에는 향기, 혀에는 짜고 신 맛.　　　　　鼻香舌鹹醋

처음 두 구절은 사대四大를, 다음 두 구절은 육근六根과 그 대상(육진)을 가리킵니다. 석두 희천은 이들을 한데 합쳐 모든 현상들을 지칭하는데, 사대·오온·18계(육근, 육진, 육식을 합쳐 부르는 말)가 그것입니다.

이 시계에서 세간적인 의미의 자성을 이야기하면서, 사대와 육근의 특질을 묘사합니다. 이런 것들이 제법의 작용과 특성입니다. 그러나 선의 관점에서 보면 이들 일체가 인연에서 생겨난 것이고, 따라서 허망하고 무상합니다. 참된 자성이 없고 아무런 실체가 없습니다.

> 하나하나의 법에 따라서 然依一一法
> 뿌리에 의거하여 잎들이 생겨나네. 依根葉分布
> 뿌리와 가지는 근본으로 돌아가야 하고 本末須歸宗
> 존귀함과 비천함은 말이 다른 것뿐이네. 尊卑用其語

이 시계에서 이야기하는 '잎'은 사대 · 육근 · 육진이 각기 그 독특한 작용과 특성을 가지고 있다는 것을 나타냅니다. 무엇이 '뿌리'입니까? 우리가 앞에서 말했듯이 '성품'에는 두 가지가 있습니다. 첫째는 제법의 독특한 본질인데, 이런 본질은 일시적인 것으로 인연에 따라 변하고 바뀝니다. 둘째는 제법의 자성 혹은 기초인데, 이것은 움직이지 않습니다. 하나하나의 법은 각기 인연에 따라 생멸하지만, 마치 한 그루 나무와 같이 모든 나뭇잎은 같은 뿌리에서 나옵니다. '뿌리'란 곧 일체 제법의 기초이며, 그것은 움직이지 않습니다.

여기서 앞의 두 구절은 '유有'가 '공空'에서 나온다고 말합니다. '잎'은 인연의 영향을 받는 제법을 나타내고, '뿌리'는 제법이 그에 의지하여 생겨나는 공성空性을 나타냅니다. '유'는 '공'에서 나오고, 동시에 '유'를 통해 우리는 '공'을 인식할 수 있습니다.

이어지는 두 구절은 방금 본 첫 번째 관념과 상반됩니다. 그것은 우리가 '공'을 통해서, 인연에서 생기는 변화하는 제법을 볼 수 있다고 말합니다. 선 수행을 할 때 나타나는 것은 어떤 인식입니까? '공'이 '유' 안에 있는 것을 봅니까? 아니면 '유'가 '공'에서 생겨나는 것을 봅니까? 먼저 공성을 깨닫고 나중에 바깥을 향해 관하여 제법을 봅니까? 아니면 제법을 관찰할 때 공성을 봅니까? 두 번째 방식, 즉 '유'가 '공'에서 일어나는 것만 강조하는 것이 성문승 중 연각緣覺의 견해입니다. 왜냐하면 그들은 일체법이 다 허망하여 실체가 없다는 것을 보고 영구히 열반에 들기 때문입니다.

사실 뿌리와 잎은 같습니다. 토론의 방편상 우리는 다음과 같은 두 가지 용어를 사용합니다. 승의제勝義諦(구경의 진리)와 세속제世俗諦(세간의 진리), 즉 게송 중의 "존귀함"과 "비천함"입니다. 이 두 용어는 완전히 같은 것이고, 모두 개념의 해석을 돕기 위해 사용하는 말들일 뿐입니다. 이것이 "뿌리와 가지는 근본으로 돌아가야 한다"는 말의 진정한 함의입니다.

승의제와 세속제는 같은 하나이지만 또한 서로 상호작용 합니다. '명'과 '암'도 그와 같이 하나가 없으면 다른 하나가 없어, '명'이 없으면 이른바 '암'도 없습니다. 그것들이 둘일 수는 있으나 단독으로는 결코 존재할 수 없습니다. '뿌리'와 '잎'의 비유도 역시 마찬가지입니다. 최고의 불법은 모든 분별을 초월합니다.

대승은 성문승을 보면 그것이 수준이 낮다고 보지만, 선의 입장에서 보자면 대승과 성문승이 동일합니다. 잎은 뿌리와 떨어져 있지 않고 뿌리는 잎과 떨어져 있지 않습니다.

또 다른 비유를 들자면, 남편과 아내는 단독의 존재일 수가 없습니다. 서로 의지해야만 비로소 부부로 성립됩니다. 남편 없이는 아내가 없고 아내 없이는 남편이 없습니다. '공'과 '유'도 그와 마찬가지로, '공'에 상대해서만 '유'가 건립되고 '유'로 인해서만 '공'이 성립합니다. '공'은 '유'에 속하고 '유'는 '공'에 속하여, 양자가 서로 상호작용 하는 이원二元 관계를 이룹니다.

여러분은 '유'를 보고 나서 '공'을 봅니까? 아니면 먼저 '공'을 보고 나서 '유'를 봅니까? 이 둘은 같지 않습니다. 여러분이 수행을 하고 있을 때는 먼저 어떤 것을 경험해야 합니다. 여러분이 깨달았을 때는 어떤 성품을 통찰합니까?

통상 사람들이 처음 깨달았을 때 가장 먼저 통찰하는 것은 공성입니다. 그러나 이것은 최고의 깨달음 경계가 아니라 시작에 불과합니다. 남전南傳 상좌부 불교의 수행자들은 현상적 분석을 통해 공성을 깨닫는데, 이런 공을 '석공析空'이라고 합니다. 이것은 선의 체험이 아닙니다.

선의 깨달음 경계 속에서는 '유'가 '공'과 다르지 않다는 것을 깨닫습니다. 동시에, '공'이 없으면 '유'도 없습니다. 만일 여러분이 공만을 보았다면 그것은 '외도'의 체험입니다. 선의 체험으로 말하자면, 현상들이 여전히 거기에 존재합니다. 여러분은 현상을 보면서 그것들과 상호작용 합니다. 그러나 여러분의 마음 가운데서 이러한 현상들은 모두 공입니다. 비록 제법이 공하기는 하나 그 순간에는 또렷이 눈앞에 있습니다.

지금까지 이야기한 관념들은 불교 중 중관파中觀派의 일부분입니다. 중관은 불교 최고의 철학으로 간주되지만, 그것의 중점은 관觀(성찰)입니다. 중관은 사변을 중시하고 선은 체험을 중시합니다. 지견이 장애가 되는 사람들에게 중관은 직접적인 관법[直接作觀]을 제공합니다. 중관파의 수행인은 사변을 통해서 지혜를 직접 체험할 수 있습니다. 그러나 그 수준은 '선'을 통한 방법에서 체험하는 것만큼 깊이 들어가지 않습니다. 선은 관법을 쓰지 않고 직접 실천하고 체험합니다. 그러나 중관의 방법도 능히 사람으로 하여금 해탈에 이를 수 있게 합니다. 사실 깊이 체험하고 깨달은 사람만이 중관철학을 충분히 명료하게 이해하고 논의할 수 있습니다.

7. 지혜는 번뇌를 떠나지 않는다

밝음 속에 어둠이 있으니 　　　　當明中有暗
어둠을 어둠으로 여기지 말고, 　　勿以暗相遇
어둠 속에 밝음이 있으니 　　　　當暗中有明
밝음을 밝음으로 여기지 말라. 　　勿以明相覩

　이 시게들은 뜻이 분명해 쉽게 이해할 수 있습니다. 어둠 가운데 빛이 있고 빛 가운데 어둠이 있어 '명'과 '암'이 서로 의존합니다. 이것은 쉽게 이해되지만, 현실의 경험 가운데는 이런 것이 없습니다. 가령 여러분이 방 안의 전등을 모두 끄면 어둠이고, 전등을 켜면 빛뿐입니다.
　이 문제에 답을 해 보십시오. 여러분이 태어나기 전에 지금과 똑같은 모습의 몸을 가지고 있었습니까? 여러분은 시시각각 변하고 있습니다. 심지어 1분 전의 여러분도 지금의 여러분과 같지 않습니다. 그래서 여러분의 지금 몸은 분명 태어나기 전과는 다릅니다. 논리적으로 생각하면 소위 '여러분의' 몸이라는 것이 없다는 것을 여러분은 인정할 것이고, 여러분의 마음도 그와 마찬가지라는 것을 발견할 것입니다. 따라서 소위 '여러분'이라는 것은 없습니다. 그러나 여러분이 겨우 이러한 관념만 받아들이고 거기에 집착한다면 그것은 '외도'의 견해입니다. 공성만 보고 자아를 인정하지 않는 것은 중대한 오해입니다.
　만약 빛과 어둠이 별개라면 제가 등불을 켤 때 어둠은 완전히 사라져야 하고, 빛이 영원히 존재하여 더 이상 어둠이 되지 않아야 합니다. 그러나 어둠 가운데 여전히 빛이 있고, 제가 등을 켤 때도 어둠이 여전히 있습니다. 실제로 밝음과 어둠은 일체─體여서 나눌 수가 없습니다. 가령 제가 어떤 사람에게 방을 나가라고 해도, 그것은 그 사람이 이제부터 존재하지 않게 된다는 것을 뜻하지는 않습니다.

사물들은 다른 사물들에 상대적으로 존재합니다. 사물들이 존재하는 까닭은 우리가 분별을 일으키기 때문입니다. 우리는 번뇌와 지혜를 구분하고, 번뇌를 벗어나 지혜를 얻으려고 노력합니다. 사실 번뇌와 지혜는 우리의 마음속에 존재할 따름입니다. 왜냐하면 우리가 이 두 가지를 구별하기 때문입니다. 번뇌가 있음으로 해서 지혜가 성립하고, 그 반대도 마찬가지입니다. 궁극적으로 그 둘은 같은 것입니다. 『육조단경』에서는 '생사가 열반이고 번뇌가 보리'라고 합니다. 이것은 대승의 사상입니다. 이런 이야기는 선법禪法은 아닙니다. 왜냐하면 여전히 분별이 있기 때문입니다. 승의제에서는 생사나 열반이 없습니다. 열반과 생사, 번뇌와 보리는 모두 일체입니다. 구경究竟의 진실에서는 뭐라고 말할 수 있는 것이 아예 없습니다.

> 밝음과 어둠이 각기 서로 상대하니　　明暗各相對
> 앞걸음에 뒷걸음이 따르는 듯하네.　　比如前後步

명과 암은 서로 상대적이지만 이는 양자가 고정불변으로 서로 대립한다는 의미가 아니라 서로 상호작용 한다는 것입니다. 우리가 길을 갈 때는 두 다리가 협력하여 한 다리가 다른 다리를 따라가야 합니다. 한 다리가 앞에 있으면 다른 다리는 뒤에 있어야 하고, 앞으로 나아가려면 두 다리가 부단히 앞뒤로 움직여야지 한 곳에 고정되어 있으면 안 됩니다. 마찬가지로, 여러분은 열반과 생사, 지혜와 번뇌를 따로 나눌 수 없습니다. 선禪은 세간에 있으면서 동시에 세간과 별개이기도 합니다. 선은 세간과 별개이지만 오히려 세간과 떨어져 있지 않습니다.

저는 지금 세간의 예를 이용하여 승의제를 해석하고 있습니다. 그러나 궁극적으로는 제가 이야기하는 모든 것은 (승의제의) 참된 의미를 드리낼 수 없습니다. 세간법은 선법에 비할 수 없습니다. 구경의 도리는 해석할 수 없고, 여러분이 직접 체험해야 합니다.

성문승의 수행인들은 생사에서 벗어나 열반에 들기 위해 노력합니다. 깨달은 대승 수행인들은 이미 열반을 증득했어도 여전히 생사 가운데 머무르면서 다른 중생들을 돕습니다. 그들은 생사에서 도피하지 않습니다. 가장 수승殊勝한 불법은 그와 달리, 생사가 일체라고 말합니다. 생사와 열반의 구분이 없고 번뇌와 보리의 구분이라는 것도 없습니다.

만약 지혜와 번뇌가 일체라면, 그것은 우리가 수행할 필요가 없다는 것을 의미합니까? 가르침을 듣는 것과 개념적 사고는 참된 경험이 아닙니다. 번뇌와 보리가 일체라는 것을 참으로 이해하려면 수행을 해야 하고, 반드시 여러분이 직접 체험해야 합니다.

> 만물은 각기 작용이 있으니 　　　　　萬物自有功
> 그 용도와 장소가 다를 뿐이네. 　　　當言用及處

이 대목 게송은 분별의 관점에서 현상들에 대해 이야기합니다. 분별에는 두 가지가 있습니다. 첫째는 집착하는 분별인데, 이것은 허망한 분별로 일종의 번뇌입니다. 둘째는 지혜에서 펼쳐져 나오는 분별입니다. 지혜에서 일어나는 분별은 중생들을 돕기 위한 것입니다. 불교는 늘 신·구·의身口意 삼업三業의 큰 작용(大用)을 이야기합니다. 깨달은 자는 신·구·의라는 이 세 방면의 기능을 이용하여 중생을 제도할 수 있습니다.

완전히 깨달은 사람들은 일반 중생과 같은 그런 분별은 하지 않을 것입니다. 그들은 집착심으로 분별하지 않고, 이원二元 대립적인 관점으로 세간을 대하지도 않습니다. 일반 중생들은 이미 해탈한 이들도 보통 사람처럼 행동하고 분별할 거라고 생각합니다. 사실 깨달은 자와 깨닫지 못한 자 사이의 상호작용 그 자체가 바로 분별입니다. 하지만 완전히 깨달은 자는 현상에 집착하지 않습니다. 그들은 현상에 대해 반응하지만 마음속에 집착이 없습니다. 우리가 볼 때는 이런 사람들도 정상인과 다를 바가 없습니다. 남들같이 밥을 먹고, 잠을 자고, 길을 가고, 이야기를 하고, 일을 하고, 웃습니다. 그러나 그들의 신·구·의에 의한 행위는 지혜에서 나오지 집착에서 나오지 않습니다. 바깥 경계에 대한 그들의 반응은 즉각적이고, 자연스러워서 인위적이지 않으며, 지적인 분별을 거치지 않습니다. 그들의 행위는 지혜에서 우러나오는 즉각적이고 통찰력 있는 반응이며, 그들의 자비 서원[悲願]에 기초하여 중생들의 필요에 부응하는 것입니다. 투철하게 깨달은 사람은 한 토막의 나무나 한 구의 시체가 아닙니다. 그들은 완전히 깨어 있고, 완전히 기능을 발휘합니다.

제가 앞에서 말했지만 하나하나의 법에는 두 가지 자성이 있습니다. 하나는 만법에 공통되는 자성, 즉 공성입니다. 다른 하나는 하나하나의 법이 갖는 독자적 특성인데, 이것은 허망하고 실체가 없는 자성입니다. 깨달은 자는 공성을 보며, 그들의 눈에는 모든 법이 똑같고 차별이 없습니다. 그러나 그들은 또한 각각의 제법 혹은 허망한 법을 명료히 자각합니다. 그들은 하나하나의 법이 각기 특성을 가지고 있다는 것을 인식합니다. 그들은 멍청이가 아니며, 물과 불이 다르다는 것을 압니다. 그러나 허망하고 실체가 없는 제법은 깨달은 사람을 방해하거나 동요시킬 수 없습니다. 깨달은 자는 바깥 경계의 지배를 받지 않지만, 여전히 바깥 경계와 상호작용 합니다. 만일 여러분이 어느 깨달은 선사에게 존함이 무엇이냐고 물으면 그는 여러분의 물음에 답변해 줄 것입니다. 이 점에서 그는 여러분과 하나도 다르지 않습니다. 불 한 가지로도 그의 몸을 태워버릴 수 있습니다. 그러나 그의 참된 본성은 털끝만큼도 손상되지 않습니다.

8. 수행에는 끝이 없다

현상은 보존하고 봉하고 덮고 합치며 事存函蓋合
이치는 화살, 칼날, 지팡이에 순응하네. 理應箭鋒拄*

'현상'은 '이치'를 떠나지 않고 이치는 현상을 떠나지 않습니다. 현상은 이치를 포함하고 이치도 현상을 떠난 적이 없습니다. 여기서 첫 구절은 현상 가운데 봉해져 있고, 덮여져 있고, 결합되어 있는 그것은 곧 이치라고 말합니다. 두 번째 구절의 "화살, 칼날, 지팡이"가 가리키는 것은 현상입니다. 즉, 공성空性에서 일어나 표면에 나타나는 것입니다.

현상들은 이치를 내포하고 있습니다. 중생들이 내재하고 있는 이치는 때로 '여래장'이라고 불립니다. 모든 세간법은 다 공성이라고 하는 이 자성을 가지고 있습니다.

깨닫지 못한 사람들은 이 이치를 알아차리지 못합니다. 처음 깨닫고 나면 수행인들은 왕왕 이 이치 혹은 공성이 현상과 별개라고 생각합니다. 그들은 공성 그 자체를 하나의 실체로 보지만 그것은 오류입니다.

---

* (역주) 이 두 구절에 대해서는 "현상이 존재함은 상자와 뚜껑이 들어맞는 것과 같고, 이치가 응함은 두 화살촉이 만나는 것과 같다"로 번역하는 사람도 있다. 왜냐하면 이 두 구절이 대구라고 보면, 存과 應, 合과 拄를 서로 대응하는 동사로 해석하는 것이 무난하기 때문이다. 拄(주)는 원래 '지탱하다'는 뜻이다.

만약 현상과 이치가 별개라면 중생은 영원히 중생일 것입니다. 영원히 성불하지 못하고, 부처의 경계에는 영원히 도달하지 못할 것입니다.

불교의 어떤 종파는 어떤 중생은 영원히 성불할 수 없다고 생각하지만, 대승불교는 여기에 동의하지 않습니다. 대승은 모든 중생이 성불의 잠재력을 가지고 있고, 만물이 다 불성을 가지고 있다고 봅니다. 만일 바위와 구름이 불성을 가지고 있다면, 중생도 당연히 불성을 가지고 있겠지요.

만일 어떤 사람이 부처를 믿지 않으면 이 사람은 불성이 없는 것입니까? 아닙니다. 모든 중생이 불성을 가지고 있을 뿐 아니라 모든 사람이 보살입니다. 왜냐하면 각 개인의 입장, 마음 자세, 행위, 믿음 등은 모두 일시적이기 때문입니다. 이번 생에 어떤 사람은 불법을 따르지 않을 수도 있지만 그래도 여전히 성불할 잠재력을 가지고 있고, 결국에는 그 사람도 보살도를 걸을 것입니다. 따라서 모든 사람이 보살인 것입니다.

많은 사람들은 좋은 사람과 나쁜 사람이 있다고 믿지만, 결국에는 모든 사람이 참된 본성으로 돌아갈 것입니다. 마찬가지로, 현상이 아무리 허망하고 실체가 없다고 해도 그것들은 일찍이 공성을 떠난 적이 없습니다. 현상이 없으면 공성도 있을 수 없습니다. 공성은 현상 속에서 비로소 찾을 수 있고, 현상을 떠나서는 도무지 공성을 볼 방법이 없습니다.

들은 말은 근본 이치에 맞아야 하니	承言須會宗
자기 나름대로 규칙을 세우지 말라.	勿自立規矩

여러분이 무엇을 읽고 무엇을 배우든, 불법을 어떻게 해석하든, 이런 것들은 모두 방편적인 가르침입니다. 저는 깨달음과 수행을 이야기했지만 이런 것들은 모두 근본 이치와 떨어져 있습니다. 우리가 일단 이야기

를 하고 마음을 움직이게 되면 자신이 분별하고 있다는 것을 명료히 자각해야 합니다. 근본 이치는 분별하지 않는 것입니다. 따라서 언어로 묘사할 수 있는 것은 모두 일종의 방편입니다.

불법은 아직 깨닫지 못한 사람들을 위해 존재합니다. 도道는 여전히 불도를 닦는 사람들을 위해 있는 것입니다. 완전히 깨달은 자는 도道가 결코 참된 도는 아니고, 지도가 필요한 사람들을 위해 설한 일종의 방편법이라는 것을 이해합니다.

새가 하늘을 날아갈 때는 흔적을 남기지 않습니다. 새가 나타나기 전에는 흔적이 없었고, 날아가고 난 뒤에도 흔적이 남지 않습니다. 그러나 우리는 여전히 새가 지나간 길을 이야기합니다. 부처님이 설한 법과 조사들이 전해준 도道는 새가 남긴 흔적과 같습니다. 만약 여러분이 소위 불도라는 것이 있다고 말한다면 그것은 옳지 않습니다. 그러나 불도 같은 것은 없다고 말하면 그 또한 옳지 않습니다.

우리는 부처님이 말씀하신 이야기에 집착하면 안 됩니다. 부처님은 당신이 승의제를 이야기했다고 결코 말씀하신 적이 없습니다. 사실 부처님은 49년의 설법 가운데 당신은 한 마디도 말씀하신 것이 없다고까지 했습니다. 당신의 가르침은 일종의 방편법이었을 뿐입니다. 부처님은 또 말씀하시기를, 당신의 이야기는 그때그때 다른 병을 고치기 위한 약과 같다고 했습니다.

눈으로 보면서도 길을 못 찾는데	觸目不會道
발을 놀린들 어떻게 길을 알리오?	運足焉知路

이치와 현상은 대립하는 양단兩端이 아니고, 서로 상호작용 합니다. 만약 여러분이 눈에 의지하면 사물 현상의 배후에 있는 이치를 이해할

수 없습니다. 그리고 감관과 분별심에 의지하면 제법이 생겨나는 바탕인 공성을 보지 못합니다.

만일 여러분이 두 다리에만 의지한다면 자기가 현재 가고 있는 방향을 모릅니다. 바꾸어 말해서, 불법에 대한 올바른 지견이 없이 수행하면 길을 잃고 외도로 잘못 빠질 것입니다. 많은 사람들은 목표에 도달하기 위해서 수행하는데, 저는 늘 수행인들에게 수행의 목표는 바로 수행이지 다른 목표는 없다고 말합니다. 수행 그 자체가 곧 길[道]입니다. 수행할 때 목표가 없고 기대가 없고 집착이 없으면 이치와 현상이 서로 부합할 것입니다.

9. 부단히, 열심히 수행하라

| 나아가면 가깝지도 멀지도 않으나 | 進步非近遠 |
| 미혹되면 산과 강이 앞을 가로막네. | 迷隔山河固 |

사람들은 수행을 갓 시작할 때 보통 저에게, 얼마나 오랜 시간이 걸려야 깨닫는지, 혹은 정진 수행에서 이익을 얻게 될지를 묻습니다. 그들은 선칠에 참가하여 대중과 함께 수행하면 수행 시간이 단축될 거라고 생각하지만, 실은 그렇지 않습니다.

기점이 곧 종점입니다. 미혹되어 있을 때는 여러분이 기점에 있지만 일단 깨달으면 즉시 종점에 있습니다. 번뇌가 다시 일어날 때는 또다시 기점으로 돌아갑니다. 예를 들어 말하자면, 혜능은 5조를 만나기 전에 깨달아 있었습니다. 그는 정식으로 수행하기 전에 이미 종점에 있었던 것입니다.

혜능이 5조의 의발衣鉢을 계승하여 6조가 된 뒤에는, 질투하는 사형제師兄弟들을 피하여 부득이 도피해야 했습니다. 혜명惠明이라고 하는 스님이 그를 뒤쫓아 와 그에게서 법을 구했습니다. 이때 혜명은 여전히 분별심을 가지고 있었고, 아직 기점에 있었습니다. 혜능이 그에게 물었습니다. "선도 생각하지 않고 악도 생각하지 않을 때, 어떤 것이 명상좌明上座의 본래면목입니까?" 이 말을 듣자 혜명은 바로 깨달았습니다. 그 순간 그는 종점에 있었습니다.

만일 여러분이 바로 이 순간에 '깨닫는다' 면 여러분은 이미 종점에 있습니다. 수행인은 실망하거나 초조해하면 안 됩니다. 왜냐하면 이런 생각이나 느낌이 큰 산이나 큰 강과 같은 장애를 만들기 때문입니다. 그 반대로 구하는 것이 전혀 없고 사랑도 미움도 없으면, 즉시 깨닫습니다.

이와 같이 올바르게 선을 닦는 사람들은 오직 수행을 위해서 수행합니다. 사람들이 저에게 묻습니다. "만일 수행 그 자체가 목표라면 수행이 끝난 뒤에는 무엇을 해야 합니까?" 수행에는 종점이 없습니다. 부처님은 이미 무량한 지혜와 덕행을 가지고 있었지만 그래도 중생들을 교화했습니다. 그것이 바로 그분의 수행이었습니다.

수행은 어떤 목표를 두면 안 됩니다. 여러분은 '나는 오로지 깨닫고 싶다. 그렇게만 되면 만족할 것이다.' 라고 생각하면 안 됩니다. 만일 그렇게 생각하면 곧 도에서 멀어지고 깨달음에서 멀어집니다. 이런 생각은 불도佛道 상에서 넘을 수 없는 높은 산, 건널 수 없는 강들을 만들어 낼 것입니다. 만일 여러분이 어떤 목적도 품지 않고 오로지 수행하기만 하면 바로 그 순간이 곧 해탈입니다.

이런 말이 있습니다. "한 생각 상응하면 한 생각 동안 부처요, 생각생각 상응하면 생각생각 부처이다." 한 생각 집착이 일어나면 곧 부처와는 멀어집니다.

시계의 마지막 두 구절은 이렇습니다.

부디 이르노니, 현묘함을 찾는 이들이여 　　謹白參玄人
시간을 헛되이 보내지 말라. 　　光陰莫虛度

석두 희천은 간절한 노파심으로 수행인들에게 시간을 낭비하지 말기를 권합니다. 여러분의 마음이 집착을 품거나 득실得失의 마음이 있을 때는 보리와 번뇌가 같은 것임을 이해하지 못합니다. 인생은 짧고 불법은 얻기 어려우니 열심히 수행해야 합니다. 그러니 선 수행을 하든 일상생활 중이든 관계없이, 깨어 있는 매 순간을 이용하여 수행하십시오. 일상생활을 수행이 되게 하십시오. 그렇지 않으면 모두 시간 낭비입니다.

제2부
보경삼매가 강해

보경삼매가(寶鏡三昧歌)

이와 같은 법을	如是之法	1
불조께서 은밀히 부촉하셨고	佛祖密付	
그대가 이제 이것을 얻었으니	汝今得之	
마땅히 잘 보호해야 하리.	宜善保護	

It is this very Dharma
The Buddha and Patriarchs secretly trasmitted
Now that you have it
Protect it well.

은 주발에 수북한 눈처럼	銀碗盛雪	2
밝은 달에 숨겨진 백로처럼	明月藏鷺	
비슷하지만 같지는 않아서	類之不齊	
섞여 있어도 그 차이를 알 수 있네.	混則知處	

Like a silver bowl full of snow
Or an egret hidden against the bright moon
They are similar but not identical
When mingled their difference can be recognized.

뜻은 말에 있지 않지만　　　　　　　　意不在言
성숙한 근기들도 가르쳐야 하네.　　　　來機亦赴
움직이면 죽은 틀이 되어 버리니　　　　動成窠臼
그들의 각기 다른 성취도를 감안하라.　　差落顧佇

The meaning does not lie in words,
Yet those who are ripe must be taught.
As soon as you act it is a dead issue,
So consider their varying attainments.

물리침도 붙듦도 모두 잘못이거니　　　　背觸俱非　　3
큰 불덩이같이 유용하면서도 위험하네.　　如大火聚
그러나 언어로만 표현하면　　　　　　　但形文彩
귀한 거울에 때가 묻으리.　　　　　　　卽屬染汚

Rejecting words or clinging to them are both mistakes,
Like a blazing fire, useful but dangerous.
It if is only expressed in language
The precious mirror will be stained.

한밤중에 참으로 밝고　　　　　　　　夜半正明
한낮에는 드러나지 않네.　　　　　　　天曉不露
사물을 다스리는 법칙이 되니　　　　　爲物作則
그것을 써서 모든 고통을 뿌리 뽑으라.　用拔諸苦
비록 유위법은 아니나　　　　　　　　雖非有爲
말이 아주 없지는 않네.　　　　　　　不是無語
보배 거울 앞에 선 듯　　　　　　　　如臨寶鏡　　4

형상과 영상이 서로를 보네.　　　　形影相覩
그대가 그것은 아니나　　　　　　　汝不是渠
그것은 바로 그대이네.　　　　　　　渠正是汝

At midnight it is truly bright;
By daylight it no longer shows.
It serves as the law which governs all things;
Use it to uproot all suffering.
Though it is not a way of action
Still, it is not without words.
As before the precious mirror,
The form and reflection gaze on each other.
You are not it,
But it is just you.

세간의 어린아이들이　　　　　　　如世嬰兒
오관을 다 갖추고 있듯이　　　　　　五相完具
그것은 가지도 오지도 않고　　　　　不去不來
일어나지도 머무르지도 않네.　　　　不起不住

Just as an infant
Is equipped with five sense organs.
It neither comes nor goes,
It neither arises nor abides.

파파화화　　　　　　　　　　　　　婆婆和和　　5
뜻이 없는 말이라네.　　　　　　　　有句無句
그 실체는 결코 얻지 못하리니　　　　終不得物

언어는 정확하지 않기 때문이네.   語未正故

Po-po Ho-bo —
A phrase without meaning.
You can never get the substance of it
Because the language is not correct.

'리' 괘를 겹쳐 육효를 만드니   重離六爻
바깥 선과 안쪽 선이 서로 작용하네.   偏正回互
쌓으면 세 개의 쌍이 되고   疊而爲三
끝까지 변하면 다섯이 되네.   變盡成五

Doubling the Li trigram makes six lines.
The outer and inner lines mutually interact.
Stacked, they become three pairs;
At most they can transform into five.

오미자의 다섯 가지 맛과 같고   如荎草味   **6**
금강저의 다섯 가지 갈래와 같네.   如金剛杵
한 가운데가 미묘하게 조화되고   正中妙挾
동시에 북치고 노래하네.   敲唱雙擧

Like the five aromas of the hyssop plant
Or the five branches of the vajra scepter.
The exact center subtly harmonizing,
Drumming and singing simultaneously.

목표를 뚫으면 길을 가늠하게 되리니   通宗通途

이끌기 위해서는 길이 있어야 하네.　　挾帶挾路
잘못되는 것도 길상한 일이니　　　　錯然則吉
반대할 일은 아니네.　　　　　　　　不可犯忤
천진하고 미묘하여　　　　　　　　　天眞而妙
미혹됨과 깨달음에 속하지 않네.　　　不屬迷悟
인과 연은 시절이 있으니　　　　　　因緣時節
고요하면서도 밝다네.　　　　　　　 寂然昭著

Penetrate the goal and you will fathom the way.
In order to lead there must be a road.
To be wrong is auspicious;
Do not oppose it.
Natural and subtle
It is neither ignorance nor enlightenment
Causes and conditions have their time and season,
Tranquil and illuminating.

워낙 작아 공간이 없는 데로도 들어가고　　細入無間　　7
워낙 커서 크기를 넘어섰네.　　　　　　　大絕方所
털끝만큼만 어긋나도　　　　　　　　　　毫忽之差
조화로운 음률에서 벗어난다네.　　　　　 不應律呂

It is so small it enters the spaceless,
So large it is beyond dimension.
If you are off by a hair's breadth
Then you would be out of harmony.

이제 단박 깨침과 점차 깨침이 있음은　　今有頓漸

근본 지침을 확립하기 위함이네.　　　緣立宗趣
근본 지침이 분명히면　　　　　　　　宗趣分矣
바로 이것이 규칙이네.　　　　　　　　卽是規矩

Now there is sudden and gradual (enlightenment)
In order to establish the fundamental guidelines.
When the fundamental guidelines are clear
They become the rule.

근본 이치의 깨달음이 궁극의 기준이니　宗通趣極
진실되고 항상적이되 흘러간다네.　　　眞常流注
겉으로 고요해도 안으로 동요함은　　　外寂中搖
묶인 말이나 겁에 질린 쥐와 같아　　　係駒伏鼠
예전의 성인들이 가엾이 여겨　　　　　先聖悲之
불법으로 그들을 제도했네.　　　　　　爲法檀度
자신의 전도된 길을 따라　　　　　　　隨其顚倒
그들은 검은 것을 희다고 여기네.　　　以緇爲素
전도된 생각이 사라지면　　　　　　　顚倒相滅
자기 스스로 마음을 깨닫네.　　　　　肯心自許

Realization of the basic principle is the ultimate standard,
Genuine, constant, yet flowing,
With still body but racing mind,
Like a tethered horse or a mouse frozen by fright.
Past sages pitied them
And liberated them with Buddhadharma.
Following their upside-down ways
They took black for white.

When inverted thinking disappears,
They realize mind of their own accord.

옛 길과 합일하고 싶으면	要合古轍	8
옛 사람들을 관하라.	請觀前古	
불도가 이루어지면	佛道垂成	
열 겁劫의 관觀이 확립되리.	十劫觀樹	

If you want to merge with the ancient track
Then contemplate the ancients.
At the completion of the Buddha path
Ten kalpas of contemplation will be established.

호랑이의 저는 발처럼	如虎之缺
편자 없는 말처럼	如馬之馵
결점이 있으므로	以有下劣
보배 의자와 진귀한 고삐를 찾네.	寶几珍御
놀라기 때문에	以有驚異
자신이 검은 소나 흰 소와 같다고 여기네.	鸒奴白牯

Like a tiger's lame foot,
Like a shoeless horse,
Because there is a defect
You seek the jeweled bench and priceless halter.
Because you are astonished
You realize you were like the brown or white ox.

후예后羿는 솜씨를 발휘하여 羿以巧力
배 보 밖이 표적을 명중했네. 射中百步
화살이 표적을 맞히기만 하면 箭鋒相値
솜씨가 더 이상 무슨 소용 있는가? 巧力何預

Hou-i used his skill
To hit the target at a hundred paces.
As soon as the arrow hits the mark
Of what further use is his skill?

목인이 노래하고 木人方歌
석녀가 일어나 춤을 추네. 石女起舞
이것은 마음으로 헤아려서 알 수 없는데 非情識到
어찌 사량분별을 용납하리오? 寧容思慮

When a wooden man breaks into song,
A stone woman gets up to dance.
Since this cannot be understood by reasoning
How can it be analyzed?

신하는 임금을 섬기고 臣奉於君
아들은 아비에 순종하네. 子順於父
순종하지 않으면 효성이 없고 不順非孝
섬기지 않으면 충성스럽지 않네. 不奉非輔

The minister serves his lord;
The son obeys his father.
If he does not obey, he is not filial;

If the minister does not serve, he is not loyal.

숨어서 닦고 은밀히 쓰며	潛行密用
바보 같이 아둔한 사람같이	如愚如魯
그렇게 꾸준히 해 나갈 수 있으면	但能相續
주인들 중에서 주인으로 불리리라.	名主中主

To cultivate in hiding, functioning in secret,
Like a fool, like a dolt;
If only you are able to persist,
You will be called a master among masters.

❀ 보경삼매가 소개

「보경삼매가」는 선불교 조동종의 조사祖師인 동산 양개洞山良价의 저작이다. 나는 이 선사의 생애와 깨달음 체험에 대해서는 논의하지 않겠고, 이 시가詩歌 자체에만 중점을 둘 생각이다. 그러나 강해에 들어가기 전에 먼저 이 시 전체의 개요를 잡아 서술하고, 아울러 그것이 불교사에서 마땅히 가져야 할 위치를 밝혀야겠다.

「보경삼매가」는 중국 선종의 조동종에 속한다. 일본 임제종과 조동종은 각기 중국 선종의 임제종, 조동종에서 유래한다. 중국 선종과 일본 선종은 대체로 비슷하지만, 완전히 똑같다고 생각해서는 안 된다. 13세기에 일본 조동종의 초조初祖인 도겐道元 선사(1200~1253)와 임제종의 개산조사開山祖師인 에이사이榮西(1141~1215)는 중국 조동종과 임제종의 선법을 일본에 도입하였다. 그 후 몇 세기 동안 일본 역사와 문화가 일본 임제종과 조동종의 발전 과정에 영향을 미쳤다. 이 주석에서는 조동종의 가르침에 대해서만 이야기하겠다. 따라서 다른 종파의 가르침에 대해서는 소홀할 수밖에 없을 것이다. 그러나 불교의 다른 종파의 중요성을 일부러 경시하거나 폄하할 뜻은 결코 없다.

조동종은 '돈오頓悟'의 종파이기는 하지만 철리哲理를 대단히 강조한다. 『오가종지찬요五家宗旨纂要』(1857, 작자 미상)의 제1장에서는 임제종과 조동종을 비교하여 이야기하고 있는데, 거기에 따르면 만일 임제종의 방법만 수행하고 조동종을 이해하지 못하면 그 사람은 선종에서 말하는 이른바 '야호선野狐禪' 수행자와 같다고 한다.

마찬가지로, 가령 조동종의 방법만 수행하고 임제종의 한 구멍도 뚫지 못한다면, 그 사람은 이론적인 가르침의 그물에서 길을 잃고 문자와 언어에 매몰될 것이다. 따라서 선 수행에서 성공하려면 임제·조동 두 종을 이해해야 한다. 이 두 종에 정통할 수 있다면 자연히 선종의 다른 세 종—위앙潙仰, 운문雲門, 법안法眼—도 이해할 수 있을 것이다. 임제종과 조동종 중 어느 한 종파를 너무 용맹스럽게 따르는 것은 위험할 수 있지만, 이것은 어떤 사람이 반드시 임제·조동 두 종의 수행과 가르침을 겸비해야 한다는 의미는 아니고, 이 두 종파의 수행법문이 다르다는 것을 지적하는 것이다.

야호선이란, 몇 개의 공안을 읽고 나서 실제 체험도 없이 자기는 경전이 필요 없고 불법을 들을 필요도 없으며, 심지어 수행방법도 필요 없다고 공언하는 그런 부류의 사람들을 가리킨다. 그들은 선이 그런 것 일체를 초월해 있다고 주장하며, 자기는 불법에 의지하지 않고도 이미 선의 경지에 들어섰다고 믿기도 한다. 이런 어리석은 생각을 가진 사람들은 그 말하는 내용이 조사 대덕들의 법어와 유사하지만, 실제로는 결코 참으로 이해한 것이 아니며 그들이 이야기하는 것은 모두 빈말일 뿐이다.

또 다른 극단으로는 철학적 이론이 풍부한 조동종에 의존하는 수행자들로, 이런 사람들은 이 종파의 가르침을 꿰뚫지 못하고 언어 문자에 걸려 오도 가도 못한다.

대부분의 대승불교 종파들은 모두 다른 사상 학파(인도의 전통 사상, 도교, 유가 등)의 용어들을 차용하여 선 수행의 수준과 관념들을 해석하는데, 특히 조동종이 그렇다. 예를 들어「보경삼매가」는 『역경』에 있는 어떤 관념을 차용하고 있다.

조동종의 가르침은 깊이 들어가기가 어렵다. 왜냐하면 그것을 투철히 이해하려면 다른 많은 교파와 사상 전통들을 이해해야 하기 때문이다. 다른 전통의 사상에 친숙하지 않으면 조동종의 가르침에 깊이 들어가기는 어렵다. 또 맥락을 무시하고 멋대로 그릇되게 해석할 위험도 있다. 그래서 설사 『역경』, 도교, 유가에 친숙한 사람이라 하더라도 조심하고 신중해야 한다. 그들은 또한 선의 기본 개념을 이해해야 한다. 만일 선 수행자가 선의 가르침을 따르지 않는다면, 도가나 유가의 사상을 선으로 삼게 될 것이다. 따라서 우리가 조동종의 교법을 배울 때는 각별히 조심해야 한다.

「보경삼매가」라는 이 편명篇名은 특별히 주목할 만하다. 왜 동산 선사는 보배 거울[寶鏡]을 이야기하는가? 불교는 거울을 종종 상징으로 삼는다. 경전에서는 옛 거울[古鏡]을 이야기하는데, 이것은 연대가 극히 오래 되어 먼지로 완전히 덮여 있다. 이 거울은 너무 낡은 것이라 사람들은 자기가 이러한 보배 거울을 가지고 있다는 것을 이미 잊어 버렸다.

어느 공안에서는 한 스승과 제자가 어느 산을 넘어가다가 한 무리의 원숭이를 보자 스승이, "이 동물들은 정말 가엾다. 옛 거울을 하나씩 지니고 있으면서도 미혹과 무명 속에서 맴돌고 있으니."라고 말했다.

『능엄경』에도 거울을 상징으로 삼는 이야기가 하나 있다. 한 여인이 어느 날 아침에 깨어나 거울에 비친 자기 모습을 보고는 너무 겁을 먹었다. 거울 속의 사람이 누구인지 몰랐기 때문이다. 얼마 지난 뒤에 비로소 이해하고 "저것이 내 머리구나!" 했다. 눈을 비비고 다시 보니 이번에는 자기 모습이 사라져 보이지 않았다. 다급해진 그녀는 사방에서 자신의 머리를 찾았다.

이 두 가지 이야기는 서로 다르지만 모두 거울을 상징으로 사용하고 있다. 여자와 거울에 비친 상의 이야기에서, 거울은 몸 밖의 물건인데 그녀는 머리가 자기 어깨 위에 있다는 것을 잊어버리고 그것이 거울 안에 있다고 생각했다. 사실 그녀는 자기를 잃어버린 것이다. 원숭이 이야기에서 거울은 우리의 진여 본성을 가리킨다. 우리는 아직까지 이 거울을 보지는 못했지만 그것은 줄곧 존재하고 있다. 「보경삼매가」 중에서 거울이 상징하는 의미는 원숭이 이야기에 가깝다. 보배 거울은 바로 우리의 진여 본성인 것이다. 그것이 '보배'인 이유는, 그것이 아무리 오랫동안 가려져 있었고, 잊혀졌고, 먼지가 뒤덮여 있었다 해도 사물을 비추는 힘을 잃어버린 적이 없기 때문이다.

이 보배 거울은 보통의 거울이 아니다. 따라서 이 비유는 더 자세한 해석을 필요로 한다. 보통의 거울은 일정한 형상과 크기를 갖고, 앞면 뒷면이 구분된다. 그러나 이 보배 거울에는 한계가 없고, 형상이나 크기 등으로 경계를 정할 수 없다.

일찍이 어떤 선사들은 원圓을 이용하여 진여 본성을 상징했다. 이제까지 기록된 공안들은 늘 스승과 제자 간의 문답을 묘사하고 있는데, 제자는 선사에게 부처가 무엇입니까, 자성이 무엇입니까, 혹은 불법의 본질은 무엇입니까 하고 묻는다. 이런 질문에 대해 한번은 어느 선사가 손가락으로 원을 하나 그리고 나서 그것을 던져 버리는 동작을 취했다. 또 한번은 다른 선사가 지팡이로 땅바닥에 원을 하나 그리고 나서 그것을 지워 버렸다. 원은 완전한 것을 나타내지만 이 상징은 유한한 것이다. 그래서 선사들은 원을 그린 뒤에 다시 원을 없애 버리는 것이다. 우리는 가르침에 집착해서는 안 되고, 상징과 실상을 분간하지 못하면 안 된다.

원과 거울은 모두 진여 본성의 상징에 지나지 않는다. 그것을 가지고 핵심을 제시한 뒤에는 내버려야 한다.

보배 거울은 일종의 상징이며, 제법의 근본, 일체 중생의 근원, 제불의 본질을 의미한다. 그 밖에도 많은 명칭, 용어들이 모두 같은 이것을 지칭한다. 나는 때에 따라 그것을 자성, 청정성 혹은 본성으로 부르겠다. 『화엄경』에서는 그것을 '일진법계一眞法界'라고 부르고, 『법화경』에서는 '진여일실眞如一實', 『열반경』에서는 '대반열반大般涅槃', '비밀장秘密藏' 혹은 '불성'이라 하며, 『능엄경』에서는 '여래장', 그리고 유식종唯識宗은 그것을 '아뢰야식阿賴耶識' 혹은 '대원경지大圓鏡智'라고 부른다. 그러나 결국 그것들은 모두 이름에 지나지 않는다는 것을 기억해야 한다.

우리가 '보배 거울'의 함의涵義를 이해하는 견지에서 보면, 이 시의 제목으로는 '보경가寶鏡歌'가 적절할 것 같다. 그러나 동산 선사는 이 시가의 제목을 「보경삼매가」로 했다. 이 제목 중에서 '삼매三昧'는 '보경'과 마찬가지로 그 이면에 특별한 의미를 내포하고 있다. 삼매는 보경의 힘을 가리키며, 우리가 가장 깊은 수준의 삼매에 도달했을 때에만 이러한 힘이 드러난다. 이 단계에 이르면 모든 집착이 다 떨어져 나간다. 이러한 힘은 두 가지 방면으로 표현되는데, 그 한 방면은 번뇌를 제거함으로써 스스로를 이롭게 하는 것이고, 다른 한 방면은 남들이 자신의 보경을 발견하게 도와줌으로써 남들을 이롭게 하는 것이다. 이것이 바로 보경삼매寶鏡三昧, 즉 보배 거울의 힘이다.

보경삼매가 강해

1. 처처에서 마음을 단련하라

일부 불교 저작들은 시나 노래의 형태로 나타나 있는데, 그 중에서도 가장 유명한 것은 아마 「영가증도가永嘉證道歌」일 것입니다. 시가詩歌 형식으로 씌어진 가르침은 다른 사람들에게 전달하기 쉽습니다. 또한 시가는 독자들이 불법을 신속하고 철저하게 흡수할 수 있도록 도와줍니다.

조동종에서 「보경삼매가」는 스승과 제자 간의 전법傳法에 사용되었고, 조동종의 가르침과 수행방법을 배우고 싶어 하는 사람들은 이 시가를 필수적으로 연구하고 암기했습니다.

이제 이 시가의 본문으로 들어가겠습니다. 앞머리의 두 구절은 이렇습니다.

이와 같은 법을	如是之法
불조께서 은밀히 부촉하셨고	佛祖密付

이 두 구절은 불법이 비밀리에 전해졌다고 서술합니다. 이것은 공개적으로 하는 이야기가 아니고, 두 사람이 약속한 암호와 비슷한 면이 있어 그들만이 이해할 수 있는 것입니다. 역사상 최초의 전법은 석가모니 부처님과 그의 제자인 대가섭大迦葉(Mahakasyapa) 사이에서 일어났습니다. 당시 부처님은 여러 큰 제자들에게 설법을 하신 다음, 법회 대중의 앞에서 꽃 한 송이를 드신 채 말이 없었습니다. 이에 대해 모든 성문聲聞 제자들이 의아해 하면서 그 뜻을 몰랐지만, 단 한 사람만 그렇지 않았는데 그것이 바로 대가섭이었습니다. 그만이 부처님의 뜻을 이해하고 미소로써 답했습니다. 그리하여 부처님이 법을 대가섭에게 전해주었으니 그가 곧 선종의 초조初祖입니다. 나중에 대가섭은 다시 그의 계승자에게 법을 전해주었고, 이와 같이 대대로 전해져서 지금에 이르고 있습니다.

부처님 이래 전해진 법은 바로 '보경삼매', 즉 참된 본성입니다. 이 법은 깨달은 불자, 조사, 선사들만이 아는 것입니다. 그래서 그것은 비밀이고, 아는 사람은 법을 전해주는 스승과 법을 전해 받는 제자뿐입니다. 불법을 완전히 이해하지 못한 사람은 (그들 사이에) 무슨 일이 일어나는지 전혀 알지 못합니다. 석가모니 부처님이 꽃을 드시고 대가섭이 미소를 지었습니다. 불법은 이와 같이 전해집니다. 두 사람을 제외한 다른 사람들은 아무도 이해하지 못합니다.

그러나 경전에 의하면 불법은 일체 중생이 본래 다 갖추고 있는 것입니다. 부처님이 굳이 전해줄 것이 아니고, 스승과 제자가 서로 전할 필요도 없습니다. 선종은 어떤 불법도 남에게 전해지지 않는다는 것을 믿습니다. 법은 바로 우리의 안에 있으므로 전해줄 필요가 없다는 것입니다. 그렇다면 「보경삼매가」가 여기서 "은밀히 부촉한다(密付)"는 것은 무슨 뜻입니까? 법을 전하는 공식적인 의식이 있는 것은 사실이지만, 그것은 일종의 의식에 지나지 않습니다. 선사가 제자에게 무엇을 정말로 전해주는 것은 없습니다. 그 의식은 제자가 스승과 같은 견해(이해)에 도달했다는 것을 확인해 주는 것에 불과합니다. 스승이 그것을 인증하고 인가해 주는 것입니다.

이것은 학생이 졸업할 때 받는 졸업증서와 비슷합니다. 그것은 이 학생이 받은 교육을 나타내면서, 그가 일정 기간 동안 학교를 다녔고 시험을 통과했다는 것을 증명합니다. 그러나 증서 자체는 아무런 가치가 없습니다. 그것이 지식이 아니고 하나의 상징에 지나지 않습니다. 당나라 때의 한유韓愈는 남의 스승이 되는 것에 관해 「사설師說」이라는 글 한 편을 썼습니다. 그 글에서, 선생이나 스승의 기능은 도道 혹은 진리를 전해주고 제자들의 공부를 지도하며 그들의 의문을 해소해 주는 것이라고 했습니다. 훗날 명나라 때의 우익선사蕅益禪師는 이 글에 대해 말하기를, 남의 스승인 자는 분명 공부를 지도하고 의문을 해소해 주는 두 가지 기능을 가지고 있지만, 불도는 다른 사람에게 전해줄 수 있는 것이 아니라고 했습니다. 잿더미 속이든, 흙 속이든, 머리카락 속이든 처처에 다 도가 있다는 것입니다.

그렇다면 이 '도道'는 궁극적으로 어디에 있습니까? 항아리, 화로에 있습니까? 여러분의 머리털에 있습니까? 이것은 머리털을 자르면 이 '도'가 줄어든다는 의미입니까? 저같이 머리털이 없으면 어떻게 됩니까? 만일 여러분이 머리털을 자를 뿐 아니라 더 나아가 머리까지 잘라버리면 '도'를 없앴다고 말할 수 있겠습니까? 아니지요, 그것은 어리석은 짓입니다. 머리를 자르는 것은 자살에 지나지 않습니다. 그러나 이것은 한 가지 흥미로운 문제를 제기합니다. 살생이 '도道'일 수 있느냐는 것입니다. 만일 우리가 '도'를 일을 하는 방법이나 어디에 도달하기 위한 경로라고 생각하면 살생을 '도'로 볼 수 없습니다. 그러나 우리가 도를 궁극의 실재로 이해한다면, 그러한 의미에서는 소위 살생이나 불살생은 없습니다.

선악, 옳고 그름 등의 관념이 남아 있으면 여전히 집착이 있는 것입니다. 만일 여러분이 살생을 악으로 여기고 남을 돕는 것을 선으로 여긴다면, 여전히 일반 중생의 견해에 의지하고 있는 것입니다. 참으로 해탈한 사람은 선과 악이라는 이런 관념에 대해 아무런 집착이 없습니다.

보배 거울은 무한합니다. 그것은 불성이고 진여眞如입니다. 그것은 형상이 있을[有色] 수도 있고 형상이 없을[無色] 수도 있습니다. 형상과 무형상, 중생과 비중생 모두 부처와 마찬가지로 똑같이 완전한 자성을 갖추고 있고, 부처와 마찬가지로 똑같이 완전한 지혜를 갖추고 있습니다.

그대가 이제 이것을 얻었으니	汝今得之
마땅히 잘 보호해야 하리.	宜善保護

이 두 구절은 스승이 제자에게 주는 충고입니다. 보배 거울을 언뜻 한 번 보는 것은 성불이 아니며, 제자가 어쩌다 깨달음의 체험을 한다 해도 그것은 완전한 깨달음이 아닙니다. 번뇌가 일어나면 깨달음의 경계가 보이지 않습니다. 따라서 스승은 제자의 체험을 인증할 때, 동시에 그에게 경고를 해줍니다. 이러한 체험에는 득실이 있습니다. 제자가 얻은 것은 보배 거울의 견해 혹은 체험이고, 스승도 어떤 수준의 체험을 인증해 준 것입니다. 그러나 만약 이러한 체험이 근면한 수행으로 보호 유지되지 않으면 사라져서 보이지 않게 될 것입니다. 보통 이것을 일러 '돈오점수頓悟漸修'라고 합니다.

깨끗한 거울은 사물을 있는 그대로 비춥니다. 때가 잔뜩 끼었거나 김이 서린 거울은 사물을 비추지 못합니다. 사람들은 누구나 자기 거울을 영원히 깨끗이 유지하고 싶어 하지만 영원히 그러기는 불가능합니다.

같은 이치가 불성에도 적용됩니다. 따라서 만일 여러분이 자신의 보배 거울을 직접 보게 되면, 그것을 잘 보호해야 합니다. 그렇지 않으면 거기에 다시 번뇌의 때가 묻거나 김이 서릴 것입니다. 그러나 일순간 자성을 얼핏 보고 나서 다시 그것이 겹겹의 번뇌 속으로 사라지는 것을 보더라도 실망할 필요는 없습니다. 왜냐하면 보배 거울을 발견한 뒤에 잃어버린다 해도, 아직 그것을 보지 못한 것보다는 낫기 때문입니다. 보배 거울을 보고 나면 그것이 존재한다는 데 대한 여러분의 신심이 증가할 뿐만 아니라, 더욱 큰 결심으로 계속 노력하여 수행하게 됩니다.

어떤 사람들은 만일 불성이 얻었다가 다시 잃어버릴 수 있는 것이라면 그것은 별 가치가 없다고 생각할지 모릅니다. 실재하는 것은 얻거나 잃어버릴 수 없다는 것은 맞는 말입니다. 만일 어떤 것이 확실히 실재하는 것이라면, 그것은 항구적이고 파괴 불가능이어야 합니다. 잘라 버린 머리털은 진정한 것이 아닙니다. 늙어서 죽는 몸뚱이도 진정한 실재는 아닙니다. 그러나 깨달음 경계는 다릅니다. "나는 깨달았다"와 "나는 더 이상 깨달음 경계가 없다"는 언어 문자적 표현에 지나지 않으며, 깨달음 경계 그 자체는 얻을 수도 없고 잃을 수도 없습니다. 어떤 사람이 깨달았을 때, 그것은 불성이 드러난 것입니다. 깨달음 경계가 사라졌을 때, 그것은 불성이 번뇌에 덮인 것입니다. 거울이 드러나 있든 덮여 있던 거울은 줄곧 존재합니다. 불성도 마찬가지입니다. 얻거나 잃는 것은 비추는 힘에 지나지 않습니다.

깨달은 뒤에는 그 깨달음 경계를 어떻게 보존하고 유지합니까? 두 가지 방법이 있습니다. 첫째는 대철대오大徹大悟에 이를 때까지 큰 정진력으로 면밀히 수행하는 것입니다. 이것은 들판에 불을 놓아 풀을 태우는 것과 같습니다. 보통의 불은 땅의 표면을 태울 수 있을 뿐이고 들풀의 뿌리는 여전히 남아 있어 봄바람이 불면 다시 살아납니다. 그러나 맹렬한 불은 뿌리까지 태워 버려 들판에서는 풀 한 포기도 나지 않습니다. 이것이 '대수행大修行'인데, 『육조단경』에서 이것을 적절히 묘사하고 있습니다. 혜능이 아직 6조가 되기 전에, 신수 선사神秀禪師(606~706)의 깨달음에 대한 묘사에 응하여 대철대오를 묘사하는 사구게四句偈를 하나 지은 것이 있습니다. 혜능은 이렇게 말합니다.

보리는 본시 나무가 아니고	菩提本無樹
명경도 대台는 아니네.	明鏡亦非台
본래 한 물건도 없는데	本來無一物
어디에 먼지가 앉으리오?	何處惹塵埃

깨달음 경계를 보호 유지하는 두 번째 방법은 신수의 시게, 즉 "시시로 부지런히 털고 닦아내어 먼지가 앉지 않게 하라(時時勤拂拭 莫使惹塵埃)"에서처럼 거울에 번뇌의 먼지가 덮이지 않게 보호하는 것입니다. 아직 '무심' 경계에 도달하기 전에는 수행인이 이 보배 거울을 열심히 닦아야 합니다. 우리가 계속 부단히 정진하면 깨달음 경계를 보호 유지할 수 있습니다. 이것은 빈틈없는 부단한 수행을 필요로 합니다.

예전에 어떤 사람이 저에게 말하기를, 자기는 수행 과정 중에 자신의 번뇌를 보았지만 이런 번뇌의 먼지들을 닦아 없애는 훈련을 받지 못해, 마음이 더 차분한 상태가 되기를 기다려 대처했다고 했습니다. 저는 그녀에게 그런 마음 자세는 잘못된 것이라고 말했습니다. 만일 여러분이 거울 위에 먼지나 때가 묻은 것을 보면, 발견 즉시 청소하는 것이 최선입니다. 계속 기다리면서 날이 갈수록 더 많이 쌓이게 하지 마십시오. 물론 제가 지금 이야기하는 것은 마음이지 거울이 아닙니다. 거울을 닦아내는 것은 쉽지만 마음을 닦아내는 것은 그렇게 쉽지 않을 것입니다.

그것을 어떻게 닦아냅니까? 마음의 거울 위에 먼지나 번뇌가 있는 것을 식별하는 것 그 행위 자체가 바로 먼지나 때를 청소하는 것입니다. 다른 방법이 필요 없습니다.

앞에서 말한 두 가지 방법은 서로 다른 점이 있습니다. 신수의 방법은 지속적인 수행을 요합니다. 혜능의 방법은 철저히 깨닫고 나서 더 이상 수행이 필요 없을 정도로 아주 강한 정진 수행력을 필요로 합니다. 이럴 때 명경明鏡의 비유는 더 이상 필요 없게 되지만, 이런 성취는 좀처럼 보기 드뭅니다.

세 번째 방법도 있지만 이것은 정통적인 선 수행 방법에 속하지 않습니다. 석가모니 부처님 시대에 사람들이 사용한 어떤 방법은 극단까지 밀고 나간 것인데, 일부 아라한을 증득한 승려들은 자기가 이미 자아를 완전히 벗어났고 최후의 깨달음 상태에 도달했다고 생각하고, 그 상태를 영구히 보존하지 못할까 두려워 자살을 했습니다. 이런 수행방법은 부처님이 금지한 것입니다.

마찬가지로 이러한 유형에 속하는 일종의 온화한 방식도 있습니다. 그것은 출가인들이 생을 마칠 때까지 무리를 떠나 홀로 지냄으로써 번뇌를 피하려는 것입니다. 은거 수행이라는 이런 방식은 권장되는 것이기는 하지만, 결국은 언젠가 사회로 복귀해야 할 때도 있으므로 이들 출가인이 택한 이런 극단적인 방법은 옳지 않은 것입니다. 은거하면 번뇌가 한결 적겠지만, 여러분은 자신이 많은 것을 성취했다고 오인할 것입니다. 실은 결코 그렇지 않은데 말입니다. 이것은 어두운 밤에 초를 켰는데, 촛불이 바람에 꺼질까 싶어서 담요로 덮어 두는 것과 같습니다. 이렇게 되면 촛불은 존재하지만 흐릿하고 약해서 아무 쓸데가 없습니다.

선의 방법은 여러분이 어디에 있든, 혼자 있든 아니면 뉴욕 타임스

스퀘어의 인파 속에 있든 처처에서 마음을 훈련하도록 가르칩니다. 여러분 모두 마음 서울을 닦고 바깥 경계는 잊어버리십시오. 제가 산중에서 6년 간 폐관하고 있을 때에도 번뇌가 결코 사라지지는 않았고, 제가 다시 사람들 많은 곳으로 돌아왔을 때에도 번뇌가 크게 늘어나지는 않았습니다. 번뇌는 환경의 소산이기라기보다는 저 자신의 마음의 산물이었습니다.

정진하는 수행자들이 사람들 많은 곳을 떠나 집중적으로 수행하는 것은 권장할 만하지만, 인간 세상을 완전히 포기해서는 안 됩니다. 여러분은 이 세계에서 도피할 수 없습니다. 저는 번뇌가 많은지는 모르지만 저에게는 자비심도 있습니다. 저는 아라한이 아니고 보통 사람일 뿐입니다. 가끔 저는 자신의 번뇌가 마치 겨울 눈보라가 칠 때의 눈송이들처럼 저의 마음 거울 위로 떨어져 내리는 것을 봅니다. 그러나 저는 부단한 수행을 통해 자신의 마음 거울이 온기를 유지하게 합니다. 그러면 그 눈송이들은 금방 녹아 없어집니다.

2. 증상에 따라 약을 베풀고, 인연에 수순隨順하라

은 주발에 수북한 눈처럼	銀碗盛雪
밝은 달에 숨겨진 백로처럼	明月藏鷺
비슷하지만 같지는 않아서	類之不齊
섞여 있어도 그 차이를 알 수 있네.	混則知處

이 네 구절은 깨달은 자가 이 세계를 어떻게 보는지를 묘사합니다. 보통 우리는 깨달은 자들의 마음은 움직이지 않는다고 생각하지만, 그

들의 마음 속에 생각이 전혀 없다고 말할 수는 없습니다. 생각은 있지만, 깨달은 자들의 마음이 일어나고 생각이 움직이는 방식은 일반인의 마음이 일어나고 생각이 움직이는 방식과는 다릅니다. 만일 깨달은 자의 마음이 완전 부동이라면, 어떤 사람들은 깨달은 자가 나무토막, 돌멩이, 혹은 송장과 별반 다르지 않다고 생각할 것입니다. 깨달은 상태는 분명 어떤 '무심'의 상태입니다. 그러나 그것은 돌멩이나 송장의 상태와는 다릅니다. 깨달은 자의 마음은 여전히 어떤 작용을 합니다. 깨달은 자의 마음은 또한 일반인의 마음과는 다릅니다. 그러나 깨달은 자만이 그 차이를 이해하고 식별할 수 있습니다.

이 시가의 앞 두 구절은 비유인데, 비슷하지만 같지는 않은 사물들을 묘사합니다. "은 주발"과 "밝은 달"은 움직이지 않는 것인데, 깨달은 자의 마음을 의미하며, 지혜를 가리킵니다. 주발 안의 흰 눈은 움직이는 것입니다. 즉, 그것은 무상한 것입니다. 은 주발[주체]은 "수북한 눈"[객체]을 담고 있음으로써 그 기능을 드러냅니다. 즉, 사물을 수납하는 기능입니다. 달빛이 백로를 비춘다는 것도 비슷한 의미가 있습니다. 흰 눈과 백로는 외부 환경의 갖가지 현상과 내면세계의 생각들을 상징합니다. 일반인들이 생각이라고 여기는 것을 깨달은 자들은 내면세계의 대상들로 봅니다. 이렇게 되면 (그들의) 생각은 더 이상 흔히 말하는 생각이 아니며, 깨달은 자는 이 생각들을 잘 운용하여 중생을 도울 줄 압니다. 깨달은 자에게는 생각이 일종의 도구이며, 지혜가 일으키는 작용입니다. 완전히 깨달은 자에게는 번뇌와 보리가 다르지 않습니다. 따라서 번뇌는 중생을 돕는 도구로 사용될 수 있습니다.

첫째 구절에는 주체인 "은 주발"과 객체인 "눈"이 있고, 둘째 구절에도 주체인 "밝은 달"과 객체인 "백로"가 있습니다. 은 주발과 흰 눈은 같은 색깔이지만 같은 사물은 아니고, 밝은 달과 백로도 그렇습니다.

깨달은 자들은 일체를 하나로 보지만, 다른 점들을 구별할 수 있습니다. 따라서 그들은 흰 눈이 은 주발은 아니고, 백로가 밝은 달이 아닌 줄 압니다. 그러나 일반인은 모든 것을 별개로 봅니다. 깨닫지 못한 사람들에게는 구별만이 있습니다. 만일 이 두 구절의 시가 일반인의 관점에서 쓴 것이라면, 주체와 객체가 많이 달랐을 것입니다. 밝은 달을 지나 날아가는 것은 흰 새가 아니라 까마귀였을 것이고, 은 주발에 수북이 담긴 것은 흰 눈이 아니라 색상이 밝고 아름다운 사물이었을 것입니다. 일반인은 자신과 관찰의 대상을 아주 분명하게 구분할 뿐 아니라, 서로 다른 대상들을 하나하나 구분합니다. 그러나 깨달은 자는 '너, 나', '저것, 이것' 등의 분별을 하지 않을 것입니다.

깨달은 자는 아버지와 아들을 같은 하나로 봅니까? 두 사람을 모두 아버지로 보거나 아들로 봅니까? 깨달은 자에게는 어떤 것이나 다 동일합니다. 외부세계와 내면세계가 일체이고 완전히 똑같습니다. 그렇기는 하나, 깨달은 자는 여전히 일반인과 마찬가지로 사물들 서로 간의 다른 점을 봅니다.

깨달은 자는 일반인과 마찬가지로 기능을 발휘할 수 있습니다. 사실 일반인은 깨달은 자에게 어떤 특이한 점이 있는지 알아보지 못합니다. 그러나 깨달은 자는 확실히 보통 사람과 다릅니다. 왜냐하면 그는 좋고 나쁨, 멀고 가까움을 분별하지 않기 때문입니다.

석가모니는 성불한 뒤에도 여전히 자신의 부친을 부친으로 보았고, 자신의 부인을 부인으로 보았습니다. 부친이 세상을 떠나자 당신은 아들로서의 예법에 따라 부왕의 장례식에 참가했습니다. 당신은 부자 관계를 일반인과 같은 방식으로 보지 않았지만, 그래도 세간의 예법과 풍속에 따라 아들로서의 책임을 완수했던 것입니다.

뜻은 말에 있지 않지만	意不在言
성숙한 근기들도 가르쳐야 하네.	來機亦赴
움직이면 죽은 틀이 되어 버리니	動成窠臼
그들의 각기 다른 성취도를 감안하라.	差落顧佇

　이 시구들은 깨달은 선사의 행위 방식을 설명하고 있습니다. 선사는 특정한 방식, 언어 혹은 방법으로 제자들을 지도하지 않습니다. 개개인의 인연이 성숙되었을 때, 여러 가지 방법을 써서 그 사람을 도와줄 것입니다. 지도 방식이나 방법이 고정불변은 아닐 것입니다.

　일단 선사가 행동을 취하고 나면―가르침을 주든, 수행방법을 지도하든, 공안을 주든―그 행동은 죽은 것입니다. 행동은 인연에 수순隨順하여 일어나고, 인연을 떠나지 않습니다. 인연이 계속 변하고 있기 때문에 인연에 수순하는 행동도 그에 따라 늘 변합니다. 하나의 행동이 일단 일어나면, 같은 행동은 두 번 다시 등장하지 않을 것입니다. 왜냐하면 인연은 결코 같을 수 없기 때문입니다. 이것은 선사가 다른 사람에게도 같은 수법을 되풀이하여 사용하지는 않을 거라는 것, 혹은 같은 사람에게도 다른 시기에 같은 수단을 되풀이하지 않을 거라는 것을 의미합니다. 병이 다르면 처방이 다른 것과 마찬가지로, 제자가 다르면 지도 방식도 달라야 합니다.

　마지막 구절인 "그들의 각기 다른 성취도를 감안하라"에서 말하는 것과 같이, 선사는 각 제자의 서로 다른 자질을 고려해야 합니다. 제가 남을 가르칠 때는 그 사람의 배경, 성격, 태도를 신중히 고려한 다음에 적당한 방법을―즉, 그 사람에게 가장 적합하다고 제가 느끼는 방법을―선택합니다.

　이 몇 구절의 시는 선사와 제자가 상호작용 하는 방식의 전범典範을 제공합니다. 첫 번째 구절은 불교에서 흔히 듣는 이야기입니다. "뜻은 말에 있지 않나." 구경의 이치는 언어로 표현할 수 없지만, 깨달은 사람은 여전히 언어를 운용하여 다른 사람들을 돕습니다. 다만 인연이 늘 다르기 때문에 언사도 그에 따라 달라집니다.

불교에는 이런 사구게四句偈가 있습니다. "법에 의지하지 사람에 의지하지 말라. 뜻에 의지하지 말에 의지하지 말라. 지혜에 의지하지 분별심에 의지하지 말라. 요의了義(궁극적 이치)에 의지하지 불요의不了義(세간적 이치)에 의지하지 말라(依法不依人 依義不依語 依智不依識 依了義不依不了義)." 이런 이야기는 구경究竟의 이치를 설명하며, 우리가 이런 이치를 갖게 되면 불법을 가르칠 수 있습니다.

예전에 한 마을이 있었는데, 그 마을의 누구도 불법을 들어 본 적이 없었습니다. 그곳의 남자들은 여자들에게만 관심이 있었습니다. 대비大悲 관세음보살은 아름다운 여자의 모습으로 가장한 채, 손에 물고기 바구니를 들고 이 마을을 찾아왔습니다. 마을의 남자들은 곧 그녀에게 치근거리면서 고기를 사겠다고 했지만 실은 그녀를 원했습니다. 관세음보살은 그들에게 말했습니다. "하루 만에 『심경』을 외울 수 있는 사람이 있으면 그에게 시집가겠어요." 이 말을 듣자 모든 남자들이 급히 집으로 달려가 열심히 이 경을 외었습니다. 둘째 날, 모든 사람이 외는 것을 듣고 나서 그녀가 말했습니다. "아주 잘 했군요. 그러나 외울 수 있는 사람이 너무 많아 선택하기 어렵습니다. 그러니 내일까지 『금강경』을 외울 수 있는 사람이 있으면 그에게 시집가겠어요." 다음날 외울 수 있는 사람은 훨씬 적었지만 그래도 한 명 이상이었습니다. 그러자 그녀가 또 말했습니다. "아직도 사람이 너무 많아 선택하기 어렵군요. 그렇다면 『법화경』을 외울 수 있는 사람이 있으면 그에게 시집가겠어요."

다음날은 한 사람만 돌아왔는데, 그는 아주 총명한 사람이어서 이 세 경전을 다 왼 것입니다. 여자로 화현한 관세음보살은 그에게 시집가겠다고 했습니다. 그러나 혼례식이 끝난 바로 그날, 신부는 중병이 들어 곧 죽게 되었습니다. 임종 전에 그녀가 남편에게 말했습니다. "제가 죽은 뒤에도 이 경전들을 잊어버리지 마세요."

남편이 대답했습니다. "나는 당신을 영원히 잊지 않을 것이고, 이 경전들도 잊지 않겠소." 그리고 나서 그녀는 세상을 떠났습니다. 그러나 다음날 그녀는 다시 그의 앞에 나타났습니다. 그가 몹시 기겁을 하며 물었습니다. "당신은 누구요, 사람이요 귀신이요?"

"어느 쪽도 아니오." 그녀가 대답했습니다. "나는 관세음보살이오. 내가 여기 온 것은 당신네 마을 사람들이 불법을 믿지 않았기 때문이오. 이제 내 도움으로 당신은 이곳 사람들이 불도를 닦을 수 있도록 도와줄 수 있을 거요."

관세음보살은 미녀로 화현해 와서 음욕에 빠져 있던 이 사람들을 도와준 것입니다. 만일 이 사람들이 연연해 한 것이 재물이었다면 관세음보살은 다른 어떤 화신으로 출현하여 다른 방법으로 그들을 제도했을 것입니다.

선칠 중에는 제가 여러 가지 다양한 방법으로 사람들을 지도합니다. 어떤 사람은 염불, 어떤 사람은 화두를 하고, 어떤 사람은 수식數息을 합니다. 간단해 보이는 이 수식법에도 많은 변화형이 있고, 그 하나하나의 방법이 특정한 사람에게 맞습니다.

선사는 수련생을 평가한 다음 그 수련생에게 가장 적합하다고 생각되는 방법을 제시해 주어야 합니다. 다른 수련생에 대해서는 새로 평가해야 하며, 고정불변으로 모든 사람에게 똑같은 공안을 주어서는 결코 효과를 볼 수 없습니다. 물론 수 세기 전에 사용하던 공안을 오늘날에도 사용할 수 있지만, 선사가 상황을 보아 효과가 있을 거라고 판단할 때만 사용해야 합니다.

예전 사람들이 사용하던 공안이나 가르침도 때를 잘 보아 쓰면 새로운 생명력을 가질 것입니다. 그러나 만일 수련생이 방법에 생명력을 불어넣을 줄 모른다면, 어떤 방법을 쓰든, 그 방법이 어디서 온 것이든, 그것은 다 죽은 방법입니다.

3. 자성이 드러나고 번뇌가 제거되다

물리침도 붙듦도 모두 잘못이거니 背觸俱非
큰 불덩이같이 유용하면서도 위험하네. 如大火聚

이 두 구절은 두 가지 서로 다른 수준에서—즉, 수행자의 수준과 이미 깨달은 자의 수준에서 볼 수 있습니다. 만일 여러분이 온갖 궁리를 다 하면서 보배 거울을 추구하는 수행인이라면, 목표에 접근하지 못할 뿐 아니라 오히려 가면 갈수록 목표에서 더 멀어질 것입니다. 그러니 깨달아야겠다는 생각에 집착하면 안 됩니다.

반대로 만일 여러분이 "나는 깨달음에 개의치 않는다. 깨달음이 있든 없든, 혹은 내가 깨달음에 도달하든 않든 개의치 않는다."고 말해도, 마찬가지로 평생 보배 거울을 보지 못할 것입니다. 여러분은 보배 거울을 쫓아가도 안 되고 그것을 피해 달아나도 안 됩니다.

올바른 태도는 어떤 것입니까? 여러분의 수행이 발원과 합쳐져야 합니다. 매번 수행하기 전에 열심히 정진할 것을 발원하고, 깨달을 것을 발원해야 합니다. 물론 여러분은 깨달음을 추구해야 합니다. 그러나 여러분이 앉아서 방법을 사용할 때는 모든 추구심追求心이 사라져야 합니다. 어떤 것도 추구할 것이 없고, 어떤 것도 얻거나 잃을 것이 없습니다. 순수하게 오직 수행만 하고 그 외에는 상관하지 마십시오. 원력은 결심을 강화해 줍니다. 따라서 매번 앉아서 시작하기 전에 모두 진지하게 발원해야 합니다.

또 하나의 수준으로 말하자면, 이 두 구절의 시는 이미 깨달은 사람에게도 적용됩니다. 참으로 해탈한 사람들은 자신이 힘과 지혜가 있다는 것을 전혀 모릅니다. 사실 그들의 지혜는 늘 드러나 있을 뿐 아니라, 자연스럽게 자발적으로 모든 상황에 반응합니다.

시구 중에서 "큰 불덩이(大火)"는 보배 거울을 의미합니다. 그것은 일종의 지혜의 불꽃이며 힘의 원천입니다. 그것은 불꽃과 같이 유익할 수도 있지만 위험할 수도 있습니다. 여러분이 그것에 집착하면 데일 것이고, 그것을 배척하면 얼어 죽을 것입니다. 불법을 받아들이지 못하고 결국에는 수행을 배척하는 사람들은 하나의 극단입니다. 또 다른 극단은 깨달음에 탐닉하는 사람들인데, 이런 사람들은 마도魔道에 빠질 수 있습니다.

만일 어떤 사람이 이미 보배 거울을 보고 나서 "나는 보배 거울을 가지고 있다!"고 말한다면, 그는 완전히 해탈한 것일 수가 없습니다. 이런 깨달음은 가짜입니다. 왜냐하면 그는 여전히 보배 거울이라는 이 '생각'에 집착하고, 어떤 것에 안주해 있는 '나'라는 생각에 집착해 있기 때문입니다.

저는 오직 일념으로 깨달음만 생각하는 사람들도 보았는데, 이런 사람들은 그 때문에 몹시 고통스러워했습니다. 그들 가운데 어떤 사람들은 자기가 이미 깨달았다고 생각했지만 실은 전혀 그렇지 않았고, 이것이 많은 문제를 야기했습니다. 그 밖에 어떤 사람들은 아직 깨닫지 못했다는 것 때문에 크게 번민하여, 나중에는 부정적으로 변하거나 심지어는 정신이 이상해지기까지 했습니다. 이런 사람들은 정말로 불에 덴 것입니다. 그러나 깨달은 사람은 불 그 자체가 되고, 따라서 불에 방해받지 않습니다. 그는 자신이 불이라는 것을 전혀 모르지만, 어떤 사람이 불꽃을 필요로 할 때는 바로 그 자리에서 불꽃을 건네줍니다. 이 불이 바로 지혜입니다.

그러나 언어로만 표현하면	但形文彩
귀한 거울에 때가 묻으리.	卽屬染汚

깨달음에 대한 어떤 관념도, 심지어 보배 거울이라는 관념도 모두 잘못된 것입니다. 관념을 가지고 있는 그것이 바로 보배 거울을 더럽히거나 보배 거울 위에 색칠을 하는 것입니다. 그림을 아무리 아름답게 그린다 해도 이 거울은 더 이상 비추지 못합니다.

예전에 제가 벽면을 모두 거울로 덮은 식당에 들어간 적이 있는데, 이런 장식은 사람들에게 착각을 유발하여 실내 공간이 아주 넓어 보이게 합니다. 그러나 만일 어떤 사람이 그 중의 한 면의 거울 위에 "이것은 거울이다"라고 써 놓으면 그런 착각이 사라집니다. 거울이 원래의 모습일 때는 비추지만, 일단 무엇이 거울 면을 덮으면 비추는 기능이 상실됩니다.

어떤 사람이 선사에게 물었습니다. "깨달은 이후의 상태는 어떤 것입니까?"

선사가 대답했습니다. "그것은 묘사할 수 없다. 만일 언어로 그것을 묘사하려고 들면, 그대가 무슨 말을 해도 다 틀린 것이다."

질문한 사람은 이때 마침 쌀죽을 큰 솥에서 작은 사발에 붓고 있다가, 이런 대답을 듣자 말했습니다. "정말 잘 끓인 죽인데, 쥐똥이 좀 들어가 더럽혀진 것이 아쉽군요."

설사 "깨달음은 생각하거나 묘사할 수 없는 것이다"라고 말해도 틀린 것입니다. 왜냐하면 어떤 묘사도 모두 보배 거울을 오염시키기 때문입니다.

『유마힐경』에서 유마힐維摩詰 거사는 이런 문제에 대해 침묵하고 대답하지 않았는데, 이것이 진정한 답변입니다. 하나의 손짓이라 해도 말보다는 낫습니다.

'생각할 수 없다' 나 '묘사할 수 없다' 같은 말들이 경전에 나오는 것은 사실이지만, 이런 것들은 모두 이성적인 설명에 속하며, 점진적인 가르침을 전달하는 데 도움을 주기 위한 것입니다. 선禪은 이런 언어 문자를 거의 사용하지 않습니다. 왜냐하면 그것은 간접적이기 때문입니다. 만일 제가 방금 들려 드린 고사에서 질문을 받은 사람이 깨달은 선사였다면, 이런 질문에 대한 더 합리적인 답변은 "죽이나 먹자. 그런 거 얘기해 봐야 소용없어." 같은 것입니다. 이것이 직접적입니다.

만일 어떤 깨달은 선사가 이런 질문에 답변한다면, 그것은 거울에 그림을 그리는 것이나 죽 솥에 쥐똥을 남겨 놓는 것과 같습니다. 수련생들이 선사의 지도에서 이익을 얻기만 한다면, 선사가 깨달은 사람이라고 그들이 믿는지 안 믿는지는 중요하지 않습니다.

한밤중에 참으로 밝고	夜半正明
한낮에는 드러나지 않네.	天曉不露

상식적으로 한밤중은 캄캄하고 한낮은 밝습니다. 이 두 구절의 시가 이야기하는 것은 빛이 아니라 보배 거울, 즉 자성입니다.

바깥 경계는 변하지만 자성은 변하지 않습니다. 이 거울은 생사[無明]

가운데서도 어두워지지 않고, 깨달음 속에서도 밝아지지 않습니다. 깨달았을 때도 자성은 겉으로 드러나지 않고, 생사에 유전流轉하고 있을 때도 그것은 오염되지 않습니다. 수행의 목적은 이 자성을 드러나게 하는 것이 아니라 번뇌를 제거하는 것입니다. 번뇌가 사라질 때 자성은 자연히 드러나지만, 그것은 자성이 나타나서가 아니라 번뇌가 사라진 것이라고 말해야 합니다. 반드시 기억해야 할 중요한 사항은, 깨달음은 어떤 새로운 것의 출현이 아니라 번뇌의 제거라는 것입니다. 다른 어떤 것의 출현이란 이미 미혹된 마음에 미혹을 덧붙이는 것에 지나지 않습니다.

사물을 다스리는 법칙이 되니	爲物作則
그것을 써서 모든 고통을 뿌리뽑으라.	用拔諸苦

앞에서 저는 수행이 영향을 주는 것은 번뇌이지 자성이 아니라고 강조했습니다. 왜냐하면 자성은 불변이기 때문입니다. 그렇다면 왜 자성을 이야기합니까? 여러분은 그것을 변화시키거나 그것이 나타나게 할 수 없습니다. 이런 관념은 대체 무슨 소용이 있을까요? 부처님은 수행이 필요한 중생들을 위해 자성을 말씀하셨습니다. 부처님과 조사들에게는 자성이 전혀 의미가 없습니다. 그럼에도 깨달음 경계를 이야기하는 것은 일반인들이 노력하고 수행하여 보배 거울을 찾도록 격려하기 위해서입니다.

중생들에게는 목표와 집착이 필요하고, 그래서 보배 거울을 이야기해야 합니다. 이것이 바로 동산 선사가 「보경삼매가」를 지은 동기입니다. 이 시에 나오는 가르침은 목표, 집착, 깨달음 경계를 이야기하지만, 우리가 수행을 할 때는 추구하지 않고 집착하지 않는 태도를 견지해야 합니다. 그럴 때 비로소 진보할 수 있습니다. 목표는 꼭 있어야 하지만 그것은 하나의 가짜 목표입니다. 사람들은 목표가 있어야 행동하고 또 그 방향으로 노력할 수 있지만, 그것은 하나의 수단일 뿐입니다. 올바르게 수행하면 여러분이 목표에 도달했을 때 그것은 사라집니다. 만약 목표가 여전히 남아 있다면 그것은 여러분이 아직 목표를 달성하지 못했다는 것을 뜻합니다. 진정한 목표는 무집착입니다. 집착이 없으면 고苦도 없습니다.

예를 들어 말하면, 스승과 제자 관계 속에는 피차의 신분을 나타내는 그런 명칭에 대한 집착이 없어야 합니다. 스승은 '나는 선생이고 그는 학생이다'라는 생각을 하면 안 됩니다. 만일 이런 생각이 있다면 문제가 생깁니다. 왜냐하면 선생과 학생 모두 허망하고 실체가 없는 개념에 집착하기 때문입니다. 이런 태도를 가지고 있으면, 학생이 대들거나 떠나 버릴 때 선생이 괴롭게 될 것입니다.

올바른 태도는 "만일 그대가 나를 선생으로 대하면 나는 선생이다. 만일 그대가 나를 다른 무엇으로 대하면 나는 그대가 생각하는 그것이다."라는 것이어야 합니다.

일상생활 속에서는 만일 친구가 떠나 버리거나, 적이 괴롭히거나, 친구와 사이가 나빠져 적이 되면 몹시 속상할 것입니다. 부처님은 사랑하는 사람끼리 헤어지는 것이나, 미워하는 사람끼리 만나는 것이 고苦를 낳는다고 말씀하셨습니다.

  비록 유위법은 아니나   雖非有爲
  말이 아주 없지는 않네.   不是無語

'유위'라는 말은 상스끄리따(samskritta)와 아상스끄리따(asamskritta)

라는 두 개의 산스크리트 용어에서 유래합니다. 이 두 용어는 '유위법有爲法'과 '무위법無爲法'으로 번역될 수 있습니다. 일반적인 불교철학에서 세간 현상계의 제법은 그것이 내재적인 것이든 외재적인 것이든 모두 유위법이라고 말합니다. 왜냐하면 그것들은 부단히 변하고 있기 때문입니다. 이런 사고방식에 따르면 유위법과 무위법은—즉, 자성의 불변적 상태는—서로 별개이고 구분 가능합니다.

그러나 선의 관념은 다릅니다. 보배 거울은 유위법이 아니지만, 그것이 유위법과 별개라고 말하는 것은 잘못입니다. 따라서 보배 거울은 설명할 필요가 없다고 말하는 것도 잘못입니다. 앞 시구에서는 깨달음을 이야기하는 것이 보배 거울을 오염시키는 것이라고 했는데, 여기 시구는 한 걸음 더 나아갑니다. 사실 보배 거울은 언어에 의해 오염되지 않습니다. 그러나 언어를 결코 떠나 있지도 않습니다.

6조 혜능 이후로 선의 강조점은 보리가 곧 번뇌라는 것입니다. 마찬가지로 열반이 곧 생사이고, 유위법이 곧 무위법입니다.

4. 보배 거울을 놓아 버리고 수행에만 전념하라

보배 거울 앞에 선 듯	如臨寶鏡
형상과 영상이 서로를 보네.	形影相覩
그대가 그것은 아니나	汝不是渠
그것은 바로 그대이네.	渠正是汝

이 몇 구절은 동산 양개의 생애에서 있었던 한 사건을 암시합니다. 그는 여러 해를 수행했지만 깨닫지 못하고 있었는데, 하루는 강을 건너

다가 물에 비친 자신의 모습을 보았습니다. 그 순간, 그는 단박에 자신의 본래면목을 깨달았습니다. 그는 수면을 내려다보며 말했습니다. "나는 동산인데 이 비친 모습도 동산이구나. 그러나 궁극적으로 어느 것이 진짜인가?"

일반적으로, 우리는 피와 살로 된 육신이 진짜 사람이고 비친 모습은 환이라고 말할 것입니다. 그러나 동산은 색신色身(육신)이 진짜 사람이라면 물에 비친 모습도 진짜 사람이라고 느꼈습니다. 왜냐하면 어느 것도 다른 것이 없으면 존재할 수 없기 때문입니다.

어떤 사람은 물이 없으면 물에 비친 모습도 없을 거라고 생각할지 모르지만 실제로는 그렇지 않습니다. 비친 모습은 늘 존재하지만, 다만 물이 없으면 그것을 볼 수 없을 뿐입니다. 만일 여러분에게 몸이 있다면 비친 모습도 있습니다. 비친 모습이 없다면 몸뚱이도 없습니다.

불교의 어떤 종파에서는 색신과 법신法身은 다르고 서로 구분된다고 말합니다. 이러한 관점에 따르면, 우리가 색신으로부터 해탈할 때는 바로 법신을 얻습니다. 그러나 대다수 불교 대승종파의 관점에서 보면, 스스로 '허망한' 색신을 초월하고 '진실 청정한' 법신을 얻을 수 있다고 생각하는 것은 사실 거북의 털이나 토끼의 뿔을 찾는 것보다도 그 실현 가능성이 낮습니다.

동산선사는 자신의 본성, 즉 그의 법신을 보았습니다. 그는 자신의 색신이 법신은 아니라는 것을 분명히 보았습니다. 또한 이 법신은 색신을 떠나 있지 않다는 것도 보았습니다. 색신과 법신은 하나가 아니지만 다르지도 않습니다. 색신은 곧 색신이고, 법신을 포함할 수 없습니다. 그러나 시공의 제한을 받지 않는 법신은 결코 이 색신을 떠나 있지 않습니다. 이 허망하고 거짓된 색신은 바로 청정법신淸淨法身의 그림자 혹은 비친 모습인 것입니다.

거울 속의 영상影像을 보기 전에는 여러분이 거울의 존재를 모릅니다. 또한 거울의 비춤이 없다면 여러분은 영상을 볼 수 없습니다. 거울과 영상은 상호의존적입니다. 그것들은 서로 다르지만 서로 떨어져 있지도 않습니다. 만일 여러분이 참으로 이 점을 이해하면 보배 거울을 이해할 수 있습니다.

이 시구를 이해하는 또 다른 방식이 있습니다. 앞에서 제가 색신이 보배 거울 혹은 법신의 비친 모습이라고 말했는데, 지금 저의 해설은 다음과 같습니다. 즉, 수행을 시작할 때 여러분은 자신의 몸과 마음을 이용하여 수행을 시작합니다. 이때는 보배 거울이 여러분에게 존재하지 않습니다. 여러분이 (수행을 통해) 몸과 마음을 영상으로 보게 되면, 그것들이 허망하고 실답지 않다는 것을 이해할 뿐 아니라 거울의 기능은 바로 그 허망한 영상을 비추는 것이라는 것을 이해합니다. 실은 영상과 그 영상을 비추는 물건 둘 다 허망한 것입니다.

| 세간의 어린아이들이 | 如世嬰兒 |
| 오관을 다 갖추고 있듯이 | 五相完具 |

본질적으로 부처님과 우리는 결코 다른 것이 없습니다. 유일하게 다른 점은 우리는 아직 불성을 깨닫지 못했다는 것입니다. 예를 들어 말하자면, 우리와 부처님의 차이는 어린아이[嬰兒]와 어른의 차이와 같습니다. 중국에서는 불법을 수행하는 사람들을 불자佛子라고 부릅니다. 그 문자적 의미는 '부처님의 아들'이라는 뜻입니다. 일반적인 해석을 따르면, 불자라는 것은 우리가 부처님의 제자라는 의미입니다. 또 다른 해석은 우리가 부처님의 아들, 그것도 실은 부처님의 장남이며, 장차 언젠가는 불도를 계승하거나 부처를 이룰 것이라는 것입니다.

어린아이는 어른이 아니지만, 자라서 어른이 될 잠재력을 가지고 있습니다. 다만 당장은 어른들의 보살핌과 양육과 교육을 필요로 합니다. 마찬가지로, 불법을 배우는 사람들도 제불보살諸佛菩薩, 삼보三寶, 스승 및 선생의 보살핌과 지도를 필요로 합니다. 어린아이가 자라서 어른이 되는 것과 같이, 수행인들도 부처가 될 것입니다.

시구에서는 어린아이가 "오관", 즉 다섯 가지 감관을 다 갖추고 있다고 한 것은, 부처님의 오분법신五分法身을 뜻하는 것으로 볼 수 있습니다. 그것은 부처님의 다섯 가지 공덕, 즉 계戒 · 정定 · 혜慧 · 해탈解脫 · 해탈지견解脫知見에서 나옵니다. 그 중 앞의 지혜[慧]는 근본지根本智라고도 하는데, 견성見性했을 때(즉, 번뇌가 사라졌을 때) 이러한 지혜가 드러날 것입니다. 그리고 해탈에서 나오는 지혜(해탈지견)는 구경지究竟智, 후득지後得智, 방편지方便智입니다. 그래서 별도의 법신[一分法身], 즉 별도의 공덕[一分功德]으로 따로 구분합니다. 후득지는 다른 중생들을 돕는 데 사용됩니다.

이 다섯 가지 공덕의 바탕[體性]은 각 개인의 내면에 있습니다. 우리가 오계五戒(죽이지 않기, 훔치지 않기, 삿된 음행 하지 않기, 거짓말하지 않기, 술 마시지 않기)를 지키면 최소한 우리도 부처님의 오분법신 가운데 '계戒'에 부분적으로나마 상응합니다. 지혜의 경우, 설사 경전을 지적으로 이해했다 하더라도 우리는 부처님의 오분법신 중 '혜慧'에 부분적으로 상응하게 됩니다. 심지어 우리가 구경의 해탈을 아직 증득하지 못하고 상대적인 해탈만 얻었다 하더라도, 법신의 '해탈지견'에 상응한다고 말할 수 있습니다. 우리는 이런 공덕의 종자, 이런 법신의 종자를 가지고 있습니다. 그러나 우리는 아직 어린아이들이므로 이런 종자들을 배양할 필요가 있습니다.

| 그것은 가지도 오지도 않고 | 不去不來 |
| 일어나지도 머무르지도 않네. | 不起不住 |

이 구절들은 생사와 열반에 대한 몇 가지 잘못된 견해를 분명하게 정리해 줍니다. 여러분은 우리가 성불하면 생사를 벗어나 열반에 들어간다고 생각합니다. 또한 여러분은 제불보살이 열반에서 생사로 건너와 중생을 제도한다고 생각할지도 모릅니다. 많은 불교도들이 그렇게 이해하고 있지만, 이런 관념은 방편적, 임시적인 설명일 뿐 궁극적인 가르침은 아닙니다.

생사와 열반은 결코 사물이 아니고 장소도 아닙니다. 이 시구들은 부처의 경계를 묘사하고 있는데, 부처는 완전한 사람이며 시공의 제약을 받지 않습니다. 많은 불교도들은 생사를 초월하는 것이 공간과 관계가 있다고 생각할지 모릅니다. 그들은 삼계三界를 이미 초월한 부처님은 분명 다른 어떤 곳에 자리잡고 계실 뿐 아니라, 중생들을 돕기 위해 다시 돌아오실 거라고 생각합니다. 그러나 부처님은 실은 우리와 떨어져 있지 않습니다. '여래如來(Tathagata)'라는 말은 '진여眞如'를 지칭하는데, 그것은 '이렇게 온다, 혹은 이렇게 간다'는 뜻입니다. 이렇게 이해하는 것이 더 낫습니다. '삼계를 초월한다,' '생사로 돌아와 중생을 돕는다'—이런 것들은 방편법方便法이지 궁극적인 가르침이 아닙니다.

많은 불교도들은 말하기를, 선근이 있는 사람들은 적당한 인연을 만나면 열심히 정진하는 수행인이 될 수 있다고 합니다. 그런 사람들은 수행을 하여 일정한 수준에 도달하면 신심이 견고해져서 깨달음의 소득이 퇴보하지 않을 거라는 것입니다. 이 또한 일종의 임시방편적 가르침입니다. 각 중생의 진여는 부처님의 그것과 동일합니다. 업보의 종자가 바로 이 진여이며, 실은 어떤 발아發芽도 어떤 진보나 퇴보도 없습니다.

사실 우리의 내면에 보배 거울은 없습니다. 불법 속에도 없고, 이 선당 안에도 없습니다. 수행을 통해서도 보배 거울을 찾아낼 수 없습니다. 만일 가르침이나 어떤 특정한 수행을 통해서만 자성을 발견할 수 있다고 하면, 그런 상태는 진짜가 아닙니다. 만일 여러분이 자신은 이미 내면에 보배 거울을 가지고 있고, 자신이 이미 부처라고 말한다면, 그 또한 올바른 태도가 아닙니다.

올바른 태도는 이런 것입니다. "설사 보배 거울이 수행을 통해서 증득할 수 있는 것이 아니라 해도, 나는 보배 거울을 얻기 위해 수행을 할 필요가 있다." 이런 말이 이상하게 들릴지 모르지만 오히려 이것이 맞습니다. 어쩌면 가장 좋은 방법은 보배 거울을 놓아 버리고 수행에만 전념하는 것입니다.

5. 해탈지견, 중생제도

파파화화	婆婆和和
뜻이 없는 말이라네.	有句無句
그 실체는 결코 얻지 못하리니	終不得物
언어는 정확하지 않기 때문이네.	語未正故

인류는 소리를 이용하여 의사소통을 합니다. 이야기를 할 때는 통상 그 이야기 속에 의미가 내포되어 있습니다. 설사 이런 의미에 아무 조리가 없다 해도 말입니다. 그러나 제가 한 가지 묻고 싶습니다. 사람들이 이야기를 할 때, 그들이 정말로 이야기한 것은 무엇입니까?

저는 전에 두 여사女士가 오랫동안 대화하는 것을 본 적이 있습니다.

제가 그 중 한 사람에게 물었습니다. "그녀는 당신의 친구입니까?"

그녀가 말했습니다. "아뇨. 저희는 방금 만났습니다."

그래서 제가 또 물었습니다. "그럼 당신들은 무슨 이야기를 합니까?"

"실은 얘기할 것도 별로 없었습니다. 하지만 시간 보내기 좋은 방법이잖아요. 뿐만 아니라 이야기를 하고 나서 저희들은 친구가 되었습니다." 그녀가 말했습니다.

저는 또, 이야기를 하고 싶지만 이야기를 나눌 상대가 없는 사람들을 위한 전화 서비스가 있다는 것도 어디서 읽은 적이 있습니다. 그런 것이 필요한 사람들은 어떤 전화번호만 돌리면 다른 사람들이 대화하는 것을 들을 수 있고, 대화 내용이 재미있으면 거기에 끼어들어 자신의 견해를 말할 수 있습니다.

이런 예들은 일반인들이 대화를 필요로 한다는 것을 보여줍니다. 이야기를 하지 않으면 그들이 힘들어하고, 대화를 하면 한결 편안해 합니다. 그러나 이야기를 나눌 때 그들이 정말로 무엇을 이야기합니까? 별 내용이 없을 것입니다.

그러면 보배 거울을 이야기하는 것은 제가 방금 말한 이런 대화보다 더 유익한 점이 있습니까? 아마 없겠지요. "파파화화"라는 어구는 아무런 의미가 없습니다. 마찬가지로, 우리가 보배 거울을 묘사하기 위해 사용하는 모든 설명과 해석도 실은 아무 의미가 없습니다. 이런 것들은 모두 우리에게 보배 거울이 대체 무엇인지를 알려주지 못합니다. 그렇기는 하나, 사람들이 그것을 필요로 하기 때문에 우리는 설명을 계속해 나갑니다.

여러분이 보배 거울을 설명하려고 어떻게 애를 쓰든, 어떤 언어나 기호를 선택하든, 그것의 참뜻에는 접근할 수 없습니다. 더 친숙한 것을 가지고 시도해 봅시다. 중국에서는 옛날에 어떤 사람이 미녀를 묘사하면서 비유하기를, 미녀는 봉황의 눈, 수박씨 같은 얼굴, 앵두 같은 입술,

조개같이 흰 이, 파 같은 손가락을 가졌다고 했습니다. 이 비유에 사용되는 사물들의 모양을 상상해 보면 실은 그다지 아름답지도 않습니다. 우리가 친숙하게 아는 인간도 언어로 묘사하기 어려운데, 하물며 보배 거울을 묘사하려는 것은 얼마나 어려울지 가히 짐작할 수 있습니다.

선사와 조사들은 아기와 비슷하여, 무슨 말을 하려고 하면 겨우 '이이, 아아' 와 같이 아무 의미가 없는 소리밖에 내지 못합니다. 그들은 자신이 체험한 것이 무엇인지를 알고 자신이 무슨 말을 하고 싶은지 알지만, 그것을 표현할 수 있는 방법이 없습니다.

우리는 이제 이 시가의 핵심에 이르렀습니다. 저는 이 난삽한 시구를 세심하게 설명해 보겠습니다.

'리' 괘를 겹쳐 육효를 만드니	重離六爻
'편과 정'의 선들이 서로 작용하네.	偏正回互
쌓으면 세 개의 쌍이 되고	疊而爲三
끝까지 변하면 다섯이 되네.	變盡成五

이 시구 중에서 동산 선사는 『역경』의 기호를 차용하여 조동종의 중심 사상을 설명합니다. 조동종 선사들은 다섯 가지 수준의 경계를 사용하여 수행자의 진보 정도를 가늠합니다. 『역경』의 철리哲理가 불교의 그것과 다르기는 하지만, 그 중에서도 일부 관념과 비유는 조동종의 사상을 설명하는 데 유용한 도구가 될 수 있습니다.

『역경』은 실선과 점선을 조합한 효爻와 괘卦*를 사용하여 동적인(양陽

---

* 역경에 나오는 실선이나 점선은 모두 '효爻'라고 하며, 6효가 1 '괘卦' 이다. 그 중 위쪽의 3효는 한 묶음으로 '상괘上卦' 라 하고, 아래쪽의 3효는 한 묶음으로 '하괘下卦' 라고 한다.

의) 힘과 정적인(음陰의) 힘이라는 두 가지 힘의 상호작용을 설명합니다. 실선은 양, 점선은 음을 의미합니다. 농산 선사는 깨달음의 성취도[道果]를 설명하기 위해, 이러한 선 기호로써 생사와 열반, 번뇌와 지혜 같은 상대물들 혹은 양변을 나타냅니다.

둘째 구절의 "편과 정(偏正)"은 '편(偏)(중심을 벗어난 것)과 중(中)(중심)'으로도 이해할 수 있습니다. 음양과 마찬가지로 편(偏)과 중(中)은 두 가지 절대(絕代)를 나타냅니다. 불교는 예컨대 진여, 생사와 같은 절대를 이야기합니다. 그러나 실은 그런 절대라는 것은 없으며, 늘 있는 것은 대립하는 양변의 상호작용입니다. 만일 진여가 단독으로 존재한다면 그것을 체험할 수가 없고, 여러분은 그것을 어떤 것과 비교할 수도 없습니다. 하나가 있으면 둘이 있을 수밖에 없습니다. 아무것도 없을 수는 있지만, 결코 하나만 있을 수는 없습니다. 생사에 상대적인 것으로서만 진여도 존재합니다. 마치 번뇌에 상대적인 것으로서만 지혜가 존재하듯이 말입니다.

이 시에서 '정과 편(正偏)', 또는 '중과 편(中偏)'은 번뇌와 지혜를 나타냅니다. 여러분은 지혜가 정(正)이나 중(中)이고 번뇌가 편(偏)이어야 한다고 생각할 수 있겠지만, 그런 관념은 선종의 기본 원리—즉, 보리[지혜]가 번뇌이고 번뇌가 보리라는 것—에서 나오는 것입니다. 번뇌와 지혜의 상호작용은 수행의 경계에 따라 다른 점이 있습니다. 저는 여러분이 중(中)과 편(偏)이 어떤 의미인지 이해할 수 있도록 돕는 상징적 기호로 원을 하나 그리겠습니다. 흑백의 비례가 다른 다섯 가지 원은 조동종이 묘사하는 다섯 수준의 수증(修證)(수행과 깨달음) 경계를 나타냅니다. 다섯 가지 수준 가운데 첫 번째(그림 1)는 가장 얕은 것이지만, 이것은 수행을 갓 시작한 사람이 아니라 이미 견성한 사람에 해당합니다.

이 수준을 '정중편(正中偏)'이라고 부르는데, '편(偏)'은 지혜, '정(正)'은 번뇌입니다. 이 수준에서는 수행인이 여전히 번뇌(검은색) 속에 있지만,

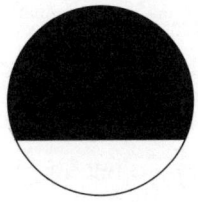

이미 보배 거울(흰색)을 보았고 지혜를 체험하기 시작했습니다. 이것은 수행인이 처음으로 자성을 보았고, 이제는 부지런히 계속 수행할 신심을 가지고 있는 것입니다. 그는 여전히 번뇌 속에 있기는 하지만 지혜의 체험에 완전히 몰두하고 있습니다.

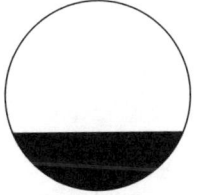

두 번째 수준(그림 2)은 '편중정偏中正'이라고 부릅니다. 이 원에서는 흰색이 나타내는 지혜가 대부분을 점하고 검은색이 나타내는 번뇌는 작은 부분을 점합니다. 지혜가 갈수록 더 많이 드러나기는 하나, 수행자는 이제 남아 있는 번뇌를 예리하게 자각할 뿐만 아니라 혼신의 힘을 다해 그것에 대처합니다. 그는 번뇌를 제거하는 과정 중에 있는 것입니다.

[그림3]

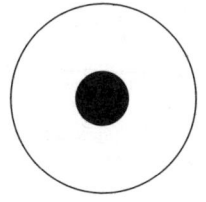

세 번째 수준(그림 3)인 '정중래正中來'는 직역하면 '한가운데로 오다'이지만, '본체 가운데서 드러나다'로 이해하는 편이 좋습니다. 이 수준에서는 번뇌가 더 이상 바깥으로 드러나지 않지만, 수행자는 자기에게 아직 번뇌가 있다는 것을 압니다. 이 원은 3차원 공간의 구체球體로 보는 것이 더 좋습니다. 한가운데의 검은색이 나타내는 번뇌는 바깥의 흰색이 나타내는 지혜에 의해 완전히 둘러싸여 있습니다. 번뇌는 이미 조복調伏되어 중심에서만 드러납니다. 그러나 여전히 일어날 가능성이 있습니다. 이 수준에서는 수행자가 처음으로 번뇌와 지혜를 동시에 자각합니다. 이것이 다섯 가지 수준의 중심축입니다.

[그림4]

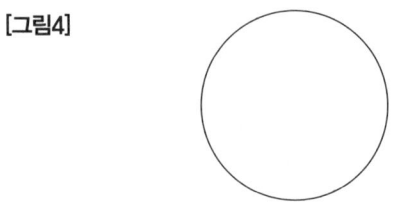

네 번째 수준(그림 4)인 '겸중지兼中至'는 대략 '양변에 모두 도달함'으로 해석할 수 있습니다. 소위 양변이란 정正과 편偏, 즉 번뇌와 지혜입니다. 세 번째 원의 '정중래'라는 말은 어느 방향으로 이동한다는 뜻인데, 네 번째 수준에서는 수행자가 이미 목적지에 도달해 있습니다. 이 원은 전부 흰색입니다. 우리가 이들 원에서 흑백의 비례를 사용한 것으로써 말하면, 여기서는 지혜가 이미 번뇌를 완전히 뿌리 뽑은 것 같이 보입니다. 그러나 실은 결코 그렇지 않습니다. 앞에서 제가 말했듯이, 둘은 있을 수 있어도 결코 하나만 있을 수는 없습니다. 번뇌가 제거된 뒤에는 지혜도 사라집니다. 사실 이 단계를 가장 잘 표현하는 것은, 아무것도 그리지 않고 공백으로 남겨두는 것입니다. 여기서는 원의 겉 테두리를 그렸지만 이것은 설명의 방편에 지나지 않습니다.

지혜가 사라지는 것은 그것이 생사의 세계에서만, 현상계에서만 드러날 수 있기 때문입니다. 완전히 고요할 때는 어떤 지혜도 있을 수 없습니다. 네 번째 수준의 이런 지혜를 근본지根本智 또는 본득지本得智라고 합니다.

이것이 진정한 해탈이고 구경究竟의 공空입니다. 생사는 이미 초월되었고, 윤회는 이미 타파되었습니다. 네 번째 수준은 부동不動이며, 아무것도 없는 경계입니다. 중생도 없고, 따라서 제도해야 할 것이 없습니다.

[그림5]

다섯 번째 수준(그림 5)은 '겸중도兼中到,' 즉 '양변이 모두 완전함'이라고 합니다. 네 번째 수준은 '근본지'인데, 다섯 번째 수준은 '후득지後得智'가 됩니다. 네 번째 수준은 필경공畢竟空으로, 아무것도 존재하지 않습니다. 그런데 다섯 번째 수준에서는 번뇌가 곧 지혜입니다. 그래서 원 전체가 검은색입니다. 다섯 번째 수준의 사람은 다시 현상 세계와 관련을 맺지만, 그는 번뇌를 지혜의 도구로 삼아 중생을 제도합니다.

일반인은 이러한 사람도 번뇌에 시달린다고 생각합니다. 그러나 다섯 번째 수준의 사람에게는 이 번뇌가 곧 지혜입니다. 이 수준에서는 그가 세간에 완전히 참여하여 중생을 돕습니다.

위에서는 다섯 가지 원으로써 다섯 가지 수준의 경계를 설명했습니다. 동산 선사는 또한 상하上下의 괘卦가 육효六爻를 형성하는 것을 이용하여 다섯 가지 수준의 수증修證 경계를 해석합니다. 그는 "쌓으면 세 개의 쌍이 되고, 끝까지 변히면 다섯이 된다"고 말합니다. 다음에 나오는 그림에서 위쪽 그림의 육효를 보면, 육효가 둘씩 짝을 이루어 다섯 쌍이 됨을 알 수 있습니다. 그러나 그 중에서 첫 번째 쌍과 네 번째 쌍, 두 번째 쌍과 다섯 번째 쌍은 똑같습니다. 그래서 실제로는 세 개의 쌍밖에 없습니다. 그러나 이 기호들이 제가 앞에서 해설한 다섯 가지 수준을 형성합니다.

아래쪽 그림에서는 하나하나의 원이 한 쌍의 선과 대응합니다. 동산선사가 사용한 기호를 이해하려면, 실선은 원의 흰색 부분에 해당하여 지혜를 나타내고, 점선은 검은색 부분에 해당하여 번뇌를 나타낸다는 것을 알아야 합니다. 실은 첫 번째 쌍과 두 번째 쌍은 한데 합쳐져야 하는데, 이 두 쌍은 수행자가 처음 지혜를 체험하고 나서 점차 번뇌를 제거해 가는 것을 나타냅니다. 제가 앞에서 말한 바와 같이, 세 번째 쌍은 중심축으로서 수행자가 지혜와 번뇌를 동시에 자각합니다. 네 번째 쌍과 다섯 번째 쌍도 함께 놓아야 하는데, 이 두 쌍은 깨달음 경계의 최고 수준을 나타냅니다.

간단히 요약하면 이렇습니다. 첫 번째 수준에서는 수행자가 지혜에 몰두하고, 두 번째 수준에서는 번뇌에 몰두합니다. 그러나 이 두 수준의 중점은 여전히 수행에 있습니다.

네 번째와 다섯 번째 수준에서는 수행은 더 이상 문제가 아니고, 중점은 해탈지견 및 중생제도입니다. 네 번째 수준, 즉 구경의 해탈에서는 지혜도 없고 번뇌도 없으며, 제도해야 할 중생도 없습니다. 다섯 번째 수준에서는 번뇌가 곧 보리일 뿐만 아니라 이 번뇌를 이용하여 중생을 돕습니다.

세 번째 수준에서는 수행이 여전히 필요합니다. 수행인은 여전히 생

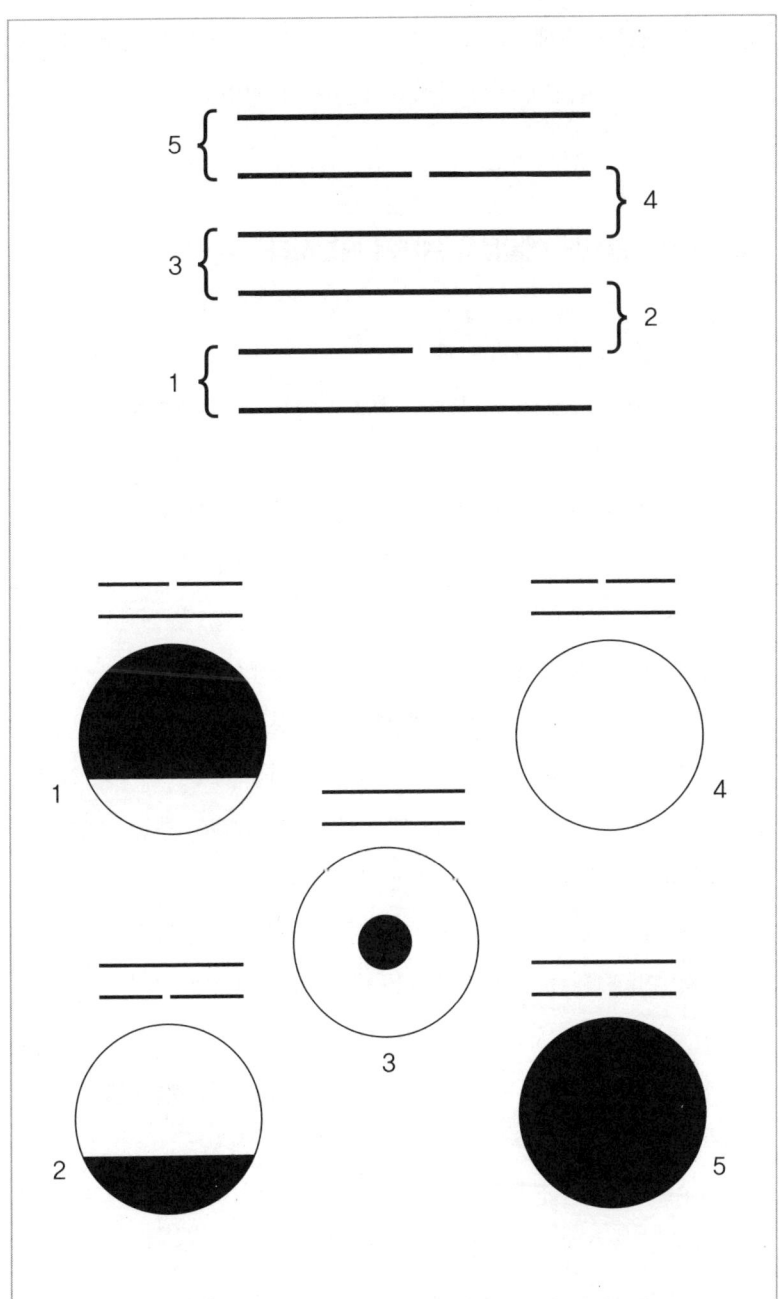

사윤회의 세간에 속해 있지만, 그는 이미 중생을 도울 수 있는 단계에 도달해 있고, 번뇌는 더 이상 나타나지 않는 경계입니다.

6. 구경의 완전한 깨달음을 위해서 매진하라

오미자의 다섯 가지 맛과 같고	如荎草味
금강저의 다섯 가지 갈래와 같네.	如金剛杵
한 가운데가 미묘하게 조화되고	正中妙挾
동시에 북치고 노래하네.	敲唱雙擧

앞의 두 구절은 계속하여 조동종의 다섯 단계 수행 및 깨달음의 경계를 설명합니다. "오미자(荎草)"는 다섯 가지 미묘한 향기 또는 맛을 가지고 있는데, 그 중의 한 가지 맛만 보면 사실상 다섯 가지 맛 전부를 다 맛본 셈이라고 합니다. 따라서 어느 한 맛도 다른 네 가지 맛을 연상시킵니다. 마찬가지로, 금강저金剛杵의 끝도 다섯 갈래의 둥근 모양인데, 그 중의 한 갈래만 잡으면 나머지 네 갈래는 자연히 따라옵니다.

이것은 다섯 가지 수증修證 경계와 어떤 관계가 있습니까? 편偏과 정正, 곧 지혜와 번뇌는 서로 상호작용 하므로, 수행자가 다섯 가지 수준 중의 어느 한 수준에 도달하면 나머지 네 가지 수준의 문턱에 도달한 것과 같습니다. 각 수준은 나머지 네 수준을 포함합니다. 왜냐하면 그것들은 많든 적든 모두 지혜와 번뇌에 관계되기 때문입니다.

사실 이들 수준이 참으로 존재하는 것은 아닙니다. 이런 구분은 중생들의 수행을 돕기 위한 것일 뿐입니다. 만일 어느 한 수준이 다른 모든 것과 별개 독립이라면, 다른 어떤 것과도 전혀 관계가 없게 되어 그것을 깨닫는 것도 불가능할 것입니다. 그러나 실은 우리가 본래 다 부처이고, 따라서 우리에게는 이 다섯 가지 경계를 성취할 잠재력이 늘 내재되어 있습니다.

뒤의 두 구절은 세 번째 수준, 즉 중심축을 가리킵니다. 제가 앞에서 말했지만, 수행인이 번뇌와 지혜를 동시에 자각하는 것이 세 번째 수준입니다. 이것은 다섯 번째 수준과 다릅니다. 다섯 번째 수준에 도달한 사람은 번뇌가 곧 지혜임을 분명히 알지만, 세 번째 수준은 네 번째 및 다섯 번째 수준의 깨달은 사람들(이들은 이미 지혜를 투철히 깨달았고 중생들을 돕습니다)과 첫째, 둘째 수준의 범부들(이들은 번뇌를 제거하는 데 관심을 둡니다)을 연결합니다.

"북치고 노래한다"는 다섯 가지 수증 경계의 모든 미묘한 기능들이 다 드러나는 세 번째 수준을 가리킵니다. 이 미묘한 기능들이 번뇌를 제거하고 다른 사람들을 돕습니다. 그러나 이 수준에서는 아직 수행을 해야 할 필요가 있고, 그 사람이 참으로 결심하면 큰 스승의 도움을 구하게 될 것입니다.

앞에 나온 8개 구절의 시게는 「보경삼매가」의 정수입니다. 앞에서 말한 다섯 가지 수증 경계를 총칭하여 '오위군신五位君臣'이라고 하여 조동종에서 늘 사용합니다. 동산 양개가 (번뇌를 정正, 지혜를 편偏으로 한) 이런 방식으로 다섯 가지 수증 경계를 이야기한 최초의 선사이고, 다른 조동종 선사들의 사용 방법은 각자 조금씩 다릅니다. 마찬가지로 임제종에서는 네 등급의 '빈주賓主(손님과 주인)'를 이용하여 개인의 수행 수준 및 번뇌와 지혜에 대한 체험을 묘사합니다.

여러분은 왜 선종에서는 '돈오'를 이야기하면서 동시에 깨달음의 수준과 수행의 단계를 이야기하느냐고 물을지 모르겠습니다. 여러분은, 이런 틀과 묘사들이 선사가 학인들의 깨달음 경계를 평가하고, 나아가 그들이 수행 도상에서 완전한 깨달음의 경지를 향해 매진하도록 돕기 위해 사용하는 것임을 이해해야 합니다.

수 세기가 지난 뒤의 명明·청대淸代 선사들은 수행의 '삼관三關'을 이야기했는데, 이 관문들은 조동종의 다섯 가지 수증修證 수준 가운데 앞 세 가지 수준에 상응합니다. 제1관은 자성을 보는 것입니다. 제2관은 '중관重關'이라고 하는데, 그 사람이 계속 수행하여 자성의 자각과 번뇌의 소멸을 심화하는 것입니다. 제3관은 '뇌관牢關'이라고 하며, 이 한 관문을 타파하면 수행인이 생사의 감옥牢獄을 타파하는 것입니다. 일단 이 제3관을 타파하면, 즉 세 번째 수준을 통과하면, 자연히 계속 진보하여 네 번째 수준을 거쳐 다섯 번째 수준까지 이르게 될 것입니다.

목표를 뚫으면 길을 가늠하게 되리니	通宗通途
이끌기 위해서는 길이 있어야 하네.	挾帶挾路
잘못되는 것도 길상한 일이니	錯然則吉
반대할 일은 아니네.	不可犯忤

"목표(宗)"는 곧 보배 거울, 즉 장애나 부정不淨에서 완전히 벗어난 마음입니다. "길"은 사람들이 부처 마음에 도달하기 위해 사용하는 일체의 방법, 이해 및 추리입니다.

세 번째 구절에서 "잘못되는 것"은 두 가지 수준의 의미가 있습니다. 첫 번째 수준의 의미는 이 번역문에 나온 "잘못되는 것"입니다. 앞에서 제가 다섯 가지 수증을 묘사할 때 검은색 원을 하나 그렸는데, 거기서 검은색은 번뇌를 나타냈습니다. 이 원은 최고의 수증 수준을 나타냅니다. 따라서 잘못되는 것이 사실은 가장 올바른 것이고, 가장 잘못된 것인 번뇌가 오히려 최고의 지혜인 것입니다.

이 글자의 두 번째 수준의 의미는 '두 가지 사물 간의 상호작용' 입니다. 다섯 가지 수중 전부에서 지혜와 번뇌가 나타나는 것은 "길상한 (吉)" 일입니다. 깨달음의 길을 통과해 갈 때 우리는 이 여러 수준의 상호작용 경계를 지나가야지, 그것들을 거부하면 안 됩니다. 이 다섯 가지 수준을 경험해야만 그 수행자가 참으로 수행을 이해할 수 있습니다.

    천진하고 미묘하여   天眞而妙
    미혹됨과 깨달음에 속하지 않네.   不屬迷悟
    인과 연은 시절이 있으니   因緣時節
    고요하면서도 밝다네.   寂然昭著

여기서 이 시가는 다시 '보배 거울'의 묘사로 돌아갔습니다. 보배 거울은 "천진하고 미묘"합니다. '천진' 하다는 것은 청정부동의 상태를 가리키고, '미묘' 하다는 것은 보배 거울의 비추는 힘, 즉 그것이 기능을 발휘하는 능력을 가리킵니다. 이 두 가지 특질 모두 필요합니다. 보배 거울은 청정부동의 상태만 가지고 있다고 잘못 생각하지 마십시오.

고대 인도의 한 학파는 순수자언론을 신봉했는데, 이러한 전통은 이 세계에는 보고, 듣고, 접촉하고, 맛보고, 냄새 맡는 다섯 가지 감각 기관에 직접 지각되는 사물을 제외하고는 달리 아무것도 없다고 생각했습니다. 그들은 만물이 모두 순수하게 자연 발생하는 것이라고 믿었기 때문에 사회, 영적인 성장 혹은 인간의 고난에 대해 전혀 관심이 없었고, 만물이 왜 이렇게 존재하는지를 설명하는 데도 아무 흥미가 없었습니다. 그들은 과거의 행위가 현재의 처지를 결정한다는 것을 믿지 않았고, 현재의 행위가 미래의 운명을 결정한다는 것도 믿지 않았습니다. 이러한 사상의 틀 속에서는 인류의 삶이 아무런 의미가 없습니다.

보배 거울의 비추는 힘은 청정부동한 '천진함'의 특질을 보완하여 이 미묘한 보배 거울을 완진무결하게 만듭니다. '천진'은 불성의 부동의 상태이고, '미묘'는 불성이 지혜로 드러나는 것입니다.

석가모니께서 성불하셨을 때 이렇게 말씀하셨습니다. "기이하다! 기이하다! 일체중생이 모두 여래의 지혜덕상智慧德相을 갖추고 있구나." 보리는 항상 존재합니다. 그것을 획득할 필요는 없고, 깨닫기만 하면 됩니다. 번뇌는 허망하여 실체가 없고 부단히 변화하지만, 보리는 변치 않습니다. 공덕과 지혜는 수행에서 나오는 것이 아닙니다. 수행은 (원래 있는) 공덕과 지혜를 드러나게 할 뿐입니다.

어떤 사람들은 말하기를, 보리의 씨앗이 있는데 수행을 하면 이 씨앗이 발아하고 성숙할 것이라고 합니다. 그러나 이런 이야기는 맞지 않습니다. 보리의 종자는 성숙하지 않습니다. 만약 성숙한다면 언젠가 썩기도 할 테니 말입니다.

'천진하고 미묘한' 보배 거울은 깨달음도 아니고 무지도 아닙니다. 여러분이 깨달았든 못 깨달았든 보배 거울은 존재합니다. 여러분이 깨달으면 보리가 드러납니다. 여러분이 생사 속에 있을 때는 보리가 번뇌에 덮여 있습니다.

어떤 이야기에서, 남루한 옷을 입은 한 왕자가 자신의 왕국을 유랑했습니다. 사람들은 그를 거지로 생각하고 거지로 대우했습니다. 그의 가신들이 그의 진짜 신분을 발견하고 나서야 그는 궁궐로 모셔졌습니다. 우리는 그 왕자와 비슷하게, 무명無明 속에서 우리 자신의 진짜 신분을 잊어버리고 거지처럼 행동합니다. 그 이야기는 왕자가 언제 거지가 되었는지는 말해주지 않습니다. 마찬가지로, 우리는 무시이래로 이러한 무명의 상태 속에서 아무 목표도 없이 사방을 유랑해 왔습니다.

7. 실상의 진여본성을 체험하라

워낙 작아 공간이 없는 데도 들어가고 　　細入無間
워낙 커서 크기를 넘어섰네. 　　大絕方所

이 두 구절도 보배 거울을 묘사합니다. 깨달은 마음은 움직이지 않지만 그래도 그것은 작용을 발휘합니다. 깨달은 마음은 죽은 나무나 불탄 재가 아닙니다. 집착으로 인해 사상·경험 등의 좁은 범위에 국한되는 번뇌심에 비하여, 깨달은 마음은 불가사의하게 강력한 힘이 있습니다. 깨달은 마음은 집착이 없으므로 무한한 힘을 가지고 있습니다. 그것이 작용하는 범위는 작게는 헤아릴 수도 없이 극미한 공간에서부터 크게는 허공을 넘어선 차원까지입니다. 우리들 보통 사람의 지식과 경험은 모두 유한한 것이어서, 무소부재無所不在한 구경의 불성을 이해하지 못합니다. 깨달은 마음은 이러한 한계가 없습니다. 그것은 이미 실상實相의 진여본성을 깨닫고 있습니다. 이것은 과학적 탐색이나 지적인 노력으로 얻은 결과가 아니라, 개인의 직접적인 체험입니다.

털끝만큼만 어긋나도 　　毫忽之差
조화로운 음률에서 벗어난다네. 　　不應律呂

이 시구의 '율려律呂'는 일종의 음을 정하는 악기에 해당합니다. 만일 이런 표준음을 위한 악기의 음계를 너무 높거나 너무 낮게 조절하면, 조금만 차이가 나도 소리가 가락에 맞지 않게 됩니다. 음계를 꼭 맞게 조절하면 아주 듣기 좋은 소리가 납니다. 마찬가지로, 보배 거울에 조금이라도 때가 묻어 있으면 더 이상 참되고 미묘한 보배 거울로 나타나지 않습니다.

　다른 종교나 이띤 사람들도 깨달음의 체험을 이야기하지만, 그들의 묘사와 대승불교의 그것 사이에는 중요한 차이가 있습니다. 진정한 대승불교의 깨달음에는 어떠한 집착도 없습니다. 그래서 수행인은 최고의 깨달음 경지에 도달하기 전에, 여러 수준의 경계를 통과하면서 부단히 갖가지 집착을 제거해야 합니다.

　깊은 체험을 하고 나면 수행인이 자신에게 번뇌가 아직 남아 있는지 판단하기 어렵습니다. 눈 밝은 스승[明師]이 제자가 어떤 깨달음 경계에 도달했는지 판정해 주어야 합니다. 그는 이 시에서 묘사한 다섯 수준을 이용하여, 수행자가 도달한 경계를 가늠해 볼 수 있습니다. 만일 아직 집착이 남아 있으면 그 체험은 진정한 선禪이 아닙니다.

이제 단박 깨침과 점차 깨침이 있음은	今有頓漸
근본 지침을 확립하기 위함이네.	緣立宗趣
근본 지침이 분명하면	宗趣分矣
바로 이것이 규칙이네.	卽是規矩
근본 이치의 깨달음이 궁극의 기준이니	宗通趣極
진실되고 항상적이되 흘러간다네.	眞常流注

　진정한 선은 말로 논할 수 없지만, 이해하기 위해서는 부득이 말을 할 수밖에 없습니다. 깨달음은 늘 돌연히 일어나지만, 사람들의 수행은 용맹한 정진일 수도 있고 부드러운 점진漸進일 수도 있습니다.

　선禪이 단박 깨닫는 것인 이상, 실제로는 수행자의 수행 단계를 논할 필요가 없습니다. 그러나 수행자가 참으로 깨달았는지를 판단하기 위해서, 그리고 깨달은 사람의 깨달음 경계가 얼마나 투철한지를 판정하기 위해서는 우리가 여전히 그렇게 할 필요가 있습니다. 이러한 연유로 조동종에서는 다섯 가지 수증修證의 경계를 이야기하는 것입니다.

참된 깨달음의 경계가 현전해야만 보배 거울이 참으로 지속적으로 드러날 것입니다. 이러한 체험이 일어나지 않는다면 그 깨달은 마음은 점차 번뇌의 구름 속에서 사라질 것이고, 다시 어리석은 무명 속으로 떨어질 것입니다.

겉으로 고요해도 안으로 동요함은	外寂中搖
묶인 말이나 겁에 질린 쥐와 같아	係駒伏鼠
예전의 성인들이 가엾이 여겨	先聖悲之
불법으로 그들을 제도했네.	爲法檀度
자신의 전도된 길을 따라	隨其顚倒
그들은 검은 것을 희다고 여기네.	以緇爲素
전도된 생각이 사라지면	顚倒相滅
자기 스스로 마음을 깨닫네.	肯心自許

이 여덟 구절은 실답지 못한 깨달음 경계를 체험한 사람을 묘사합니다. 이런 사람은 깨달아 번뇌에서 벗어난 것처럼 보이기는 하지만, 실은 그들은 자신의 번뇌를 조복調伏 받은 것일 뿐, 근본문제는 아직 해결하지 못했습니다. 그래서 이러한 깨달음 경계는 진정한 것이 아닙니다. 이 여덟 구절은 특히 정定을 닦는 사람들을 겨냥하여 하는 이야기입니다. 선은 결코 선정에 반대하지 않으나, 선정의 체험에 집착하는 것에는 반대합니다. 선정은 세간의 다른 어떤 체험보다 낫지만, 선정의 경계[定境]에 집착하는 것은 매우 위험합니다. 어떤 사람들은 차라리 죽을지언정 그런 선정의 경계를 떠나고 싶어 하지 않습니다.

선정은 일종의 평온하고 안정된 마음을 낳는데, 얼마간의 지혜도 나타날 수 있습니다. 그리고 이러한 체험은 정을 닦는 데 대한 신심도 더 강화해 줍니다. 그러나 그것은 선이 아닙니다. "묶인 말(係駒)"과 "겁에 질린 쥐(伏鼠)"는 이런 마음을 가리킵니다. 이런 마음은 제어되어 있고 번뇌도 조복되어 있습니다. 그러나 번뇌가 다시 일어날 가능성이 여전히 존재하고, 따라서 문제는 아직 해결되지 않았습니다.

활화산이 아주 아름답고 평온하게 보일 수도 있지만 그것은 언제라도 폭발할 수 있습니다. 정定을 닦는 자도 그와 마찬가지로 단지 번뇌를 누르고 있을 뿐 번뇌를 근절한 것은 아닙니다. 그 정력定力이 사라지고 나면 번뇌가 다시 떠오릅니다. 이러한 수행자는 곧 "자신의 전도된 길을 따라 검은 것을 희다고 여기는" 사람입니다. 선정은 일종의 일시적인 세간적 경험입니다. 그것이 최고의 깨달음 경계라고 믿는 사람들은 불법에 대한 근본적 지견知見을 결여하고 있습니다.

얕은 선정을 체험하는 사람들은 곧 번뇌와 대면하게 될 것이고, 그래서 결국 자신이 아직 깨닫지 못했다는 것을 알게 됩니다. 그러나 깊은 선정을 체험한 사람들은 자신이 이미 번뇌를 완전히 근절했다고 생각할 수 있습니다. 하지만 실은 아직 선정 그 자체에 집착하고 있습니다. 이 부분의 마지막 두 구절은, 만일 그런 사람들이 불법의 원리를 받아들여 자신의 마음 자세를 바로잡으면 단시간 내에 깨달을 수 있다고 말합니다.

8. 불도를 따르고 마도魔道를 멀리하라

옛 길과 합일하고 싶으면   要合古轍

옛 사람들을 관하라.	請觀前古
불도가 이루어지면	佛道垂成
열 겁劫의 관觀이 확립되리.	十劫觀樹

"옛 길(古轍)"이란 예전의 부처님들이 지나간 길입니다. 우리가 성불하고 싶다면 이 길을 직접 지나가야 합니다. 어떤 사람들은 자신의 길이 불도에 못지않다고 생각할지 모르지만, 그것은 결코 그렇지 않습니다. 사람들은 동양의 깨달은 성자, 서양의 깨달은 성자를 이야기합니다. 그러나 우리는 성자의 기준이 서로 각기 다르다는 것을 이해해야 합니다. 만일 어떤 사람이 제불諸佛의 옛 길을 따라서 가지 않는다면, 그는 불법의 성자는 아닙니다.

우리는 석가모니 부처님이 경전에서 말씀하신 것을 가지고 불도를 아는데, 이것은 그분이 우리를 위해 밝혀 놓으신 길입니다. 비록 선종이 언어·기호·문자를 피하기는 하나, 우리에게 경전 가르침에서 일자일구一字一句도 벗어나지 말라고 경계합니다. 왜냐하면 한 글자 차이가 바로 마도魔道를 받아들이는 것과 같기 때문입니다.

어떤 선종 수행자는 제불의 옛 길을 이용하여 자신의 체험을 분명하게 할 수도 있지만, 자신의 지견을 사용하여 경전을 오해할 수도 있습니다. 특히 그의 체험이 참된 것이 아닐 때 그렇습니다. 이것은 위험합니다. 그래서 스승이 그 사람의 체험을 인증하고, 그의 경계를 가늠하고, 그의 착오를 바로잡아주는 것이 상당히 중요합니다. 우리가 불법을 배우고 있을 때는 경전 가르침을 벗어나면 안 됩니다.

이 시가의 "열 겁劫"에 대해서는 최소한 두 가지 해석이 있습니다. 그 첫째는 천태종의 해석인데, 이 종에서는 네 가지 교법을 구분하여 장藏(소승불교)·통通(소승불교와 유사한 대승불교)·별別(소승불교와 다른 대승불교) · 원圓(완전한 가르침)의 네 교[四敎]로 나누고, 원교圓敎 가운데서 성불도상에 십신위十信位가 있다고 이야기합니다. 시게에서 말하는 열 겁은 완전히 성불한 십신위를 성취하는 데 필요한 시간을 가리킵니다.

두 번째 해석은 경전에서 말하는 한 분의 보살을 가리킨다는 것입니다. 그는 어떤 경전의 인도도 받지 않았고, 그래서 열 겁을 닦았는데도 깨닫지 못했습니다. 경전 가르침의 인도가 없으면 불법을 닦기가 매우 어렵습니다.

호랑이의 저는 발처럼	如虎之缺
편자 없는 말처럼	如馬之羿

이 두 구절은 불도를 추구하면서도 경전 가르침을 소홀히 하는 수행자를 가리킵니다. "호랑이의 저는 발"이라고 했는데, 다리를 저는 호랑이는 사냥을 할 수 없을 뿐 아니라 다른 동물들의 지배를 당합니다. "편자 없는 말"이라 했는데, 편자를 박지 않은 말은 멀리 달리지 못할 뿐 아니라 전장에서는 아무 쓸모가 없습니다. 마찬가지로, 만일 수행인이 경전 가르침의 인도에 의지하여 수행의 경계를 시험하고 인증하지 않으면 큰 위험에 빠지게 될 것입니다.

결점이 있으므로	以有下劣
보배 의자와 진귀한 고삐를 찾네.	寶几珍御
놀라기 때문에	以有驚異
자신이 검은 소나 흰 소 같았다고 여기네.	駕奴白牯

이 몇 구절은 열심히 수행하지만 아직 자신의 보배 거울을 드러내지 못한 수행자를 묘사합니다. 이런 사람은 불법을 장식품과 같이 곁에 걸쳐서, 다른 사람들에게 그의 지식과 성숙되지 못한 수행에 대해 인상을 주려고 합니다.

그러나 그가 처음으로 보배 거울이 본래 자기에게 내재해 있었다는 것을 참으로 체험하면 놀라게 되고, 이런 체험을 하기 전에는 자기가 아둔하고 어리석은 소와 조금도 다를 바 없었다는 것을 깨닫습니다.

후예后羿는 솜씨를 발휘하여	羿以巧力
백 보 밖의 표적을 명중했네.	射中百步
화살이 표적을 맞히기만 하면	箭鋒相値
솜씨가 더 이상 무슨 소용 있는가?	巧力何預

후예后羿는 중국의 전설적인 인물인데, 활을 기가 막히게 잘 쏘는 사람이어서 백 보 떨어진 곳에서도 나뭇잎을 꿰뚫을 수 있었다고 합니다. 만일 우리의 수행이 후예의 활솜씨처럼 숙련되어 있다면, 신속하게 장족의 진보를 이룰 수 있을 것입니다. 우리의 솜씨는 불법에 의한 연마를 거쳐야 비로소 무르익게 됩니다.

그러나 우리가 자성을 보고 구경의 깨달음 경계를 체험한 뒤에는 더 이상 이러한 기술과 경전이 필요 없습니다. 왜냐하면 그것들이 그 용도를 이미 다했기 때문입니다.

목인이 노래하고	木人方歌
석녀가 일어나 춤을 추네.	石女起舞
이것은 마음으로 헤아려 알 수 없는데	非情識到

어찌 사량분별을 용납하리오? 寧容思慮

나무로 만든 사람이 노래를 부르고, 돌로 조각된 여자의 상이 춤을 춘다—일반인의 기준으로는 황당한 것이지만, 선의 견지에서 말하면 오히려 상당히 일리가 있습니다. 왜냐하면 선종에서는 유정有情과 무정無情이 아무 다를 바가 없기 때문입니다. 유정·무정은 모두 같은 근원의 부처 종자[佛種]에서 나왔습니다. 무정도 능히 설법할 수 있고 성불할 수 있습니다. 그러나 깨달은 사람만이 이러한 도리를 이해할 수 있습니다.

일반인은 추리나 상상으로 이 점을 이해할 수는 있겠지만, 이것은 아무 쓸모가 없습니다. 그러나 깨달은 사람은 유정과 무정이 차별이 없음을 직접 봅니다. 나무 사람도 입을 벌려 노래할 수 있지만, 다만 그것의 노래는 소리가 들리지 않는 노래일 것입니다. 돌 여자도 훨훨 춤을 출 수 있지만, 다만 그것의 춤은 움직임이 없는 춤이겠지요.

신하는 임금을 섬기고	臣奉於君
아들은 아비에 순종하네.	子順於父
순종하지 않으면 효성이 없고	不順非孝
섬기지 않으면 충성스럽지 않네.	不奉非輔

이 몇 구절의 시게에서 '임금'과 '아비'는 청정한 상태, 즉 부처의 경계를 나타내고, '신하'와 '아들'은 일반 범부의 상태를 나타냅니다. 여러분은 경전 가르침에 따라 청정한 상태를 향해 나아가야 합니다. 만일 여러분이 자기 식의 길을 따르거나 경전 가르침을 오해하면 외도로 떨어질 것입니다. 이런 길을 따르게 되면 진정한 선 수행자가 아닙니다.

숨어서 닦고 은밀히 쓰며	潛行密用
바보 같이 아둔한 사람같이	如愚如魯
그렇게 꾸준히 이어갈 수만 있으면	但能相續
주인들 중에서 주인으로 불리리라.	名主中主

이것은 이 시가의 마지막 네 구절입니다. 큰 수행인은 사람들이 자신의 수행에 주목하게 하지 않을 것입니다. 그는 불도를 목표로 삼아 조용히 수행합니다. 대다수 사람들은 그를 보통 사람으로 여기지, 성자로 보지 않겠지요. 그러나 이런 사람은 큰 지혜와 큰 자비를 갖추고 있습니다. 그는 중생들을 도울 뿐 아니라 자신의 수행에서도 큰 이익을 얻습니다. 사람들은 그의 지혜와 자비를 보지 못하고 심지어는 그를 멍청이라고 부를지 모르지만, 그런 것은 전혀 중요하지 않습니다.

만일 여러분이 "꾸준히 이어갈" 수 있으면, 즉 수행도상에서 꾸준히 해 나갈 뿐 아니라 조용히 불법을 닦아 나가면, 결국 가장 어려운 관문을 통과하여, 번뇌와 보리가 일여一如한 다섯 번째 수증 경계에 도달할 것입니다. 즉, "주인들 중의 주인(主中主)"을 성취합니다.

옮긴이의 말

이 책은 성엄선사의 법문집 두 권을 한데 묶어 번역한 것이다. 이것은 각권의 분량이 비교적 적기 때문에 합본한 것일 뿐, 다른 특별한 이유는 없다. 두 텍스트의 영어판 『신심명Faith In Mind』과 『무한한 거울The Infinite Mirror』은 1987년과 1990에 나왔고, 이 책들의 중문판 『신심명강록信心銘講錄』과 『보경무경寶鏡無鏡』은 그보다 훨씬 뒤인 1997년과 2008년에 나왔다. 『무한한 거울』과 『보경무경』은 내용상 거의 차이가 없지만 『신심명』의 경우에는 영문판과 중문판이 아주 많은 차이를 보인다. 왜냐하면 중문판에 실린 스님의 서문에서 말하고 있듯이(이 서문은 여기에 번역하지 않았다), 중문판은 영문판을 그대로 번역한 것이 아니라 처음부터 스님의 법문 테이프를 풀어 옮긴 것이기 때문이다. 두 판본을 비교해 보면 영문판은 스님의 법문 중에서 생략한 부분들이 많고, 전반적으로 법문의 취지를 요약하여 옮긴 방식이라고 생각된다. 생략되거나 단축된 부분이 많으므로 당연히 문장의 흐름이 빠르고 너무 정리된 느낌을 준다. 대의를 파악하기에는 이것이 더 용이하겠지만 실제 법문과는 상당한 거리가 있다. 그래서 우리도 일단 옮겨 둔 영문판 번역 원고를 버리고 다시 중문판을 번역하여 이것을 우리의 텍스트로 삼기로 했다. 그러나 이것을 출판하려면 영문판의 번역을 허락해 준 샴발라 출판사의 양해가 필요했다. 다행히도 뉴욕 동초선사東初禪寺에 있는 법고출판사의 출판책임자 아이리스 왕(Iris Wang) 님의 도움으로 샴발라의 대표 조너선 그린(Jonathan Green) 씨가 중문판을 사용해도 좋다고 허락해 주었다(두 분에게 진심으로 감사드린다). 요컨대 책의 전반부인 「신심명」 강해는 외관상 영문판 번역 같지만 실은 중문판을 옮긴 것이다(영문판에서 가져온 대목도 한 군데 있는데, 113쪽의 첫 번째 문단이다). 그리고 후반부의 「참동계·보경삼매가」 강해에서도 가급적 중문판의 표현들을 반영하려고 애썼다. 왜냐하면 그것이 스님의 실제 법문에 더 가깝다고 보기 때문이다. 우리는 이러한 텍스트 선별의 결과가 독자들에게 더 이익이 되리라고 믿는다.

「신심명」 강해는 비슷한 시기에 하신 「심명心銘」 강해처럼 「신심명」을 이용하여 선칠 대중의 수행을 지도하는 방식을 취하고 있어 친절하고 자세하다. 반면에 「참동계·보경삼매가」 강해는 선칠법문이 아니라 따로 하신 해설 법문이므로 일상적인 수행 지도보다는 이 텍스트들 자체의 의미를 주석하는 데 더 집중하고 있어 내용상 다소 이론적인 느낌을 준다. 스님 자신도 이 주석이 거의 선례가 없는 주석이라는 것을 알고 있고, 그래서 이 텍스트들을 가능한 한 깊이 설명하려 하고 있다. 그러나 스님의 다른 법문들도 그렇지만 이 강해에서도 일관되게 선의 관점이 유지되고 있어, 선어록에 친숙한 독자들에게는 오히려 모든 말씀이 명쾌하게 다가올 것이다. 스님이 지적하듯이 「참동계」와 「보경삼매가」는 조동종 선사들이 제자들을 지도하고 점검하기 위해 사용하던 자료이므로, 스님의 이 법문은 조동선법에 친숙하지 않은 우리의 선 수행자들에게는 새로운 안목을 열어주는 가르침이라고 할 수 있다. 특히 흑백의 색깔로 구분된 원을 이용하여 수증修證의 단계와 번뇌의 정도를 유기적으로 해설하는 부분은, 이론적으로 어렵게 느껴질 수 있는 조동종의 편정오위설偏正五位說에 대한 더 없이 쉬운 설명이다.

책 전체를 일관하는 스님의 가르침은 『마음의 노래』에서와 대동소이

하여, 화두와 의정을 이야기하고 '산란심-집중심-통일심-무심'의 단계를 강조한다. 다만 어느 대목에서는 "수식, 염불, 지주特呪 등은 화두나 공안을 사용하는 것보다 못하다"고 말하기도 한다. 왜냐하면 일심에서 무심에 이르는 과정에서는 화두나 공안이 효과적이기 때문이라는 것이다. 그리고 지혜와 번뇌가 둘이 아니며, 지혜는 번뇌에 상대적인 것으로 중생을 돕기 위한 방편임을 거듭 지적한다. 또한 스님은 선 수행자들이 선정의 체험에 집착하면 안 된다고 하면서 이렇게 말한다. "단계적인 선정은 선禪이 아니고, 선禪도 단계적인 선정이 아닙니다. 사람들이 흔히 말하는 선정은 선禪과 아무 관계가 없습니다."

여기서 스님이 말하는 '선'은 두 가지 의미로 이해할 수 있다. 첫째, 깨달은 자의 입장에서 이것은 특정한 선정의 체험이나 단계가 아니라 우리가 선의 수행(즉, 화두나 묵조의 수행)을 통해서 도달하는 궁극의 경지를 가리킨다. 이것은 무심 이후의 경지이며 완전한 깨달음의 상태이다. 둘째, 수행자의 입장에서 그것은 이러한 상태를 직접 추구하는 수행 자세를 의미할 수 있다. 진정한 선 수행자는 수행 과정에서 몸과 마음에 일어나는 어떠한 느낌이나 체험에도 특별히 의미를 두거나 집착하지 않는다. 선 수행자는 무심을 지나 자아가 완진히 소멸할 때까지 일로매진一路邁進한다. 이러한 철저한 선의 노선을 견지한다면 어떤 경계에 대한 집착에서 오는 선병禪病이나 마장魔障을 두려워할 이유가 없고, 어떤 체험의 단계에서 자신이 깨달았다고 착각할 위험도 적다. 이것은 선정과 지혜를 함께 닦는 최상승最上乘 선법으로, 선정과 지혜를 단계적으로 밟는 대승선 또는 위빠사나의 소승선을 포함하면서 넘어서는 것이다.

성엄 선사는 우리가 '성엄선서'의 첫 책인 『마음의 노래』를 내고 나서 두 번째로 이 책의 출간을 준비하고 있을 때 홀연히 육신을 벗고 적멸의 세계로 들어가셨다. 당신은 말년에 신장이 좋지 않아 고생하셨는데, 그 질환이 심해져서 결국 돌아가신 것이다. 마지막 2, 3년간은 대만의 법고산法鼓山에 머무르셨고, 2009년 2월 3일 오후 4시경 병원에서 법고산으로 돌아가시던 도중 입적하셨다. 세수世壽는 80세. 당신이 벗어놓으신 법구法軀는 법고산의 큰 법당에 모셔져 사부대중이 2월 4일부터 6일 아침까지 친견할 수 있게 했고, 6일 오전에 입감入龕(입관)하고 8일 다비식을 치렀다. 당신의 유언에 따라 절에서는 화환이나 꽃다발 등을 일체 받지 않았으며, 사부대중은 차분하고 장엄한 분위기에서 스님을 영결했다. 법고산의 개산조開山祖인 스님은 일찍이 당신의 제자인 후임 주지(방장) 귀동果同 화상에게 법고산 법맥을 물려주었고, 그 밖에도 승속을 아울러 여러 명의 법제자를 두었다. 스님은 열반송은 다음과 같다.

일 없이 바쁜 가운데 늙었고	無事忙中老
허공 속에서 울고 웃었네.	空裡有哭笑
본래 '나' 란 없으니	本來沒有我
생사를 다 놓아버릴 수 있네.	生死皆可抛

선사는 가셨지만 당신이 마련해 놓은 전법 도량과 당신의 가르침은 남았다. 2005년에 준공, 개산開山한 법고산은 대만불교의 3대 본산의 하나로, 세계 각지에 중국 선불교를 전파하기 위한 불학연구기관 겸 승려 교육기관으로서의 면모를 겸비하고 있다. 100여 권을 헤아리는 저술과 많은 법문으로 전해지는 스님의 가르침은 세계 각지에서 불법을 선양하고 선풍禪風을 진작하는 토대가 될 것이다. 당신의 귀중한 가르침이 이 땅에서도 많은 깨달음의 싹을 틔워 주리라고 믿어 의심치 않는다.

2009년 2월 9일 옮긴이 씀